関西学院大学研究叢書　第166編

天国での再会

日本におけるキリスト教葬儀式文の
インカルチュレーション

中道基夫

日本キリスト教団出版局

目次

はじめに　*7*

Ⅰ インカルチュレーションとシンクレティズム ……………… *21*

1. インカルチュレーション　*25*

　（1）インカルチュレーションとは何か　*25*

　（2）コミュニケーションとしての宣教とインカルチュレーション　*31*

2. シンクレティズム　*35*

3. 日本の教会におけるシンクレティズムとインカルチュレーション　*39*

4. インカルチュレーションの定義　*46*

Ⅱ 日本におけるキリスト教葬儀の
　インカルチュレーションに関する議論の変遷 …………… *50*

1. 前史——16–17世紀のイエズス会宣教　*53*

　（1）フランシスコ・ロドリゲス　代用理論　*53*

　（2）適応主義と二重の反発　*58*

2. 「日本的基督教」とインカルチュレーション　*60*

　（1）日本におけるキリスト教の受容　*60*

　（2）「日本的基督教」に関する2つの議論　*61*

　（3）武士道と基督教　*62*

　（4）天皇制とキリスト教　*64*

　（5）祖先教と「日本的基督教」　*67*

3. 礼拝としての葬儀　*78*

　（1）異教的祖先崇拝の排除　*79*

　（2）礼拝としての葬儀　*82*

4. グリーフワークとしてのキリスト教葬儀

　　——インカルチュレーションの一つの可能性　*85*

5. まとめ　*86*

Ⅲ　プロテスタントにおけるキリスト教葬儀式文の変遷 …… *90*

1. プロテスタント教会の葬儀式文の成立　*92*
   - （1）初期キリスト教会　*92*
   - （2）中世　死のキリスト教化　*95*
   - （3）宗教改革　*100*
2. The Book of Common Prayer の葬儀式文　*101*
   - （1）The Book of Common Prayer（1549）　*102*
     - a. 葬列　*102*　　b. 埋葬　*104*　　c. 教会における礼拝　*107*
   - （2）The Book of Common Prayer（1552）の葬儀式文　*109*
   - （3）The Book of Common Prayer 1662/1689 の葬儀式文　*110*
   - （4）死者のための祈りの復活　*110*
3. まとめ　*111*

Ⅳ　日本におけるキリスト教葬儀式文のインカルチュレーション …… *114*

1. 礼拝のインカルチュレーション　*115*
2. 日本基督教会の葬儀式文の成立とその背景　*117*
   - （1）『基督教礼拝式』における「埋葬式」　*118*
   - （2）日本基督教会第 14 回大会「葬式模範」　*121*
   - （3）日本基督教会の葬儀式文の変遷　*122*
     - a. 先導　*122*　　b. 聖書　*123*　　c. 祈祷文　*126*
     - d.「爾」──神・天国との同化　*126*　　e. 遺族の慰めの強調　*133*
     - f. 葬儀式文の「改訂」とそのモチーフ　*133*
3. 日本メソヂスト教会礼文の編纂と葬儀式文　*134*
   - （1）『礼文』（1908）における葬儀式文　*134*
   - （2）『礼文』（1925）と『礼文』（1938）における葬儀式文　*135*
4. 日本組合基督教会　*141*

5. 教団成立までのキリスト教葬儀の実状 *142*

   （1）明治初期及び中期におけるキリスト教葬儀の実状 *142*

   （2）明治中期以降におけるキリスト教葬儀の実際 *145*

       a. 納棺式 *145*　　b. 出棺、出棺式 *146*　　c. 夜伽、通夜 *146*

       d. その他 *147*　　e. 江戸時代の葬儀との比較 *147*

6. インカルチュレーションの場としての葬儀式文と葬儀 *148*

7. 日本基督教団の葬儀 *151*

   （1）枕頭の祈り・臨終の祈り *153*

   （2）納棺式 *156*

   （3）出棺式 *159*

   （4）前夜式 *161*

   （5）葬儀 *163*

   （6）火葬前式 *167*

   （7）埋葬式・納骨式 *169*

   （8）記念会 *171*

8. まとめ *173*

V 日本における葬儀賛美歌のインカルチュレーション……*177*

1. 日本における賛美歌の歴史と課題 *178*

   （1）日本における賛美歌の歴史 *178*

   （2）賛美歌の課題 *179*

2. 葬儀賛美歌の変遷と特徴 *180*

   （1）葬儀賛美歌の変遷 *180*

   （2）葬儀賛美歌の特徴 *183*

       a.《イエス君にありて》（Asleep in Jesus! blessed sleep）*183*

       b.《はるかにあおぎ見る》（There's a land that is fairer than day）*188*

       c. 再会の場所としての「岸」と「ふるさと」*189*

3. 葬儀賛美歌におけるインカルチュレーションの特徴 *193*

4. まとめ　*195*

VI 「葬儀礼拝論」再考 ……………………………………… *197*

1. 儀礼　*198*

2. 儀礼としての礼拝　*200*

3. 祝福に集約される礼拝　*205*

4. まとめ　*207*

VII 悲しみのプロセスに同伴する日本の死者儀礼と牧会 ……… *209*

1. ゆっくりとした悲しみのプロセス　*214*

2. 天国での再会　*215*

3. 日本の死者儀礼の牧会学的解釈　*219*

　(1) 三人称の死、二人称の死、一人称の死　*219*

　(2) 周死期ケア　*221*

　(3) 復活のインカルチュレーションとしての「天国での再会」　*226*

4. ドイツにおける教会の実践　*231*

まとめ　インカルチュレーションから

　　　インターカルチュレーションへ ……………………………… *233*

参考文献一覧　*246*　　　　　あとがき　*259*

* 本書の聖書の表記、箇所、引用は、『聖書 新共同訳』（日本聖書協会）によった。

* 歴史的な式文の引用の表記は、読者の便のため漢字等の一部を現代表記に改め、またふりがなを適宜配した。

カバー写真：森本二太郎　　装幀：堀木一男

はじめに

　死者儀礼は、日本だけではなく、他のいわゆる欧米の宣教地（アフリカ、アジア、南米等）において、その宣教の初めから、重要でかつ解決困難な宣教のテーマであった。死者儀礼はあらゆる国々において宗教、習俗、社会、地域共同体、家族愛、家族意識と深く関わっているものである。死者儀礼にはその諸要素の相互関係的な影響、切り離すことができない関係性、しかもそこに理論では説明も解決もされない感情や情緒の問題も含まれている。さらに死者儀礼は経済や地域共同体、政府の政策とも関連しているため非常に複雑なものとなっている。それゆえ、欧米の宣教師たちにとっては各宣教地の死者儀礼は異質なもの、異教のシンボリックな存在であり、この異教的な慣習から人々を救い出すことが宣教の使命であると考えられてきた。各地の独自な死者儀礼は異教的な偶像礼拝、邪教として厳しく禁止され、被宣教国においては、この伝統的な死者儀礼との関わり、それに対する態度が、キリスト者としての試金石として見なされてきた。

　同時に、キリスト者のその地の伝統的な死者儀礼への振る舞いや態度が、その土地の人たちにとっては大きな躓きの石となり、キリスト教を拒否する大きな理由となっていた。洗礼を受け、キリスト者になるに際して、これまで属していた文化を背景とする死者儀礼への参与を断念することを決断し、さらには死者儀礼のための祭具（仏壇等）を廃棄、破壊することによってその信仰の証しを立てることが求められてきた。そのようなキリスト者の態度や行為は、自分の家族や近隣の人々から先祖を冒瀆するものであると見なされ、反感を買っていた。それゆえ、キリスト者としての生活と地域共同体・家族共同体の中での生活やそれを支える死者儀礼の板挟みに遭い、また教会をとるのか家族をとるのかという難しい二者択一を迫られ、時には家族関係を損なったり、洗礼や教会生活を断念せざるをえない状況に追い込まれた求道者やキリスト者の数は少なくはない。

　このように死者儀礼に対する態度や決断は、非常に重要な宣教的テーマ

であるにもかかわらず、十分に研究され、議論されてきたとは言いがたい。重要なテーマで各教会の中では日常的に話し合われるが、解決に至ることはなく、どこか見て見ぬふりをして過ごしてきた問題でもある。

　しかし、第二バチカン公会議以降、また欧米中心の宣教論が批判的に検証されて以降、被宣教教会は宣教師が伝えた欧米中心のキリスト教から解放された。今日、宗教間対話が宣教論の重要な議論として取り扱われ、その必要性が強調されるなかでは、他宗教はもはやキリスト教が改宗へと導くべき対立者ではなく、対話者として見なされている。このような状況のなかで、死者儀礼の問題は宣教論のテーマとして、多くの被宣教国の教会で受け止められ、また神学的な議論が始められている。

　今日の宣教神学的な研究において、かつて宣教師によって否定された既存の宗教的要素はその文化の人間の精神性、さらには社会や文化の最も奥深いところだけにではなく、今日における教会のあり方にも影響を与えていることが確認されている[1]。現在の宣教学の議論のなかでは、既存の宗教的要素との結びつきは、キリスト教の多様性のチャンスであり、またその表現であると理解されている。その多様性を神学的に評価し、様々なキリスト教のあり方を対等なものとして一つの対話へと導くことが、今日的な宣教学の課題である。そのような宣教学のテーマの変遷に対応するためにも、欧米中心の宣教学の影響を強く受けてきた死者儀礼、葬儀の問題を新たに考え直す必要がある。

　そのために、以前、土着化、アコモデーション、適応化、文脈化などという言葉で呼ばれていたものを、文化人類学の Enculturation（エンカルチュレーション）[2] という概念を応用し、宣教学でキリスト教と諸文化との出会いと受容の問題を新たに Inculturation（インカルチュレーション）[3] として

1　Theo Sundermeier, Was ist Religion?: Religionswissenschaft im theologischen Kontext, Gütersloh, 1999, 37 を参照。

2　文化化、文化適応、文化融合などと訳されるメルヴィル・ハースコヴィッツによって提唱された文化人類学の概念。カトリックの宣教学がこの概念を Inculturation として宣教学的概念として用いた。

3　Inculturation: インカルチュレーションに対する訳語は、ヤン・スィンゲドーの「宗教の文化内開花」や他に「文化化」などがあるが、定着しているとはいえない。ヤ

定義づけ、積極的に評価しようとする傾向が強まってきた。そのため、このインカルチュレーションという宣教概念を用いて死者儀礼、葬儀の問題、特に日本における葬儀式文の変遷の実態とその宣教学・実践神学的意義を明らかにすることが本書の目的である。

　かつてのカトリックにおける宣教学においては、アコモデーション、アダプテーション、アシミレーションという概念が用いられ、プロテスタントではインディゲニゼーション（土着化）と表現されてきた。第二バチカン公会議以降、カトリック教会において文化とキリスト教との関係について「対決から対話へ」という新しい展開を迎え、インカルチュレーションという概念が用いられるようになった[4]。アフリカや南米、アジアの教会、特にその地域のカトリック教会においてインカルチュレーションの議論が進んでおり、新しい試みが推進され、その研究も進んでいる[5]。

　　ン・スィンゲドー「キリスト教と日本の宗教文化の出会い――祖先崇拝に対するカ
　　トリックの態度を中心に」、脇本平也・柳川啓一編『現代宗教学4　権威の構築と
　　破壊』、東京大学出版会、1992年、59–81頁を参照。本書においては、2章でイン
　　カルチュレーションについての定義を行うが、多様な訳の可能性を開きつつ「イン
　　カルチュレーション」というカタカナ表記を用いる。

4　インカルチュレーションに関する主たる欧文文献：Ludwig Bertsch, Der neue Meßritus
　　im Zaire: ein Beispiel kontextueller Liturgie, Freiburg, 1993; Hans Bauernfeind, Inkulturati-
　　on der Liturgie in unsere Gesellschaft, Würzburg, 1998; Jakob Baumgartner, Die vatikani-
　　sche Gottesdienstreform im Kontext einer polyzentrischen Weltkirche: der Weg zu einer in-
　　kulturierten Liturgie, in Neue Zeitschrift für Missionswissenschaft 46, 1990, 10-30 u. 99-
　　113; Volker Küster, Theologie im Kontext, Nettetal: Zugleich ein Versuch über die Minjung
　　- Theologie, 1995; Hans Bernhard Meyer, Zur Frage der Inkulturation der Liturgie, in Zeit-
　　schrift für Katholische Theologie 105, 1983, 1-31; Karl Müller, Inkulturation, in Müller /
　　Sundermeier (Hg.), Lexikon Missionstheologischer Grundbegriffe, Berlin, 1987, 176-180;
　　Theo Sundermeier, Was ist Religion?; Sundermeier, Inkulturation als Entäußerung, in Jan A.
　　B. Jongeneel (Ed.), Pentecost, Mission and Ecumenism: Essays on Intercultural Theology,
　　Frankfurt a. M., 1992, 209-214.

5　すでにアフリカ、南米、アジアにおけるインカルチュレーションに関する研究が数
　　多く発表されている。アフリカ：フィリップ・トベイはエチオピアの東方正教会、
　　アフリカ独立教会、アフリカのカトリック教会や英国国教会における聖餐式のイン
　　カルチュレーションとその議論を紹介している。Phillip Tovey, Inculturation of Chri-
　　stian Worship: Exploring the Eucharist, Aldershot, 2004. ラテンアメリカ：Markus Büker,
　　Befreiende Inkulturation: Paradigma christlicher Praxis, Freiburg, 1999. アジア：LEE Hu-
　　Chun, Theologie der Inkulturation in Asien, Heidelberg, 1996.

天国での再会──日本におけるキリスト教葬儀式文のインカルチュレーション

　特に礼拝また礼拝式文のインカルチュレーションは、外来の宗教である
キリスト教がその宣教地の文化や宗教と出会うことによって、その文化や
宗教に根付いた表現、言葉、音楽、ジェスチャー、儀礼様式、シンボル、
祭をキリスト教的に新たに解釈した後にキリスト教の礼拝の中に受け入れ
るか、もしくはそのものをキリスト教の礼拝として行うことによって生じ
る。礼拝のインカルチュレーションは必ずしも意図的になされるものでは
なく、キリスト教の福音を自分の文化のなかで表現しようとするときにお
のずと起こりうるものであると言える。従来、このような事象はシンクレ
ティズム（宗教的混交）や異教分子の混入として否定的に扱われてきた。
しかし近年、宣教の積極的なあり方として評価され、各文化のなかでのキ
リスト教のインカルチュレーションの研究がなされている。

　これまではキリスト教と他文化との関係は積極的に評価されてきたわけ
ではなく、特にキリスト教葬儀は日本の伝統的な葬儀との対立関係で考え
られてきた。しかし、今日においては伝統的な文化とキリスト教との関係
を考察するだけではなく、その伝統的な文化自身が変容する時代を迎えて
いる。伝統的な死者儀礼も、時代の変化の中で、かつてのような社会的な
意味や役割を持たなくなってきた。葬儀そのものを否定する考え、形骸化
した葬儀への批判、また伝統的な葬儀に留まらず、自分たちで独自な葬送
文化を築いていこうとする動きもある[6]。現代はあらためて葬儀の意味が
問われている時代であり、その意味においても、キリスト教葬儀の現代
的な意味をあらためて考察し、再構築していく必要がある。多元的な社会、
情報化社会、また様々なものから自らの価値観に見合ったものを選択可能
な社会において、伝統的な葬儀は無用の長物であると見られる傾向もある。
むしろそういった悪弊から解放され、個々人の考えに従って自らの葬儀も
デザインしようとする風潮も見られる。このような状況において、もはや
大きな意味を見いだせなくなってしまったかつての家族・地域共同体を支
えていた古い伝統的な死者儀礼に留まるのではなく、個々人のニーズに応

6　代表的な文献として、小谷みどり『変わるお葬式、消えるお墓──高齢社会の手引
　き』、岩波書店、2000 年、森謙二『墓と葬送の現在──祖先祭祀から葬送の自由へ』、
　東京堂出版、2000 年、島田裕巳『葬式は、要らない』、幻冬舎、2010 年。

えようとする新しい葬儀文化の発展が望まれている。

それに加えて、グリーフワークに対する関心と必要性の高まりによって、葬儀はもはやそれぞれの宗教の死生観や来世観の表現に留まらず、遺族ケア、遺族に対する牧会の場として再認識され始めている。葬儀の役割は死者に対する儀礼、実務的な死体処理だけではなく、むしろ死によって傷つけられた自分の世界、また死者との関係の再構築に見いだされている。

宣教神学、また実践神学においては、この世俗化し、また個人主義化した社会の中で教会は葬儀とどのように向き合い、どのようにキリスト教葬儀を現代日本の中で再構築していくのかということが問われている。

1977 年から 1984 年までカメルーンで船員牧会牧師として働いていたユルゲン・ティースボーネンカンプは、その経験に基づいてカメルーンにおける葬儀について 1 冊の本を出版した[7]。彼はその著書の中で教会的実践との関連においてカメルーンの死者儀礼について調査した結果を記している。しかしながらそれは異国のエキゾチックな習俗の文化民俗学的かつ神学的な分析に留まるものではなく、そこから現代ドイツにおける葬儀についての教会的・神学的問題提起を行っている。興味深いことには、彼は単に葬儀だけではなく、ドイツのプロテスタント教会では主として教会暦の最後の日曜日に行われる「聖徒の日」についても言及している。その伝統的な礼拝だけではなく、死者を記念するということが、どれだけ遺族の慰めとなり、それがいかに教会にとって重要な牧会的な機会であるかということを主張している[8]。ティースボーネンカンプは、カメルーンとドイツの葬儀に関する神学とその実践について言及しつつ、異文化間対話を試みている。彼の試みは、それぞれが全く違った社会状況を持ち、またその民族的・文化的に違った背景を持っていることを了解しながらも、異文化間対話の可能性と必要性を示唆している。その際、彼はカメルーンの葬儀についての神学的考察や実践をヨーロッパの教会のそれよりも劣ったものと見なしてはいない。そうではなく、同等に互いに学び合い、対話するパートナーと

7　Jürgen Thiesbonenkamp, Der Tod ist wie der Mond: niemand hat seinen Rücken gesehen, Neukirchen-Vluyn, 1998 を参照。

8　同書、特に 360-367, 386-388 その他多箇所を参照。

して理解している[9]。彼はカメルーン社会において、死者を想起し、記念することが見過ごすことができない重要な役割を果たしていることを強調している。かつては伝統的な死者儀礼を異教の習慣として敵視してきたカメルーンの教会が、死者の記念を受難週やイースターの礼拝で実践しており、これまで蔑視してきた死者の記念に新しい神学的な意味を与え、死者記念会を教会行事として導入することに成功している。しかし、それはドイツの教会にとってはなお異質なものである[10]。しかし、エキュメニカルな対話は死者の記念についての新しい可能性をもたらし、ドイツにおける死者儀礼に関する新しい展開への神学的な刺激を与えるものとなっている。死者を記念することを通して、死によって傷つけられた人生に再び生きる力が与えられる。それは、まさに生きる者に終末論的な次元を与え、教会に生ける者と死ねる者との交わりを与えるものとなることが強調されている[11]。

　台湾の神学者ヴァン（TSAN Tsong-Sheng）は、ドイツの宣教学の雑誌に祖先崇拝に対する教会の教えによって引き起こされた彼の辛い経験について報告している。台湾においても、祖先崇拝は社会的、家族的にも非常に重要な役割を果たすものであるが、教会ではキリスト教とは絶対に相いれない邪教であると教えられ、その儀礼への参加を禁じられてきた。それゆえ、それぞれの家族の中で唯一のキリスト者であった彼と彼の妻は、家族が執り行っている伝統的な祖先崇拝の儀礼に参加することができずにいた。その儀礼の際には、家族であるにもかかわらずまるでよそ者のように、遠巻きに眺めるだけであった。その時の様子を彼は、「わたしたちはまるで家族から勘当された息子や娘のように感じていた。しかしそれは家族や親戚から冷たくあしらわれたからではなく、むしろわたしたちが家族の交わりから離れていったからである」[12]と語っている。彼らがキリスト教信仰

9　同書 365-456 を参照。

10　同書 424-425 を参照。

11　同書 434 を参照。

12　TSAN Tsong-Sheng, Ahnenkult und Christentum in Taiwan heute: eine asiatische Fallstudie, in Zeitschrift Mission XXIII-3, Stuttgart, 1997, 188.

にしっかりと立とうとすることによって、彼らの家族としてのアイデンティティーや一体感、交わりが激しく傷つけられたのであるが、それをキリスト者の誇りとしてではなく、むしろ批判的に語っている。

ヴァンは、彼の経験から、キリスト教信仰と祖先崇拝との平和的な共存の可能性について宣教学的に考察することを提案している[13]。彼は祖先崇拝を宗教学的に分析し、いわゆる祖先崇拝といわれているものは偶像崇拝でも死者崇拝でもないことを論証している。台湾の祖先崇拝は、宣教を目的にするものでも、他の宗教と競合するものではなく、家族愛の表現であり、家族の連帯や相互扶助という社会的な役割を担うものであることに言及している[14]。彼は、むしろ台湾のキリスト教、さらにはアジアのキリスト教の将来は、いかに祖先崇拝と積極的に対話し、台湾の文化、アジアの文化の中にキリスト教のインカルチュレーションをもたらすかにかかっていると述べている。

韓国の神学者クァク（KWAK Misook）は韓国における祖先崇拝の問題を取り扱い、聖書神学の立場から韓国のキリスト者がどのように死生観と取り組んでいくべきかという研究を著している[15]。彼女は、個人主義化が進む現代社会においては、かつてのような死や死者との関係が崩壊しつつあることに注目している。死が個人化し、またタブー視され、社会の中で見えなくなってしまったことによって多くの問題が生じている[16]。韓国の宣教史においても、祖先崇拝とシャーマニズムは邪教と見なされ、その接触は拒絶されてきた。しかし、祖先崇拝がしっかりと深く根付いた社会がそこにあり、それを教会は無視するわけにはいかない。韓国の教会の中には、一つの妥協策として祖先崇拝を認める傾向もある。しかし、それは最終的に崇拝すべき方は神であるという決定的な信仰の強調が前提になっており、死者を記念することは生ける者と死ねる者との交わりの表現として認められ、亡くなった者は信仰の模範者として記憶されることが強調され

13　同書 184-204 を参照。

14　同書 201-202 を参照。

15　KWAK Misook, Das Todesverständnis der koreanischen Kultur, Frankfurt a. M., 2004.

16　同書 13-20 を参照。

る。ただ、韓国のカトリック教会とプロテスタント教会における違いは、プロテスタント教会においては墓の前でのお辞儀、死者のための祈りは偶像礼拝として固く禁じられている点にある[17]。クァクは聖書神学的に考察して、死者のためのとりなしの祈りは「キリスト者は死をもってしてその教会の連帯から疎外されるものではない」[18] ことのしるしとして容認されるべきであると述べている。

日本の教会における死者儀礼に関する議論は詳細に後述するが、神学分野だけではなく、宗教社会学においてもキリスト教と死者儀礼のテーマが取り上げられている。

日本におけるキリスト教の受容の問題として葬儀が宗教社会学的に取り扱われている。川又俊則は社会学の立場から、これまで日本におけるキリスト教の受容の問題であまり注目されてこなかった[19]死者儀礼、特に墓地の問題に着目している[20]。川又は、森岡や武田などのキリスト教の日本における受容の先行研究を批判的に検証し、教会の死者儀礼に対する対応を三類型「拒否、容認、変換」に分類している[21]。「拒否」とは美濃ミッションに代表されるような「キリスト教儀礼だけを守り、祖先祭祀として行われる様々な儀礼を拒む対応」[22] であり、「容認」とは現代のカトリック教会に見られるような「祖先祭祀を宗教儀礼ではなく単なる習俗としてとらえ、

17　同書 262-268 を参照。

18　同書 269.

19　これまでキリスト教の受容の問題を扱った代表的な研究として、武田清子『土着と背教——伝統的エトスとプロテスタント』、新教出版社、1967 年。西山茂「日本村落における基督教の定着と変容」、『社会学評論』26（1）、日本社会学会、1975 年、153–173 頁。森岡清美『地方小都市におけるキリスト教会の形成』、日本基督教団宣教研究所編、1959 年などが挙げられる。

20　川又俊則「キリスト者の先祖祭祀への対応」、『常民文化』18 号、成城大学常民文化研究会、1995 年、23–44 頁。同「教会墓地にみるキリスト教受容の問題——日本基督教団信夫教会の事例を中心に」、『年報社会学論集』11 号、関東社会学会、1998 年、191–202 頁。同「キリスト教受容の現代的課題——死者儀礼、特に墓地を中心に」、『宗教研究』第 326 号、日本宗教学会、2000 年、25–47 頁。

21　川又俊則「キリスト教受容の現代的課題」、同書 31–36 頁を参照。

22　同書、32 頁。

そのまま実施する対応」[23] である。「変換」は多くのプロテスタント教会に見られるもので、「祖先祭祀を形式上そのまま踏襲したり、それに準じた方法で行ったりするが、その中にキリスト教としての意味づけを見いだしたり、儀礼に再解釈を付す対応」[24] である。

　社会学者である川又の分析を手がかりにキリスト教葬儀式文の問題と取り組んでいるものとして、待井扶美子の「キリスト教葬儀の変遷——儀式書・祈祷書・式文を手がかりに」[25] がある。待井はこれまでの欧米至上主義に立ったキリスト教の土着化に対する理解を批判し、キリスト教葬儀の変遷をたどることによって、日本におけるキリスト教の積極的な土着化の現象を明らかにしようとしている。待井は各教派における葬儀式文の変化の中に日本における独自なキリスト教理解「かけがえのない死者への愛慕の情を断ち切ることなく、神への忠実な信仰を立てる道」[26] を見いだそうとしている。待井の理解によるならば、死者への愛慕の情と神への忠実な信仰は欧米のキリスト教葬儀では二律背反のものであり、従来は両者の併存は認められなかった。つまり、欧米型キリスト教が優位に立って、日本的なものを「寛容の精神」をもって取り入れたのではなく、日本における宣教の状況の中から生まれてきた日本独自のキリスト教理解が葬儀式文の変化をもたらしたと主張している[27]。

　待井が指摘するように、欧米のキリスト教の葬儀式文と日本の各教派の葬儀式文を比較してみると、大きく変化していることは明白である。また、明治期にプロテスタントの旧教派において編纂された式文と現在のものとを比べてもずいぶんと違ったものになっていることが分かる。しかも他の礼拝式文がそれほど大きな変化を遂げていないにもかかわらず、葬儀式文だけは日本的要素を多く含んだものになっている。

　日本ルーテル教会の宣教師であったマルク・D. ルティオは、世界のル

23　同書、34 頁。
24　同書、35 頁。
25　待井扶美子「キリスト教葬儀の変遷——儀式書・祈祷書・式文を手がかりに」、『論集』26 号、印度学宗教学会、1999 年、57–75 頁。
26　同書、65 頁。
27　同書、69 頁。

ター派教会における礼拝のインカルチュレーションを扱った研究のなかで、その一例として、日本におけるキリスト教葬儀を紹介している[28]。彼は、日本にキリスト教を伝えたアメリカのルーテル教会の葬儀と日本福音ルーテル教会の葬儀、さらには日本の仏教における葬儀を比較し、アメリカにはない死者儀礼が日本の教会の中で行われていることと、それが日本の仏教における死者儀礼の影響を受けたものであることを指摘している。そして、それをインカルチュレーションとして評価するとともに、さらに「日本の教会は、イエス・キリストの福音を日本の文化の中に埋め込むことへの努力において、さらに葬儀儀礼や死者のための配慮に関わる問題に取り組んでいかなければならない」[29]と、死者儀礼との関わりが日本における福音宣教において重要な課題であると主張している。

　川又、待井、ルティオの研究によって示されたように、日本の教会におけるキリスト教葬儀はアメリカのキリスト教葬儀と比較したときに、そこには多くの相違点があることが分かる。ここ100年間の日本のキリスト教会におけるキリスト教葬儀の変化は顕著なものがあり、その変化の過程において多くの日本的な要素を吸収統合してきている。

　本書においては、この変化を川又のようにキリスト教の受容のプロセスにおける「変容」と見なすのか、また待井の主張のように「日本独自のキリスト教の発展のプロセス」と見なすのか、さらにルティオのように「キリスト教のインカルチュレーションの一例」として積極的に解釈するのかという問いに取り組みたいと思っている。

　しかしながら、インカルチュレーションは単純に積極的に評価することができない一面も持っている。これらの既存の死者儀礼や祖先崇拝とキリスト教との出会いとそこから生まれる変化を積極的に評価することもできるが、伝統的な風習が否定的な側面を持つことも覚えなければならない。

28　Mark D. Luttio, Fallstudie: Lutherische Bestattung im japanischen Kontext, in S. Anita Stauffer (Hg.), Christlicher Gottesdienst: Einheit in kultureller Vielfalt, Hannover, 1996, 100-117. これは世界各地のルーテル教会における礼拝のインカルチュレーションを集めた研究のなかで、日本の例として紹介されたものである。

29　同書 117.

また、それらの要素がキリスト教を変質させる危険性も覚えなければならない。先述の韓国の神学者クァクは韓国の祖先崇拝の持つ問題性を次のように挙げている。

1. 父権的−階層的家族・社会構造の保持
2. 女性と子どもたちへの差別と服従をもたらす構造
3. 集団性や家族への所属の強調によって個々の人間の価値や尊厳が無視され、個性が埋没させられる。
4. 両親、家族内の祖先崇拝が一面的に強調されることによって社会的な責任意識が弱められ、家族エゴが強まり、社会全体の福祉に対する無関心が高まる。
5. 儀礼の形式主義、また儀礼のための時間と経済の浪費
6. 死者の霊に対する呪縛と崇拝によって、キリスト教信仰のアイデンティティーが失われる。
7. 死者の霊への崇拝によって否定的な影響がもたらされ、唯一の神への信仰が蔑ろにされる[30]。

これらの問題性に加えて、クァクは朝鮮半島の日本統治下において、韓国・朝鮮人が日本政府によって神道の神、さらに天皇を崇拝するように強要されたことを通して、韓国教会が弱体化したこと、キリスト教としての本質を見失ってしまったことを挙げ警鐘を鳴らしている[31]。

　キリスト教が既存の文化や宗教、死者儀礼と出会い、その要素を教会の実践の中に取り入れるときに、否定的な影響を及ぼすことは、日本のキリスト教の歴史を鑑みても軽視することはできない。日本古来の祖先崇拝をイデオロギー的に、さらに実践的にも用いて国民を全体主義へと導いてきた天皇制が日本のキリスト教に対して支配的に関与し、それに迎合、貢献するために「日本的基督教」が提唱されてきたプロセスを忘れるわけにはいかない。

　ただ、このような問題が引き起こされてくるという可能性を認識しつつ、伝統的な日本の死者儀礼との対話や神学的な取り組みを避けることはでき

30　KWAK Misook, Das Todesverständnis der koreanischen Kultur, 263-264.
31　同書 261 を参照。

ない。過去の日本の文化や社会的潮流に迎合した歴史を批判的に検証しつつも、日本におけるキリスト教葬儀式文の変化をインカルチュレーションとして評価し、葬儀やグリーフワークを宣教論的にとらえ、その意義を探っていきたいと願っている。

待井やルティオの論文では第二次世界大戦後の各教派の葬儀式文のみが扱われているが、葬儀式文の変化を検証する場合には欧米から伝えられた葬儀式文が日本の文化的土壌の中でどのように変容したのかを検証する必要がある。インカルチュレーションの研究にとって、どのようなプロセスを経て、アメリカの葬儀式文が日本の文化的・宗教的土壌に根付き、そこで新しい花を咲かせ、実りをもたらしていったのか、またその花や実を宣教学的に評価することが必要である。そして、そこに現れた葬儀式文もしくは葬儀の変容をキリスト教礼拝のインカルチュレーションとして意義づけ、日本で宣教を展開する上でどのような役割を担うものであるのかを考察することを本書の目的とする。

第1章では、インカルチュレーションについて、シンクレティズムとの関連において、その定義を明確にする。そしてそれを、教会の葬儀式文の変化を積極的に評価し、宣教学的な地平で死者儀礼の問題を論ずるための基盤とする。

第2章では、日本の中でキリスト教葬儀に関するインカルチュレーションの議論の変遷を取り扱う。インカルチュレーションはすでに日本のキリスト教宣教の初めから課題であり、約460年前のカトリック宣教においてすでに葬儀の問題はキリスト教宣教の重要なテーマであった。このテーマに関する当時の取り組みは両義的な結果を生み出している。一方では、大きな宣教的な成功をもたらすことになるのであるが、他方でその結果が禁教令や仏教による葬儀の一元化を生み出すこととなった。200年に及ぶ鎖国が解かれ、日本が開国し再びキリスト教の宣教が開始されると、新たに葬儀の問題が宣教の課題として浮上してきた。そこから一旦途絶えていた死者儀礼に関する宣教論的な議論とインカルチュレーションのプロセスが展開することとなる。ここで「偽インカルチュレーション」（キリスト教が日本の文化と結びついて独自な展開を見せるのであるが、そのことによってキ

リスト教そのものの本質が損なわれた事例）として否定的に評価されうる
「日本的基督教」が提唱され、キリスト教と死者儀礼の議論に否定的な方
向性が示されることとなる。インカルチュレーションの問題を考える際に、
「日本的基督教」という結論を生み出した日本のキリスト教の歴史を無視
するわけにはいかない。ただ、今日においては批判されるべき神学的動向
ではあるが、キリスト教葬儀式文やその教会での実践に一つの展開を生み
出すことになったことは否めない。

　興味深いことに日本のほとんどのプロテスタント教会の葬儀式文は似通
っており、教派の神学、伝統の違いがあるにもかかわらず、いったいどこ
からプロテスタントの葬儀式文が成立し、それがどのように伝承・拡散さ
れたのかが疑問である。第3章では、プロテスタント教会の葬儀式文の成
立の過程をたどり、その変遷の過程において何がその葬儀式文の主たる神
学的テーマとされてきたのかを明確にしたい。

　第4章においては、日本における葬儀式文の変遷について論述する。葬
儀式文の文言の変化、また枕頭の祈り、納棺式、出棺式等の欧米の葬儀式
文にはなかった新たな日本独自のキリスト教死者儀礼の導入の過程をたど
っていきたい。そのような諸式の採用だけに留まらず、第3章において論
述した欧米の教会における葬儀式文の主要テーマが、日本における葬儀式
文のインカルチュレーションのプロセスの中でどのように変化したのかに
も注目する。

　第5章では、葬儀賛美歌の分析を通じて、葬儀式文におけるインカルチ
ュレーションが同様に見いだされるのか検証する。キリスト教葬儀式文の
受容と変容のプロセスの中で、賛美歌の影響を無視することはできない。
葬儀式文そのものよりも、また聖書の言葉よりも、賛美歌の内容は日本人
キリスト者に大きな影響を与えるものとなり、独自な死生観を与えるもの
となっている。多くはアメリカの葬儀賛美歌の翻訳として賛美歌集に組み
込まれているのであるが、その翻訳における日本的な変更が日本人キリス
ト者の死生観に大きな影響を与えていると言える。そして、それが同時に、
葬儀式文の受容にも見られることを確認する。

　日本で葬儀について議論されるときには、「葬儀は礼拝である」という

ことが強調される。この姿勢が葬儀への日本的要素の流入の防波堤にもなっているのではあるが、一方では積極的なインカルチュレーションを阻む障壁ともなっている。インカルチュレーションの新たな展開、さらにすでに日本のキリスト教葬儀の中に見られるインカルチュレーションを宣教学的に評価するために、第6章では礼拝とは何かという定義を新たに行い、さらに礼拝の持つ治癒的機能について論じたいと思う。

　最後の第7章では、キリスト教葬儀式文に影響を与えた日本の死者儀礼が持つ治癒的側面と神学的な意味について論じる。その際、現代の悲嘆学やグリーフワークの議論とも対話を試みたい。さらに、現代の宣教学においてインカルチュレーションからさらに進んだ「インターカルチュレーション」[32] の議論に基づき、インカルチュレーションが静的で一時的な現象ではなく、さらにはキリスト教とそれが接する文化との不断の相互に影響を与え合う運動に着目することによって、今後のキリスト教と葬儀の宣教論的展開にも言及する。

---

32 「インカルチュレーションは独自の現象ではなく、相互的な現象であり、宣教しようとする二次的な文化にも影響を与え、それを変化させる。成功したインカルチュレーションはインターカルチュレーションに至る」。Theo Sundermeier, Vernetzte Verschiedenheit: Zum Projekt einer Interkulturellen Theologie, in Claude Ozankom / Chibueze Udeani (Hg.), Theologie im Zeichen der Interkulturalität, Würzburg, 2010, 194 を参照。

I
インカルチュレーションとシンクレティズム

　ニューヨークのユニオン神学校でエキュメニカル神学を担当するチョン・ヒョンギョン（CHUNG Hyun Kyung）が、1991 年にキャンベラで開催された世界教会協議会総会で「来たれ、聖霊」[1] と題して行った講演は議論を巻き起こすものであった。彼女は、韓国のシャーマニズム的考えやその儀式的要素を取り入れて、その講演を行ったのである。韓国の文化とキリスト教神学の融合は衝撃的なものであり、賛否をめぐって激しい意見の対立をもたらした。保守的なグループからは、シンクレティズム（宗教混交）であると批判されたが、進歩的な宣教理解を持つグループからは「インカルチュレーション神学を明確に表す事例」[2] として高く評価されている。彼女自身はシンクレティズムを否定しているわけではなく、自分自身の神学をあえて「解放を志向するシンクレティズム」[3] と表現し、自分自身の神学が韓国の文化や宗教と混交していることを積極的にとらえている。彼女

1　CHUNG Hyun Kyung, Komm, Heiliger Geist: erneuere die ganze Schöpfung, in Junge Kirche 52, 1991, 130–137. 講演のドイツ語訳には誤りが多く、後に訂正された。W. Müller-Römheld (Hg.), Im Zeichen des heiligen Geistes: Bericht aus Canberra, Frankfurt a. M., 1991, 47–59 を参照。チョンの神学は韓国教会において問題なく受け入れられたわけではなく、伝統的な立場に立つ教会には厳しく批判された。彼女の神学的方向性は進歩的なものではあるが、欧米の神学によって構築されたものではなく、韓国の状況から生まれてきたものである。それは神学と韓国文化との単なる混合ではなく、韓国の文化的文脈を神学の対象として取り上げ、具体的な状況を変えることを目指した取り組みであった。チョンの貢献は、1983 年のバンクーバーで開催された WCC 総会から生まれ出たものであった。バンクーバー大会においては、キリスト教信仰の多彩な文化的表現が紹介され、欧米のキリスト教に束縛されない新しい神学的理解の可能性が注目された。（鄭ヒュンクン「すべての被造物を新たにする霊」、北原葉子訳、『福音と世界』1991 年 5 月号、新教出版社、6–17 頁）

2　Theo Sundermeier, Inkulturation und Synkretismus: Probleme einer Verhältnisbestimmung, in Evangelische Theologie 52, 1992, 207.

3　CHUNG, "Opium oder Keim der Revolution?," Schamanismus: Frauenorientierte Volksreligiosität in Korea, in Concilium 5/24, 1988, 393–398 を参照。

は、ここでシンクレティズムをキリスト教の純粋性を失う否定的な現象としてではなく、キリスト教がその直面する文化の中に福音を文脈化させていくときに必要なプロセスとして意味づけている。

エキュメニカル運動や世界宣教の現場において、チョンの講演は、福音と文化との関係、宣教の新しい概念、教会の一致と多様性という3つのテーマに関わる議論を引き起こすものとなった。

ヨーロッパ中心の宣教はキリスト教と西洋文化を同一のものと見なしていたのに対して、70年代から80年代にかけて始められたインカルチュレーションの議論は、様々な文化圏の中で花開いたキリスト教文化の多様性を擁護し、欧米中心主義的な見解によって形成された福音と文化の関係への先入観を批判するものとなった。

これはポストモダン世界において教会に投げかけられた問いである。20世紀の初めにおいては、キリスト教宣教とヨーロッパの植民地主義は表裏一体であり、他のすべての文化に優ると考えられていたヨーロッパ文化を植民地にもたらすことをその目的とし、それこそがまさに神の御心でありイエスの愛の表現であると認識されていた[4]。しかし現代の宣教の神学では、すべての文化は同等なものであると見なされ、宣教はもはや上から下へと流れる「一方通行」の運動ではなくなった。世界宣教やエキュメニカル運動は宣教国・被宣教国の境界を越えて互いに学び合い、連帯をもたらす共同体の形成を目指すものである。

1910年に開催されたエジンバラの第1回世界宣教会議以来、教会はキリスト教の一致を追求してきたのであるが、それは信仰の多様な表現形態だけではなく、福音における教会の一致に大きな価値をおいてきた。教会は、多様性を認めかつそのさらなる展開を求めつつも、福音における一致と連帯を希求してきたのである。

宣教論の変化のなかで議論しはじめられたこれらの問題は、1996年11月24日から12月3日にかけてブラジル・サルバドールにおいて開催された第11回世界宣教・伝道会議において一つの頂点を迎えた。「一つの希望

---

4 デイヴィッド・ボッシュ『宣教のパラダイム転換〈下〉』、東京ミッション研究所訳、新教出版社、2001年、66–108頁を参照。

に召されて——諸文化における福音——」というテーマのもとに開催されたこの会議は、特にマイノリティーの視点を重視し、欧米中心的なキリスト教理解から脱して福音と文化の関係について問い直し、共通理解に立つことを目指すものであった。この会議において、世界中で多様な形で展開している福音のインカルチュレーションの諸例が紹介され、インカルチュレーションへの関心が高まったのである[5]。

80数か国からの600人を越える参加者は、それぞれの国や教会における福音と文化との出会いの経験を披露し、それを共有しあった。彼らが紹介したインカルチュレーションは、音楽、芸術、礼拝に広がるものであり、その信仰表現の多様性は教会の豊かさのみを表すのではなく、ヨーロッパ中心主義のキリスト教理解との決定的な決別を実感させるものであった。

このサルバドールの世界宣教・伝道会議において、キリスト教は一元的なものではなく多元的なものであることが確認された。クラウス・シェーファーはこの会議の意義を振り返り、「それはもっと多くのものを意味している。南半球のキリスト者の強い存在感、その生き生きとしたキリスト教信仰に出会った者は、キリスト教の中心は南にあるという印象を受けたであろう。わたしたちは『ヨーロッパの神』に別れを告げた」[6]と評価している。

宣教神学の視点からいうならば、インカルチュレーションは宣教においておのずと生じてくる一つの現象ではない。むしろそれは、アジア、アフリカ、南米のいわゆる「若い教会」の欧米中心の宣教からの解放を意味するものであった。

しかしながらインカルチュレーション、つまり福音と文化との関係は、欧米以外の被宣教国だけの課題ではない。世界中がグロバリゼーションの渦の中で、また情報化社会の発展によって、以前は遠くにあった文化や宗教の要素が、簡単に日常の中に入り込み、共存する多元的社会を経験して

5　Klaus Schäfer, Das Evangelium und unsere Kultur: Nachgedanken zur Weltmissionskonferenz in Salvador da Bahia für den deutschen Kontext, EMW Information Nr. 116, EMW, 1997 を参照。

6　同書 10.

いる。人々はそのような文化的・宗教的要素を自分の好みに従って選択し、組み合わせ、生活の中に組み入れることができる。選んだ要素は交換することも、排除することも、補充することもできる。

「マルチオプション社会」[7]はシンクレティズム的現象を内包している。ヨーロッパのこれまでのキリスト教一元的な宗教的環境と違って、様々な宗教から選び取られた要素が共存し、互いに開かれた普遍的な宗教運動への関心が高まり、平和的な宗教の共存が求められている[8]。この多元的な社会の中において、教会のような宗教団体はもはや排他的に唯一の真理を提供する存在ではなくなっている。たとえ教会がこのように自負していたとしても、人々は自分たちの関心や興味、必要に応じて真理を集め、自分なりの真理体系を形成し、宗教のカクテルを作りだそうとしている。

それぞれが自分の中に小さなシンクレティズムを有している。ヨーロッパや日本においても、多くの人々は、これまでキリスト教や仏教などの宗教に強く結びついていた家族、結婚、葬儀、通過儀礼において従来と違う価値観に従って自分なりのライフスタイルを形成しようとしている。ヨーロッパの国々でも、このような状況の中でキリスト教のインカルチュレーションは重要な宣教課題として見なされている[9]。

一方、かつての被宣教国は、キリスト教の宣教が行われて以来多元的宗教社会を経験し続けてきた。現在ヨーロッパ中心主義的キリスト教から解放された教会は、自分たちが直面する文化や宗教を無視したり、否定するのではなく、これらとの関係において独自の神学を形成しなければならない。そして、かつてキリスト教国といわれたヨーロッパ諸国の教会も、宗教的多元社会を経験することとなった。そこで、他宗教や今日の文化的状況との対話は避けて通ることができないものである。対話能力を持ち、キリスト教の持続可能な未来を築くためにも、シンクレティズムとインカルチュレーションのテーマは必要不可欠のものである。

---

7 Peter Gross, Die Multioptionsgesellschaft, Frankfurt a. M., 1994 を参照。

8 Reinhart Hummel, Zur Auseinandersetzung mit dem Synkretismus, in Thomas Schirrmacher (Hg.), Kein anderer Name, Nürnberg, 1999, 264–268 を参照。

9 Hans Bauernfeind, Inkulturation der Liturgie in unsere Gesellschaft, 61–62 を参照。

Ⅰ　インカルチュレーションとシンクレティズム

　この章においては、宗教学やコミュニケーション学の助けを借りて、キリスト教がインカルチュレーションやシンクレティズムをどのように理解し、どのように接するのか、インカルチュレーションとシンクレティズムの区別があるのか、あるとするならばどこにあるのかという問いを考えていきたい。特に、日本の教会がこれまでインカルチュレーションやシンクレティズムとどう対峙してきたのか、その際にどのような問題を抱えていたのかについて述べたいと思う。そして最後に宣教神学の立場からインカルチュレーションについてのテーゼを明らかにし、本書の議論の基本的な理解を示したい。

1. インカルチュレーション

(1) インカルチュレーションとは何か

　福音と文化との出会いとその相互作用は現代的なテーマであるというわけではなく、すでに新約聖書が書かれた時代に教会が直面し、キリスト教宣教の初めから取り組まれていた問題であった[10]。典型的な例として、パウロがアレオパゴスでギリシャ宗教の概念と祭祀の対象「知られざる神」（使徒 17：23）を用いて福音を他の文化の人々に説こうとした説教が挙げられる（使徒 17：22–31）。文化と宣教との出会いに関わる出来事をインカルチュレーションと呼ぶことができるように、この出来事もインカルチュレーションと見なすことができる。

　キリスト教の宣教的広がりにおいて、キリスト教的要素と既存の宗教の要素が共存することがあり、また他宗教の概念や信仰行為がキリスト教の信仰とその実践に取り入れられることがある。ところが、キリスト教は本質的に様々な文化や他宗教と親和性があったわけではなかった。キリスト教は宣教の宗教であり、その初めから、宣教するということが第一義的なこととして理解されてきた。

10　インカルチュレーションの歴史的な例として、トビト書や十字軍などが紹介されている。Rupert Klieber / Martin Stowasser, Inkulturation: Historische Beispiele und theologische Reflexionen zur Flexibilität und Widerständigkeit des Christlichen, Wien, 2006 を参照。

「わたしは天と地の一切の権能を授かっている。だから、あなたがたは行って、すべての民をわたしの弟子にしなさい。彼らに父と子と聖霊の名によって洗礼を授け、あなたがたに命じておいたことをすべて守るように教えなさい。わたしは世の終わりまで、いつもあなたがたと共にいる」

(マタイ 28：18-20)

というイエス・キリストの「大宣教命令」は、人々を世界宣教へと駆り立ててきた[11]。

　過去の宣教においては他宗教者との共存、他宗教者との連帯が目標とされたわけではなく、むしろ他宗教者を改宗させることが第一義的なこととして考えられてきた。イエス以後の教会は、ユダヤ人社会に留まるのではなく、パウロを中心として、異邦人世界へと宣教に出かけ、キリスト教を広めていった。その中で、もはやユダヤ人と異邦人との区別はなくなったのであるが[12]、教会は神の民と自分を同一視したため、キリスト教徒と異教徒という対立を生み出す結果となった。救いが民族の壁を越えて「すべての人」に及ぶものであるという神学から、キリスト教が異教社会へと広まっていくにつれて、異教徒や異教的信仰や慣習と断絶することがキリストへの信仰と見なされるような傾向も強まり、キリスト教徒と異教徒とい

11　この「大宣教命令」について、「すべての民」とはいったい誰を指しているのかということに関して、単純に人類全体という宣教領域とその目的を表すものではなく、イエスの復活による新しい時代の到来を表す言葉として、マタイ福音書が書かれた文脈の中で理解されねばならないという主張もある。マタイにおける宣教理解については、デイヴィッド・ボッシュ『宣教のパラダイム転換〈上〉』、東京ミッション研究所訳、新教出版社、1999 年、103～147 頁を参照。この言葉の聖書学的な釈義を越えて、この言葉が全世界に宣教師を遣わし、世界宣教を導いてきたことは否めない。

12　パウロが、ガラテヤ 3：28 において、救いに関して「ユダヤ人もギリシア人もなく、奴隷も自由な身分の者もなく、男も女もありません」と語っていることは革新的な考えであったと言える。しかし、一方で「異邦人の間にもないほどのみだらな行い」(1 コリント 5：1)、「わたしたちは生まれながらのユダヤ人であって、異邦人のような罪人ではありません」(ガラテヤ 2：15)、「神を知らない異邦人のように情欲におぼれてはならないのです」(1 テサロニケ 4：5) というような言葉に表れているように、パウロが根本的にもっている異邦人に対する蔑視を克服しているわけではない。

うまた別の二分法が強まっていった[13]。

　「わたしたちも皆、こういう者たち（異教徒）の中にいて、以前は肉の欲望の赴くままに生活し、肉や心の欲するままに行動していたのであり、ほかの人々と同じように、生まれながら神の怒りを受けるべき者でした」

（エフェソ 2：3）

　キリスト教徒か異教徒かという二分法は信仰の問題に留まるのではなく、キリスト教側にとっては目の前にしている自分たちとは異質な存在が人間か人間ではないかという二分法でもあった。聖書の教えの中に「殺してはならない」（出エジプト 20：13）とあるにもかかわらず、キリスト教信者が人間を殺害してきたことは否定できない。それは、聖書の教えをないがしろにしてきた歴史であるというのではなく、キリスト教の名において殺してきた人間を「殺してはいけない」といわれる対象である「人間」として見てこなかった歴史である。十字軍において殺人や戦争が正当化された理由の一つとして、異教徒を人間とは見なさないという詭弁がまかり通っていたことが挙げられる。当然、その異教徒が属する文化や宗教が尊重されるわけではなかった。

　福音と文化との関係は、他宗教者に対して、多宗教社会で宣教を行うキリスト教がその文化と密接に結びついた他宗教をどのようにとらえるのかという問題と大きく関わってくるものである。その理解は宣教神学に基づくものであり、その理解は時代とともに変化してきている。宣教学のキーワードに注目するならば、次の 3 つの段階に分類されるであろう。

　　(ア)　特殊主義もしくは排他主義　この名前の他に救いはない（tabula rasa method）

　　(イ)　包括主義　救いの恵みは教会の外にもある（Indigenization）

　　(ウ)　多元主義　多様に具現化される神の存在（Inculturation）

　以下、この 3 つの段階の特徴について言及する。

13　異教徒という呼称がもたらしてきたキリスト教の人間理解の問題性、宣教の課題については、拙論「『異教徒』という人間―― 15–16 世紀のカトリック南米宣教における人間理解」、向井考史編著『人間の光と闇――キリスト教の視点から』、関西学院大学出版会、2010 年、143–160 頁を参照。

㈦ 特殊主義もしくは排他主義　この名前の他に救いはない(tabula rasa method)

　もともと、キリスト教は、「ほかのだれによっても、救いは得られません。わたしたちが救われるべき名は、天下にこの名のほか、人間には与えられていないのです」（使徒 4：12）と書かれているように、またキプリアヌスが「教会の外に救いはない」と主張したように、多神教社会の中でキリスト教だけが唯一救いに至る道であり、他の宗教についてはその存在そのものを否定してきた。

　この自己理解とヨーロッパ諸国の経済政策と帝国主義・植民地主義が結びつき、キリスト教の世界化を目指した 19 世紀における宣教が全世界的に展開した。

　西洋文化を被宣教国の人々に取り入れさせることが、キリスト教宣教と表裏一体のものであり、その土地の文化や宗教を一掃し、その上にヨーロッパ・キリスト教文化を覆い被せること、つまり tabula rasa method（タブラ・ラーサ・メソッド）[14] が宣教方策として用いられていた。

　特に日本におけるプロテスタント伝道は、アメリカのピューリタンが主導的であったため、欧米のキリスト教以外の文化や宗教を排除して、その上にキリスト教を教えるタブラ・ラーサ・メソッドを実践した。

　この宣教方策の背後にある特殊主義は、神は真理と命をただイエス・キリストにおいてのみ啓示したのであり、救いはイエス・キリストにおいてのみ可能であるという理解である。他の宗教の教理や伝統の中には、キリスト教が絶対と主張する真理は存在しない。

㈡ 包括主義　救いの恵みは教会の外にもある（Indigenization）

　包括主義と呼ばれる他宗教理解においては、キリストによる救いの絶対

14　Tabula rasa とは、「何も書かれていない書板」を意味し、白紙の状態の心を表現している。つまりキリスト教宣教において、既存の宗教や文化的要素を人々の心や生活から取り除き、何も書かれていない状態の上にキリスト教信仰を教えるという宣教方策である。16 世紀のカトリック宣教方策から始まり、現代においても他の宗教を否定し、キリスト教の優位性を主張する教派の宣教方策として用いられることがある。エルネスト・D. ピレインス『出会いと対話からの宣教と福音化──今日の宣教を問う』、佐々木博訳、オリエンス宗教研究所、2002 年、16 頁を参照。

性は主張しつつも、それにもまして神がすべての人を救われようとする意志を持っておられることを強調する。それゆえ、神は他宗教の中にも真理の要素を含ませておられるという考えである。しかし、その宗教の信者はその真理がいったい何であるのかを知らずに神の恵みを経験しているのであって、「無名のキリスト者」と呼ばれている。

しかしながら、根本的にはキリスト教が他の文化や宗教に対して優位に立っていることは変わりなく、同等のものであるという認識はない。

キリスト教は宣教において、そのような文化や宗教と出会うのであり、その宣教の場において、キリスト教は自分たちの西洋神学を修正することなく、一つの譲歩として宣教地の「異教的価値観に汚染されていない」[15]文化的要素を信仰の表現として取り入れることを認めてきた。キリスト教の核心としての実を変えることなく、その様式としての殻を宣教地の文化に順応させようとするものである。そのような宣教方策はカトリックでは適応（Adaptation）、プロテスタントでは土着化（Indigenization）と呼ばれた。

ここではキリスト教と他宗教との対話が試みられているようでありながら、文化的要素・宗教的要素という言葉が示しているように、それらの要素はキリスト教の好みや必要に従って宗教や文化本体から切り離されて用いることができるという西洋の啓蒙主義的な考えに基づいている。このような考えに対して、要素と本質が切り離され、一要素だけが拒否反応のない中立的なものとして移植されることができるのかという問いが投げかけられる。

(ウ) 多元主義　多様に具現化される神の存在（Inculturation）

キリストの救いの絶対性が問題であったのに対して、神の救いの意志の普遍性に強調点が移ってきた。多元主義的な他宗教理解はキリスト教に示されている神の救いの意志は、他宗教の中にも普遍的に示されているという考えである。神的存在の概念は人格的な神的存在として多様に具現化していると考えられる。

15　デイヴィッド・ボッシュ『宣教のパラダイム転換〈下〉』、330 頁。

この多元主義そのものがキリスト教の宣教理解に影響を与えたわけでは
ないが、この多元主義の背景にあるヨーロッパ中心主義のキリスト教理
解・宗教理解の崩壊、もしくは非ヨーロッパ圏における、つまり被宣教国
のキリスト教のヨーロッパ・キリスト教からの解放が、宣教理解へ大きな
影響を与えるものとなった。

　この背景には第二次世界大戦後の植民地政策が終焉し、世界そのものが
多元的社会になってきたことがあり、一元化されたキリスト教ではなく、
多元的なキリスト教のあり方が模索されるようになった。それぞれの文化
には、それぞれのキリスト教があり、それぞれのキリスト教が成り立つた
めにはその土地の文化や宗教との対話は避けることができないと考えられ
るようになった。文化や宗教との対話を通して開花する新しいキリスト教
のあり方をインカルチュレーションと呼び、積極的に評価しようとするも
のである。

　もちろん、このインカルチュレーションと呼ばれる宗教的現象は、第二
次世界大戦以降において初めて起こってきたことではなく、宗教が他の文
化や宗教と出会う場所においては何らかのかたちでインカルチュレーショ
ンと言えるものが生じてきた。しかし、これまではそれをシンクレティズ
ム（宗教的混交）と否定的に評価してきたことに対して、むしろインカル
チュレーションとして積極的に評価しようとする宣教理解が注目されてき
たのである。

　この宣教理解に基づくならば、宣教とは、非キリスト者を改宗させ、キ
リスト者にするということを第一義にするのではなく、共に生活するなか
において、対話し、連帯し、そのなかで自らの宗教の真理性を証しするこ
とであると定義される。

　キリスト教的には、キリストが人間の体に Incarnation（受肉）したこと
が、このインカルチュレーションの根本的な考えとなり、キリスト教の福
音が文化という体に受肉するということは、キリスト教宣教の根本的なあ
り方であると言える。

　この宣教理解において、キリスト教と他宗教との対話、協力、連帯への
道が開けてくる。キリスト教が他宗教の要素を取り込むのでもなく、また

神の普遍的な救済意志によってそれぞれの宗教の境界をぼやかすのでもな
く、自分自身の真理というものをしっかりと持ちつつも、目の前にある文
化と対話することを通して、自らも豊かになり、キリスト教の福音の真理
性の新しい側面をその対話を通して発見しようとするものである。さらに、
その対話は一方通行的なものではなく、相互に影響を与え合うものであり、
対峙する宗教や文化への尊敬というものに立脚したキリスト教側からの影
響を否定するものではない。

インカルチュレーションとは、単に福音やその表現を既存の文化や宗教
に合わせて表現しようとする単独の出来事でも、キリスト教に日本的な要
素を取り込もうとする試みでもなく、福音宣教のプロセスにおいて信仰を
表現しようとする宣教的運動である。それゆえインカルチュレーションに
ついて考える際には宣教との関連で考察され、また検証される必要がある。

(2) コミュニケーションとしての宣教とインカルチュレーション

宣教とは自己満足的なモノローグではなく、ディアローグ（対話）であ
る。宣教においては福音の使信を声に出し、ことばにして伝える必要があ
る。特に説教や牧会的な対話においては、このことばにするということが
最も重要な事柄である。外国の宣教師の外国語で語られた福音が、通訳に
よって自国語に翻訳され、それを聞いた人々が他の人にその内容を伝えよ
うとするときに、すでにインカルチュレーションのプロセスが始まってい
る。宣教とインカルチュレーションは人間間における一つのコミュニケー
ションとして理解されるため、コミュニケーション学の助けを借りて、イ
ンカルチュレーションについての理解を深めたい。

コミュニケーション学者のニダは、コミュニケーションの基本的な構想
において、コミュニケーションの場の変化によって生じる変化に注目して
いる[16]。伝えたいメッセージがあり、それを伝える送り手がいて、そのメ
ッセージを受け止める受け手がいることがコミュニケーションの基本的な

---

16 E. A. Nida, Message and Mission: The Communication of the Christian Faith, New York,
1960. 宣教とコミュニケーションについては、Heinrich Balz, Theologische Modelle
der Kommunikation, Gütersloh, 1978 を参照。

要素である。このどれかが欠けても、コミュニケーションは成り立たない。コミュニケーションが行われるとき、送り手によってエンコード（メッセージの記号化）されたメッセージを、受け手がデコード（記号を自分へのメッセージに戻す）する。このコミュニケーションがうまく行くためには、またそもそも成立するためには、この両者は記号を共通に理解する文化に属するものでなければならない。この文化というものは、社会的に伝達された行動様式であり、言語であり、社会的・時代的状況がコミュニケーションのプロセスを規定することとなる。しかし、送り手と受け手がそれぞれ全く違う文化圏に属する人物であるならば、コミュニケーションの経過は全く違うものになってしまう。つまり、日本語を話せないアメリカ人によって伝えられた英語のメッセージを、英語を理解しない日本人が聞いても、そこにはコミュニケーションは成立せず、その間に通訳者なりが存在しなければならない。

　宣教においては、このコミュニケーションの出来事はより複雑なものとなってくる。コミュニケーション学者のヴァッツラビックはコミュニケーションをこれまでの送り手－受け手関係だけではなく、両者が行動し、それに反応する相互的なプロセスとして見なしている[17]。ある文化から違う文化へと来た送り手は、まず自らの文化に影響を受けた使信を持ってくる。もちろん、この聞き慣れない不慣れな情報は受け手を刺激し、受け手はそれに対して何らかの反応を示す。この刺激と反応の長い期間にわたる連鎖的な行動において、受け手はそもそもの送り手にそのメッセージに対する反応を伝える送り手へと変化してくる。このヴァッツラビックのテーゼによるならば、「あらゆるコミュニケーションにおいて様々な情報伝達段階がある。その一つがそのなかでコミュニケーションが生じている関係性である」[18]。その情報発信者についての情報、情報発信者との関係、その人間性が、情報の内容と同様に重要な役割を果たしている。つまり、その情報の内容そのものよりも、それを誰が言ったのかがその情報の真偽に関わっ

17　Paul Watzlawick / Janet Beavin, Einige formale Aspekte der Kommunikation, in Paul Watzlawick / John H. Weakland (Hg.), Interaktion, Bern, 1980, 95-110 を参照。
18　同書 100.

てくることがある。「関係と内容の両方が、コミュニケーションが持ち合わせている基本的な特徴である」[19]。

この意味において、インカルチュレーションはすでにキリスト教と非キリスト教社会との出会いの中で始まっている。宣教をコミュニケーションの出来事として見なすならば、インカルチュレーションは単にキリスト教のある文化における現実化というのではなく、送り手と受け手の相互作用の中で生じてくるものである。宣教師、情報の送り手によって非キリスト教社会にもたらされたキリスト教は、その土地のキリスト者でありまた非キリスト者でもある情報の受け手によって「そのままで」受け止められるわけではなく、デコードされ、自分たちの文化の範疇に当てはめた概念に適応させて理解されることとなる。送り手が発した情報は、必ずしも受け手が受け止めた情報と一致するわけではない。この情報のデコーディングと選択において、すでにインカルチュレーションは起こっている。

被宣教国にとってはキリスト教は宣教する宗教であるとともに、対峙する文化から影響を受ける宗教でもある。キリスト教はその宣教過程において圧倒的な立場で一方的に宣教しているのではなく、まずその国の人々に受け入れられなければならない。宣教する者にとっては、非キリスト者、他の宗教の信者に理解してもらえるように自らを伝えなければならず、社会的にも宗教的にも受け入れられるものであることが重要である。伝えられたキリスト教がその土地の人々に受け入れられるためには、受け手の文化や概念にキリスト教を当てはめ、聖書の言葉や神学概念が翻訳される必要がある[20]。その際、欧米社会で形成されてきた神のイメージやその概念

19　同書 102.

20　460 年あまり前にフランシスコ・ザビエルによって日本に初めてキリスト教が伝えられたとき、ザビエルが伝えた神を表す言葉「デウス」が誤って通訳されたために、人々はそれを大日如来であると理解した。また、およそ 150 年前のプロテスタント宣教においても、"God" という言葉の日本語への翻訳はキリスト教のインカルチュレーションとして注目に値するものである。19 世紀の半ばには、中国において "God" の中国語への翻訳を巡って宣教師間で論争が起こった。17 世紀以来中国で宣教活動を行っていたカトリック教会は「天帝」を用いていたが、イギリス人宣教師は「上帝」、アメリカの宣教師は「神」を主張した。お互い譲らなかったため、中国には二つの違う聖書翻訳が生まれることになった。アメリカ人宣教師が日本に

からずれてしまうこともあるであろうし、罪や愛といった神学的概念も内容的に変化してくる可能性もある。この翻訳という作業が、キリスト教の受容の第一のプロセスである。

それだけではなく、宣教師やその土地のキリスト者たちはその宣教的情熱や熱心な宣教姿勢によってそこで出会った人々に影響を与え、キリスト教を受け入れ、さらにはキリスト教を他者に伝えようとする気持ちを起こさせる。キリスト教の受け手であった者が、キリスト教の送り手となる。ここで、受容の第2段階へと進む。キリスト者は、その社会においてキリスト教が危険な宗教ではなく、信じるに値し、良いものをもたらす宗教であることを知ってもらおうとする。もちろん、キリスト教がその時代が求めているものや関心に適応するものでなければ、見知らぬ宗教に誰も見向きもしないであろう。

キリスト教との出会いとキリスト教信仰の受容を通して、人は変わり、自分の知り合いをこの不慣れな信仰へと招く者となる。この変化を通して、人々は社会との関わりにおいても変化を経験することとなる。その国の者でありながら、よそ者、変わり者、異者でもある。このような人々は、自国の文化とキリスト教、自国民であることとキリスト者であることとの折り合いをつけなければならない。宣教はその居場所を求めて、絶えずこの二極間を行き来することとなる。

コミュニケーションが成り立つためには、社会的な場が必要である。宗教でいうならば、コミュニケーションの社会的な場とは、個人的な対話に限らずグループや教会という集団における出来事でもある。コミュニケーションとしてのインカルチュレーションは個人的な牧会における対話だけではなく、礼拝、典礼、音楽、教会建築、様々な儀礼や諸式という、キリスト者がその信仰を具体的にまた象徴的に独自の様式を用いて表現しよう

来たため、彼らの推奨に従ってためらいなく日本語への翻訳として「神」が採択されることとなった。この結果、聖書的な神概念と日本的な神概念の区別が曖昧であり、また互いに影響を与え合う結果になっている。これに関しては、Archie C. C. LEE, God's Asian Names: Rendering the Biblical God in Chinese, Society of Biblical Literature (SBL), 2005, http://www.sbl-site.org/publications/article.aspx?ArticleId=456. 柳父章『「ゴッド」は神か上帝か』、岩波書店、2001年を参照。

Ⅰ　インカルチュレーションとシンクレティズム

とするところで起こるものである。特に現在の世俗化された社会において、人間の行動の儀礼化はインカルチュレーションの重要な過程として見なされている[21]。

2. シンクレティズム

　アフリカやアジア、南米におけるキリスト教信仰の現場において、キリスト教信仰と他の宗教との様々な数多くの混合現象を見ることができる。その土地に根付いたキリスト教文化は往々にして土着の民間宗教、治癒法、魔術、祖先崇拝やアニミズム的な宗教との混合によって成り立っていることがある。そこで行われていることは、聖書や伝統的なキリスト教教理から生まれ出たものではないように思われる。そのようなキリスト教の土着化をインカルチュレーションとして積極的に評価していいのか、むしろそれはシンクレティズムとして批判的に評価せざるをえないものであるのかは議論を呼ぶところである。

　一般的にシンクレティズムとは、様々な宗教やその要素の混交として理解されている。神学では、シンクレティズムは軽蔑的にまた異端的に見なされているが、宗教学的には中立な宗教現象である。しかしながら、批判的に見なされてきた宗教の混交状態も、先述したようにその評価者の神学的な立場の違いによってその評価は一律ではない[22]。その宗教的混交は、その担い手である当事者からは否定的に認識されてはおらず、ほとんどの場合外部者からの評価である[23]。このことがシンクレティズムの議論を複

21　Karl Gabriel, Ritualisierung in säkularer Gesellschaft: Anknüpfungspunkte für Prozesse der Inkulturation, in Stimmen der Zeit, Heft 1, Januar, 1994, 3-13 を参照。

22　フェルトケラーは、シンクレティズムの概念は特定の見解に基づいて決定されることを示している。Andreas Feldtkeller, Der Synkretismus-Begriff im Rahmen einer Theorie von Verhältnisbestimmungen zwischen Religionen, in Evangelische Theologie 52, 1992, 224-245.

23　Carsten Colpe, Die Vereinbarkeit historischer und struktureller Bestimmungen des Synkretismus, in Theologie, Ideologie, Religionswissenschaft: Demonstrationen ihrer Unterscheidung, München, 1980, 162-185 を参照。

雑にしている。以下、インカルチュレーションと関連する新しいシンクレティズム研究におけるいくつかの重要な見解を紹介したい[24]。

ドイツの宗教学者のベルナーはシンクレティズムの概念を宗教学的に中立的な用語として分析し[25]、「システム－シンクレティズム」と「要素－シンクレティズム」に区別している[26]。

二つの違う宗教が出会うときに、それぞれの違いは明白であり、競合関係にある。この境界線と競合関係を少なくし、システム的境界線を取り除き、宗教の統一を図ろうとして、両者は異質な要素の自由な組み合わせを試みる。ベルナーはこれを「システム－シンクレティズム」と呼んでいる。「要素－シンクレティズム」とは、他の宗教からの個々の要素の受容摂取を意味するものである。受容された要素は意識的に、もしくは無意識的に本来持っていた意味を変容するか、他の要素に融合されることになる。「要素－シンクレティズム」においては、自身の宗教の自己理解やシステムは変わることはない。しかしながら、システムは「要素－シンクレティズム」によって何ら触発されないわけではなく、個々のケースは詳細に分析されなければならない。

ベルナーは、宗教学の見地からインカルチュレーションの問題に取り組むときにはそれが容認されるシンクレティズムか、容認されないものであるかという神学的な判断だけが問題なのではなく、宗教的要素ならびにシステムに関する詳細な観察が必要であると述べている。その際、神学にとって宗教学との共働が必要であるし、宗教学から多くの助けを得ることができる。しかし、シンクレティズムを考える際に問題となる、キリスト教とはいったい何であり、その本質が損なわれているのかいないのかという問題は神学独自の課題であることを強調している[27]。このような分析や宗教学の助けは有用なものであるが、ベルナーの分析そのものについては、

---

24 比較的新しいシンクレティズム研究については、次の文献を参照。Hermann P. Siller, Eine Zusammenfassung der neueren Synkretismusforschung bietet, in Siller (Hg.), Suchbewegungen: Synkretismus - kulturelle Identität und kirchliches Bekenntnis, Darmstadt 1991.

25 Ulrich Berner, Synkretismus und Inkulturation, in Siller (Hg.), Suchbewegung, 130-144 を参照。

26 同書 135 を参照。

27 同書 144 を参照。

Ⅰ　インカルチュレーションとシンクレティズム

「システム−シンクレティズム」と「要素−シンクレティズム」がそれほど
明確に分けられるのかという点、さらにそもそも「システム−シンクレテ
ィズム」というものがはたして存在するのかという点において批判的に検
証しなければならない[28]。

　シンクレティズムを積極的に評価しているのは、ブラジルの神学者レオ
ナルド・ボフである[29]。彼はブラジルでの経験から、「アフリカ、インディ
オの伝統、混合民族の慣習、中世−植民地的・プロテスタント的・現代的
キリスト教、その他多種多様なキリスト教教派、それらを持っている宗教
性が混在するところで、カトリックがこの豊かな宗教性に自らを開き、そ
の中に入りこんでいくときに、カトリック教会は新しい顔を得る」[30] こと
を強調し、そのように宗教が一つの文化的状況下にあるときに、シンクレ
ティズムは必然的に生じてくるものであると主張している。宣教において、
キリスト者は他の文化や宗教と出会い、自らの信仰をその異なる文化のこ
とばや儀礼を通して表現する勇気を持たなければならない。ボフにとって、
第一に重要なのは、シンクレティズムを内包しない教義上のキリスト教で
はなく、人間の現実の生活において人間と接する独自の文化や宗教とキリ
スト教信仰が交じり合ってほとばしり出るような礼拝であり、またその表
現としての奉仕である。この積極的な混合現象を表現するためにボフはシ
ンクレティズムの概念を用いているのであるが、それはすでにインカルチ
ュレーションと呼ぶにふさわしいものであると言える。シンクレティズム
の狭い概念[31] はそれぞれの文化における独自の神学の発展を阻むものであ

28　ベルナーは「システム−シンクレティズム」は比較的希なケースでしか存在しない
　　ことを述べている（同書 135 参照。それに関連して Theo Sundermeier, Was ist Religi-
　　on?, 163-164 をも参照）。

29　Leonardo Boff, Kirche: Charisma und Macht, Düsseldorf, 1985, 164-194 を参照。

30　同書 169.

31　キリスト教を純粋に保ち、福音の信憑性を強調するという関心を持つ福音派におい
　　ては、「シンクレティズム」の概念は非常に否定的に用いられる。W. A. Visser 't
　　Hooft, No other Name, London, 1963.（ヴィサー・トーフト『この名のほかに救いは
　　ない──混合主義かキリスト教普遍主義か』、生原優訳、日本基督教団出版局、
　　1969 年）Peter Beyerhaus, Das Einheimischwerden des Evangeliums und die Gefahr des
　　Synkretismus, in Thomas Schirrmacher (Hg.), Kein anderer Name: Die Einzigartigkeit Jesu

天国での再会——日本におけるキリスト教葬儀式文のインカルチュレーション

るが、ボフの自由なシンクレティズム概念は、インカルチュレーションの議論を促進し、神学に刺激を与え、また解放をもたらすものである。

ドイツの宣教学者であるテオ・ズンダーマイアーはシンクレティズムを二つの基本形式・構造に分類している。一つは、「共生的シンクレティズム」[32] と名付けられているものである。土着の文化や宗教システムが、外来の優勢な社会やそれに伴う宗教システムによって侵食され、支配されようとするとき、両者間で文化的・宗教的交流が生じる。その際、すでに存在している文化的・宗教的要素が新しく入ってきた宗教の中に取り入れられることになる。この受容プロセスは新しくその土地に入ってきた宗教に対しても行われる。特に、その言語、儀礼、倫理面において深く影響を及ぼすものとなる。この現象は、宗教間のあらゆる出会いにおいて避けることのできないものであり、無意識のうちに広範囲に生じるものである。それゆえ、ズンダーマイアーはこのプロセスを「無意識的シンクレティズム」[33] と呼んでいる。あらゆる分野において、土着の要素は最初はただ模倣されるだけであるが、徐々にそれが独自の概念に翻訳され、それに対して新しい解釈が付与されることとなる。新しく入ってきた宗教が既存の宗教を統合しようとするとき、しかもそれによって危機にさらされることがないならば、新しい宗教はそこに古くからある宗教に最も効果的に受容されることとなる。この共生的シンクレティズムは新しく侵入してきた宗教がその文化・宗教的要素を取り入れる独自の展開を見せるものであり、その意味においてはシンクレティズムとインカルチュレーションは同一視することができる。

ズンダーマイアーはもう一つの基本形式を「統合的シンクレティズム」[34] と名付けている。このシンクレティズム形式は主として独立した社会の都市部において見られるものである。ヘレニズム、もしくはローマ帝

Christi und das Gespräch mit nichtchristlichen Religionen, Nürnberg, 1999, 116-135 を参照。

32　Theo Sundermeier, Inkulturation und Synkretismus, 197-199 を参照。

33　Theo Sundermeier, Synkretismus und Religionsgeschichte, in Hermann P. Siller (Hg.), Suchbewegungen, 95-105 を参照。

34　Theo Sundermeier, Inkulturation und Synkretismus, 197-199 を参照。

Ⅰ　インカルチュレーションとシンクレティズム

国においても様々な起因に基づいて生じたものである。これまで研究されてきたシンクレティズムの現象においてだけではなく、意識的に様々な宗教から宗教的要素を取捨選択することができる今日の多元的社会においても、統合的シンクレティズムを見いだすことができる。新宗教と呼ばれるものにおいても、既存の宗教から様々な要素を取り入れ、独自の宗教的システムを構築し、強化している例（バハイ教、統一協会、日本の新宗教、新々宗教等）を見ることができる。

　ズンダーマイアーはシンクレティズムとインカルチュレーションとの関係を「インカルチュレーションはより大きな神学的な関連から言うならば宣教に関わる出来事である。福音は教会を他の宗教や文化との出会いに誘い、その本質を変えることなく教会の姿を変化させることができる。共生的シンクレティズムは、それに対して、宗教史的な出来事であり、様々な宗教に属する人間が共に生活し、相互に影響を与え合うあらゆる場において生じるものである。宗教現象的な出来事としてはインカルチュレーションと似ているものであるが、そこには決定的な違いがある。統合的シンクレティズムの意識的な事象は、一方に対して支配的になり、相互に影響を与え合うことで宗教的アイデンティティーが揺るがされ、危機にさらされることになる」[35]と述べ、必ずしもすべてのシンクレティズムがインカルチュレーションとして評価されるわけではなく、キリスト教のアイデンティティーが損なわれる可能性も示唆している。

3.　日本の教会における
　　シンクレティズムとインカルチュレーション[36]

　第二バチカン公会議以降、日本の教会においてもインカルチュレーションは話題に上るようになった。特にカトリック教会は他宗教への姿勢を

35　同書 201.

36　シンクレティズムとインカルチュレーションの理解のために、キリシタン迫害や隠れキリシタンについて言及されなければならない。しかし、現代の教会と隠れキリシタンではあまりにも大きな隔たりがあるために、この本においては、明治維新以降の時代に集中する。

「対決から対話へ」[37] と変化させ、日本の文化との積極的な対話を試みようとしている[38]。

　カトリックの神学者の古橋昌尚はインカルチュレーションを擁護し、「インカルチュレーションは福音の文化における実現、世の福音化という目的を目指す方法論、そのプロセス、または教会の基本的姿勢として避けて通ることのできないことがらである。方法論でありながら、同時に福音化の鍵を握る論点でもある」[39] と述べ、インカルチュレーションが教会の宣教において重要な役割を果たし、またその宣教にとって必然的なものであることを主張している。

　その一つの事例としてキリスト教と禅との関係が挙げられる。禅は、日本のカトリック教会においても、またヨーロッパのカトリック教会においても、長く日本で宣教師として働いていたエノミヤ＝ラサール司祭の実践によって注目されるものとなった。エノミヤ＝ラサールは、日本での宣教師としての働きのかたわら、座禅を通して悟りを経験し、禅師ともなった。エノミヤ＝ラサールの経験と座禅に対する神学的な取り組みは、キリスト者も座禅を通して悟りに至ることができることを示すものとなった。これはキリスト者が座禅を通して仏教的な悟りに至ることを示すので

---

37 「対決から対話へ」は、第二バチカン公会議において明確に示されたカトリック教会における他宗教に対する基本姿勢である。「それゆえ、教会は自分の子らに次のことを奨励する。すなわち、キリスト教の信仰と生活を証ししつつ、賢明に愛をもって他宗教の信奉者たちと対話し協力することによって、彼らのもとに見いだされる霊的・道徳的な富や社会的・文化的な諸価値を認識し保持し促進することである」。第二バチカン公会議文書公式訳改訂特別委員会監訳『第二バチカン公会議公文書改訂公式訳』、858 条、カトリック中央協議会、2013 年、386 頁。

38 Theo Sundermeier, Das Kreuz in japanischer Interpretation, in Konvivenz und Differenz, Erlangen, 1995, 203-208; 特に 203, 注 367 を参照。

39 古橋昌尚「インカルチュレーション、キリスト教の生き方」、『人間学紀要』32 巻、上智大学、2002 年、201 頁。これ以外の古橋によるインカルチュレーションのテーマを扱った研究「インカルチュレーション、教会の『受肉』を問うシンボル」、『清泉女学院大学人間学研究紀要』4 巻、清泉女学院大学、2007 年、19–31 頁。「インカルチュレーションの神学的方法論」、『清泉女学院大学人間学研究紀要』5 巻、清泉女学院大学、2008 年、55–70 頁。「インカルチュレーションとは何か：用語、定義、問い直しをめぐって」、『清泉女学院大学人間学研究紀要』6 巻、清泉女学院大学、2009 年、15–30 頁。

はなく、キリスト教の福音の実存的な経験に至るものであり、エノミヤ＝ラサールも「もちろん、座禅というものはある宗教的な信仰に結びついたものであることが前提になっている。この信仰が仏教のものであるか、キリスト教のものであるかはその瞑想の性格に影響を与えるものではない。ある場合には、その座禅は仏教的な瞑想であろうし、また別の場合にはキリスト教的なものである」[40] と述べている。彼はこのことによって、インカルチュレーションはキリスト教の外面的な変容でもなければ、単なる宣教的な戦略でもないことを語っている。教会が、非キリスト教的環境の中で教会であり続けるかどうかということは、信仰の外的表現によって決定づけられるのではなく、教会が、他文化の本質に自らを開き、それと融合することができるかにかかっているということである。

　この理解に基づくと、その深部においてインドのヨガに根源を持つ座禅は、キリスト教の中にもそれに類するものを見いだすことができる中立的なアジアの宗教的修行の一つと見なされており、キリスト者が座禅を行うならばそれはキリスト教信仰に基づいて座禅が行われる「禅的キリスト教」と称されている。これはシンクレティズムではなく、禅仏教的文化圏におけるキリスト教のインカルチュレーションの一つの可能性である。

　しかしながら、インカルチュレーションとは、土着の文化的・宗教的要素をキリスト教の外面的な装いとしてその中に取り入れることではない。教会が自身の直面する文化との対話とその関係性において自身を新しく形成し、福音との新たな出会いを経験することによって生じるものである。

　つまり、キリスト教と禅仏教との出会い、そして積極的な神学的アプローチによって、キリスト教信仰やその信仰生活の新しい形態形成をもたらすとともに、日本の文化と福音の両面から新しい聖書解釈が引き起こされることとなる[41]。この意味において「禅・キリスト教」なるものがキリスト教の日本におけるインカルチュレーションの一つとして理解されることができる。

　ただこれまで日本の教会の中ではインカルチュレーションについて積極

40　H. M. Enomiya-Lassalle, Zen-Meditation für Christen, München, 1995, 39.

41　Hans Bernhard Meyer, Zur Frage der Inkulturation der Liturgie を参照。

的に議論されてきたわけではなかった。日本におけるキリスト教のインカルチュレーションの問題に取り組んできたベルギー人のカトリック司祭で神学者であるヤン・スィンゲドーは、日本の教会がインカルチュレーションに対して消極的な態度である理由を以下のように挙げている。第一に、日本にやってきたかつての宣教師たちはピューリタン的傾向を持ち、禁欲的な信仰に基づいて、日本の祭りやその共同体的な役割を蔑ろにし、キリスト教の教えの独自性を保ち、他の宗教との違いを強調するために厳格なキリスト教信仰生活や個々人の罪を強調してきた。そのような外国の宣教師だけではなく、明治以降の日本のキリスト者、特に第一世代は日本の文化と新しい信仰との違いを明確にすることによって、そのキリスト者としてのアイデンティティーを確立しようとしたため、人々を自分たちの共同体に招くことをもっぱらその宣教の方策として実行してきており、自分自身が日本の文化の中に入りこみ、また他の宗教や伝統との対話を積極的に進めようとはしなかった。それゆえ、教会は独自の、そして他の社会から分離された枠の中に留まり、日本の文化や宗教と出会い、交わろうとする場所も機会も逸してきたと言える。日本人キリスト者自身が、キリスト教が日本的な要素を取り込むのは、日本の文化への冒瀆であるかのように感じていたため、キリスト教のインカルチュレーションに対する反発や懐疑を抱くようになったと考えている [42]。

　スィンゲドーはこのような日本のキリスト教を評して、「日本におけるキリスト教の歴史を振り返ってみれば、日本の文化、とりわけその宗教伝統を積極的に評価し、この評価に立脚して『日本文化内開花』を促進するための努力はあまり見られなかった」[43] と述べている。

　日本において「インカルチュレーション」に対する確定した訳語があるわけではなく、「日本化」「文化内開花」「文化内受肉」「実生化」[44] などの訳語が使われている。しかし、これらの言葉は造語的な響きがあり、理解

42　ヤン・スィンゲドー「キリスト教と日本の宗教文化の出会い」、前掲書、63–66 頁。

43　同書、63 頁。

44　長谷川（間瀬）恵美「遠藤周作とキリスト教の実生化」、『アジア・キリスト教・多元性』8 巻、現代キリスト教思想研究会、2010 年、35 頁。

Ⅰ　インカルチュレーションとシンクレティズム

が難しい言葉である。古橋はこのインカルチュレーションの訳語を批判している[45]。インカルチュレーションは文化と福音の絶え間ない相互作用であり、「キリスト教の日本化」という表現はその両方向的・相互的運動を表現しておらず、キリスト教が日本の民族主義と結びついてしまう危険性をはらんでいることを指摘している。また、「福音の文化内開花」はナイーヴな表現であり、キリスト教が花を咲かせ、実を実らせて成功するというイメージを持っている。さらに、かつて良く用いられた「土着化」という言葉に対しても批判的であり、そこにヨーロッパ中心的なキリスト教を他の場所に単に移植、押しつけ、適応させることではないことを強調している。古橋は、これらのイメージに対して異議を唱え、「福音と文化との対話、その相互的互恵的な絶えまない作用」[46]であるインカルチュレーションとの違いを明確にしている。

　プロテスタント教会においては、インカルチュレーションに対してカトリック教会ほど積極的な態度を示しているとは言えない。礼拝のインカルチュレーションについて、例えば礼拝の中で瞑想や神への賛美を導くものとして、生け花を行ったり、日本舞踊を取り入れた試みが紹介されることがある[47]。しかしながら、このような取り組みは一つの試みとして興味深く紹介されはするが、このような礼拝が一般的な教会の日常に根付いているかというとそういうわけではない。むしろ、面白い企画ではあるが、どこか取って付けたような感じがし、このような礼拝の新しい試みに対しては総じて懐疑的であり、ほとんど実践はされていないであろう。

　日本のプロテスタント教会の歴史において、キリスト教が日本の伝統や風俗、宗教とどのような関係を持つかということは宣教の大きな課題であった。植村正久は、「日本のキリスト教会は日本人の心を重んじ、日本人の心を基礎として立たざるべからず。日本人自らの信仰によりて結ばざる

45　古橋昌尚「インカルチュレーションとは何か：用語、定義、問い直しをめぐって」、前掲書、25–27頁。

46　同書、27頁。

47　田淵真弓「求める魂」、『礼拝と音楽』75号、日本基督教団出版局、1992年、48–53頁を参照。

べからず」[48] と述べている。彼がここで「日本人の心」と述べているのは、日本的な伝統でも日本的文化でもなく、日本人が独自で神の恵みを経験することによっておのずと生まれてくるものを意味していた。植村は、日本的なものとの意図的な融合ではなく、キリスト教への集中こそ意味あるものであることを強調している[49]。

『土着と背教』を著し、日本におけるキリスト教の受容の問題に取り組んだ武田清子は、キリスト教の土着化において日本の伝統や習慣と結びついたキリスト教信仰の表現が問題なのではなく、福音が日本の精神土壌にいかに根付いていくのかが重要であり、それが日本の精神構造に影響を及ぼし、内的な変革の力によっていかに日本人の精神構造を新しくするかということが肝心であると主張している[50]。

後述するが、日本のキリスト教史における日本の文化や宗教、日本的なものとキリスト教との関係について論じるとき、天皇制や戦時体制に対するキリスト教の対応を避けて通ることはできない。主体的に福音をこの世に示すことよりも、天皇制全体主義に迎合するように、神学や信仰を形成し、教会を導いてきた姿勢に対する反省から、第二次世界大戦後の教会においては信仰的主体性が重んじられてきた。

日本的なキリスト教に関する議論において、この点を強調しているのが加藤常昭である。加藤は、1987 年にハイデルベルク大学のエキュメニカル研究所における講演[51] において、外国からエキゾチックな日本的キリスト教が期待されるのに対して、キリスト教信仰の精神化や文化や社会的環境に影響を受けない主体的な信仰の個人化こそ真のキリスト教の日本化であると主張している。

戦前の天皇制全体主義に巻き込まれていった日本の教会への反省から外

48　植村正久「日本の教会」、『教会と伝道』（植村正久著作集第 6 巻）、新教出版社、1967 年、49 頁。

49　植村正久「教会と教義」、『教会と伝道』（植村正久著作集第 6 巻）、新教出版社、1967 年、123 頁。

50　武田清子、前掲書を参照。

51　加藤常昭「黄色いキリスト――黄色いキリスト者？」、『説教論』、日本基督教団出版局、1993 年、190–209 頁。

I インカルチュレーションとシンクレティズム

的な影響を受けない福音に基づいたキリスト教信仰の確立の必要性に関しては賛同する。また日本の教会が本質的に必要とし、また実践しうるキリスト教信仰のあり方があり、外国から期待されるキリスト教の日本化のイメージは、ヨーロッパ中心主義的キリスト教の押しつけの裏返しであることも全く同意できる。しかしその一方でキリスト教の内的な面、キリスト教の精神化が強調されすぎてしまい、キリスト教が持つ儀礼や文化、外に向かってその信仰を表現しようとする面が弱められていないだろうかと懸念する。ここに、シンクレティズムと宣教との境界を明確にし、キリスト教に集中するあまり他の宗教や文化・伝統との出会いに躊躇する傾向を見る。

このような傾向において、スィンゲドーが分析するように日本の教会の中には、日本文化と一線を画する傾向が強く、インカルチュレーションへの消極的な態度が見られる。しかし、日本の教会の中にインカルチュレーションが見られないのか、福音のインカルチュレーションを生み出そうする営みも見いだせないのか、また福音そのものがそれが伝えられた土地の文化と結びついて独自の表現をもたらそうとするダイナミックな動きも見いだせないのかということが問われなければならない。ズンダーマイアーの「神の言葉が、ある文化の中にいる人間に対して自由に働きかけようとする動きは崩されることはない」[52] という主張に従うならば、日本の宣教においても、福音と日本文化との意図的・迎合的な組み合わせによらず、何らかの形で福音そのものが持つダイナミックな働きによってインカルチュレーションが生じていると言える。

その一つとして、本書ではキリスト教葬儀に着目し、日本におけるインカルチュレーションについての議論を進めていきたいと願っている。ところが、教会の葬儀がすでに日本的な文脈によって影響を受けていることを認識しているが、その現象をインカルチュレーションとして受け入れるのではなく、むしろキリスト教葬儀に日本的なものが流入・混入してくることを躊躇している。

52　Theo Sundermeier, Inkulturation als Entäußerung, 212.

しかし、以下の章で詳説していくが、ドイツの葬儀と比べるならば現実にはすでに多くの日本的な要素が日本の教会の葬儀の中に混入し、共存していることが分かる。この既存の現象を宣教神学の課題としてとらえ、それを神学的に考察し、さらなるインカルチュレーションを促していく必要がある。そのために、キリスト教葬儀式文やその実践的な儀礼についての分析はキリスト教のインカルチュレーションの研究において適切なものであると考える。それは、葬儀がその土地の文化、宗教、人間のメンタリティーを如実に表現したものであり、それらと深く結びついたものであるからである。また、日本の教会の中でも葬儀は非常に重要視されている諸式の一つであり、そこで行われていること、また語られることの信仰・信仰生活への影響は看過されるものではない。

4. インカルチュレーションの定義

1)「宗教は閉鎖されたシステムではなく、原則的に開かれている」[53]。

キリスト教もその例外ではない。わたしたちはシンクレティズムを拒絶し、キリスト教の絶対的純粋性を保持することはできない。まずわたしたちは、キリスト教自身がシンクレティズムを内包する宗教であり、その積極的意味を評価する必要がある[54]。

キリスト教が宣教的な宗教である限り、キリスト教はその宣教の現場で人間と関わり続ける。福音はそれが伝えられようとする文化において適切に対応し、その文化の中に一つの場を見いださなければならない[55]。キリスト教の宣教は、非キリスト者のキリスト教化でもなければ、そのアイデンティティーの変換を目指すものでもなく、信仰のインカルチュレーションであり、福音の発見である。それはまさにマタイ 13：44 に描かれた日常生活の働きの場である畑に非日常的な福音（宝）を発見するたとえのように、自分自身の生活基盤の中に福音の宝を発見する営みである。そのた

53　Theo Sundermeier, Was ist Religion?, 163.

54　同書 176 を参照。

55　Robert J. Schreiter, Constructing local theologies, New York, 1985, 157 を参照。

めにはキリスト教にとってその対峙する文化や宗教との対話が必要不可欠であり、避けることのできないシンクレティズムはむしろ福音のインカルチュレーションにとって一つのチャンスであると言える[56]。この意味においてシンクレティズムは「間宗教的相互影響」[57]であり、実りある対話のための基盤と言える。

　すでに生じている福音の動きを発見し、それを神学的に考察し、インカルチュレーションをその福音の動きに従って促進していくことこそ宣教学の課題である。

2) インカルチュレーションは意図的な多数派文化への歩み寄りではない。

　インカルチュレーションは、宣教の業において非キリスト教社会・文化・宗教との最初の出会いからすでに始まっているものである。しかし、インカルチュレーションは多数派文化の意図的な受容ではなく、福音が一つの文化的土壌の中で受肉しようとする独自のダイナミズムによって引き起こされるプロセスである。インカルチュレーションは、文化や宗教から学ぶ姿勢を取りつつも、文化そのものを中立視し、無害なものとして主張するものではない。文化は、暴力を暴力と思わせない力、差別を温存するシステムを含むものであり、福音宣教を第一義とするインカルチュレーションは文化を批判的に問い、変革することをもその使命として負っている。

　インカルチュレーションとは、単にキリスト教が様々な文化的要素を自己に取り込もうとする試みではない。キリスト教が宣教を開始して以来、キリスト教の信仰を表現するのに様々な文化的要素を用いてきたわけであり、そのこと自体特別なことであるとは言えず、むしろ当然のことである。

3) インカルチュレーションはダイナミックな運動であり、それには終わりはない。

56　Hermann P. Siller, Synkretismus, in Siller (Hg.), Suchbewegungen,10-11 を参照。

57　KOYAMA Kosuke, A theological reflection on religious pluralism, in The Ecumenical Review 51, 1999, 160-171 を参照。ここで小山は、シンクレティズムを「間宗教的相互影響」と称することを提案している。

インカルチュレーションは、福音が受肉しようとする力に導かれて行われるものであるため、完成された形があるわけではなく、文化そのものも時代の変化の中で変容していく限り、インカルチュレーションのプロセスは終わることはない。そこには非キリスト教国・キリスト教国の区別はない。

4）インカルチュレーションはその場と機会を必要とする。

インカルチュレーションとは宣教が直面する文化や宗教の中にキリスト教的要素を発見しようとする宣教の方向性である。それは、従来行われてきたキリスト教の他宗教に対する優位性や補完性を主張する宣教の方向性の変革を意味する。そのためには、他の宗教や文化に学び、対話し、相互に影響を与え合う場所と時が必要であり、礼拝、通過儀礼、冠婚葬祭、また様々な祝祭などがインカルチュレーションの場となりうる。

5）インカルチュレーションは社会システムとの緊張関係を経験する。

日本においても、また他の宣教地においても、キリスト者は自国民でありつつ、自国民ではなくなるという緊張関係を経験する。まず、キリスト者と日本人との間で互いに対話するために共通の場が求められる。日本における宣教は、この二つの極を揺れ動きながら、キリスト教の位置を見いだそうとする。そして、教会はその福音が信ずべきものであることを示し、日本人に理解を求めようとする。この緊張関係の中でキリスト教の場を求めようとすることがまさにインカルチュレーションのプロセスである。

しかし、すべてのインカルチュレーションの試みが例外なく受容されうるものではない。確かにインカルチュレーションはキリスト教を他の文化圏に根付かせ、宗教的・文化的要素をキリスト教の信仰表現に受け入れ、信仰に新しい意味を与えるという目的を持った積極的な試みである。しかし、キリスト教が直面する文化と宗教は、単にキリスト教のインカルチュレーションの客体ではなく、外から来たキリスト教を受け入れ、そして自らのシステムの中に組み込もうとするために変容させようとする主体でもある。それは、キリスト教にとっては、自らのアイデンティティーを失い、

Ⅰ　インカルチュレーションとシンクレティズム

本来の宣教の課題からそれてしまう危機でもある。この（伝統的土着的）先在者と（宣教的異質な）新入者の出会いにおいて、キリスト教が土着の文化に影響を与えるのか、もしくは土着のものによって飲み込まれてしまうのかという問いを内包している。キリスト教がいったいそこで何を経験するのかということは時代や地域において多種多様であり、資本主義、帝国主義、戦争、もしくは経済的成長などの時代状況によってキリスト教のあり方や宣教の課題、インカルチュレーションのあり方も変わってこざるをえない。その際、それぞれの地域の伝統的な宗教はある特定の社会システムの文脈の中におかれているのであり、宗教や文化がそれと中立的に存在しているわけではない。インカルチュレーションは、ただ単にそれが出会う社会システムに親和的な文化や宗教との調和を目指すものではない。かといって、教会は社会から隔絶されたところに自らの居場所を見いだすことはできず、他の宗教との接触を避けるわけにはいかない。

6）インカルチュレーションは宣教の受け手の立場から考察されなければならない。受け手による情報のデコーディングと選択においてすでにインカルチュレーションは始まっている。

7）インカルチュレーションはエキュメニカルな対話を必要とする。
　インカルチュレーションは絶えず安易な多数派文化や民族主義への接近という危険性をはらんでいる。この危険性、また独善的なインカルチュレーションを避けるために、「エキュメニカルな対話が必要であり、対話を通して豊かにされる」[58] ことを忘れてはならない。

58　Theo Sundermeier, Inkulturation als Entäußerung, 214. クラウス・シェーファーは、ヨーロッパの神学は、他の神学に勝って、もはや何をシンクレティズムとして定義するかということを決定する立場にはないことを強調している。さらに、「相互批判的に、また諸教会による兄弟姉妹的な出会いによる福音の真理についての対話の中でのみ、シンクレティズムについて語られ、取り組まれることができる」と述べている（Klaus Schäfer, Das Evangelium und unsere Kultur, 9）。

II
日本におけるキリスト教葬儀の
インカルチュレーションに関する議論の変遷

　すでに、ポルトガルから派遣されたイエズス会の宣教師であるフランシスコ・ザビエルが1549年に日本で宣教を始めて以来、日本において死者儀礼とどのように関わるかが大きな宣教のテーマであった。

　フランシスコ・ザビエルは、本国に送った書簡の中で、日本人の宗教生活に死者儀礼が大きな影響を与えていることを大きな驚きをもって報告している[1]。ザビエル以後に日本に来た宣教師たちにとって死者儀礼は重大な宣教テーマであり、キリスト教は日本の死者儀礼をどのように理解し、教会典礼として発展させるかということに取り組んできた。キリスト教が禁止されて、当時の幕府の政策により、日本人全員を近くの寺に帰属させる寺請制度が始まり、1700年頃には、位牌、仏壇、戒名といった制度が導入され、葬式に僧侶がつくようになったことを見るならば、キリスト教がむしろ日本の死者儀礼に大きな影響を与えたことがうかがえる。

　日本でキリスト教宣教が再開されてからも、キリスト者が死者儀礼をどのように行えばよいのかは、宣教の大きな問題の一つであった。

　1897（明治30）年に『福音新報』に記載された読者からの葬儀に関する質問は、キリスト者は死者をどのように記念すべきであるのか、キリスト教教理に差し障りのない様式を示して欲しいというものである。この質問に植村正久は、まず教会においては別段定まったものはなく、それぞれ

1　ザビエルは、1552年1月29日に次のような手紙を書いている。「日本の信徒たちには一つの悲しみがあります。私たちが地獄に落ちた人は救いようがないと言うと、彼らはたいへん深く悲しみます。亡くなった父や母、妻、子、そして他の人たちへの愛情のために、彼らに対する敬虔な心情から深い悲しみを感じるのです。多くの人は死者のために涙を流し、布施とか祈祷とかで救うことはできないのかと私に尋ねます。私は彼らに助ける方法は何もないのだと答えます」（『聖フランシスコ・ザビエル全書簡3』［東洋文庫581］、河野純徳訳、平凡社、1994年、201頁）。

Ⅱ　日本におけるキリスト教葬儀のインカルチュレーションに関する議論の変遷

の判断に基づいて行われていること、問題点としては、葬式であれ記念会であれ、それを伝道の機会として用いようとする教会の傾向を挙げている。記念会において親しい者が共に会し、飲食をすることを勧めつつも、あくまで家族的礼拝であることを重んじるべきであると述べている[2]。ここで興味深いことに、1897年の段階においては教会の式文ではまだ制定されていない法事に代わる「記念会」が、教会の中で営まれており、そこで礼拝がなされ、また死者について語り合ったり、飲食を共にしていたことがうかがわれる。

　しかしながら、日本におけるプロテスタント宣教が150年を超えた現在においても、キリスト教と死者儀礼の問題はその解決を見いだしたとは言えない状況である。植村正久に出された一人のキリスト者からの質問は、あれから100年が経つ現在においても古いカビの生えたものであるとは言えず、おそらく明確な解決に至ることなく教会の中で繰り返し議論され続けている問題である。

　解決が難しいことに対して、いくつかの理由が考えられる。まず、単純に外来の宗教が日本に入ってきて、150年そこそこの年月では、日本のキリスト教葬儀文化が確立し、定着するのはそもそも不可能であると言える。ユダヤ教の一派として見なされていたキリスト教が他宗教文化圏であるローマ帝国で宣教を開始してから、キリスト教葬儀文化が確立するのには相当の時間を要したと考えられる。キリスト教がローマ帝国の国教になったとはいえ、そこで行われていた葬儀は従来のローマ帝国、もしくは各地の風習に則って行われており、その基盤となる葬儀文化にキリスト教的なものが加味されたのが実際であったと言える。キリスト教葬儀が確定してくるのは、中世を待たなければならない。つまり、キリスト教国であってもキリスト教葬儀の確立に500年以上の年月を必要としたことを考えるならば、他宗教文化圏である日本において、たかだか150年ほどの歴史では難しいと言える。ただし、後述するが、キリシタン時代に急速にキリスト教葬儀典礼が発展し、約100年の間に76万人の人が受洗したこと[3]を考える

2　『福音新報』第125号、1897（明治30）年11月19日、8頁を参照。
3　五野井隆史『日本キリスト教史』、吉川弘文館、1990年、12頁を参照。

と死者儀礼の宣教的影響を過小評価することはできない。

　次の理由として考えられるのが、日本に宣教した海外の教会との関係である。戦前、日本基督教団設立（1941 年）以前は、日本に宣教した外国の教会ならびにそこから派遣された宣教師は日本の教会に対して強い影響力を持っていた。それゆえ、式文そのものも海外の教会の式文を日本語に翻訳するだけであり、日本独自のキリスト教葬儀文化を展開するのは難しかったのであろう。また、日本独自のキリスト教葬儀やその式文を形成するほど神学的に成熟していなかったと言える。

　第 3 の理由として考えられるのが、特に戦後、天皇制を中心とする全体主義的国家体制、ならびにそれに迎合してきた教会への反省に基づき、天皇制や家制度と結びついた祖先崇拝と距離を置こうとする傾向である。さらに、戦前の神社問題などに見られるような日本的基督教への批判から、できるだけ教会の中から異教的なもの、特に祖先崇拝的なものを排除しようとする傾向がある。しかしながら、1941 年にプロテスタント諸教派が合同する形で日本基督教団が成立し、さらに第二次世界大戦を経て、経済的にはともかく精神的に日本の多くのプロテスタント教会は海外の教会から本格的に自立することとなる。しかし、日本人独自の教会の歩みを始めてまだ 70 年ほどしか経過していないわけであるから、独自の葬儀文化を形成するために十分な年月を経たとは言えない。

　最後に、ここ 100 年における、特に戦後 70 年における日本の死者儀礼そのものが著しく変化していることが挙げられる。キリスト教葬儀もその変化に無関係であるとは言えない。日本の葬儀そのものが大きく変化しているなかで、キリスト教葬儀も旧来の葬送文化との関係だけではなく、新しく発展してきている葬儀様式にどのように対応するのかが問われている。

　明治以降のキリスト教における死者儀礼に関する様々な議論を時代の流れと共に整理し、その社会の変化の中でどのような影響を受け、教会は何を大切にし、何を議論してきたのかについて検証したいと思う。

1. 前史——16–17 世紀のイエズス会宣教

キリシタン時代の日本における死者儀礼の対応は、宣教論的に非常に興味深いものである。しかしながら前史として取り扱うのは、キリシタン時代の死者儀礼への対応は、当時の幕府の禁教政策によって中断し、今日のキリスト教葬儀に直接影響を与えているとは思えないからである。しかしながら、キリシタン時代における死者儀礼への対応の宣教学的意義は大きく、明治以降のキリスト教と死者儀礼に関する議論との比較において、大きな刺激を与えてくれるものである。特に、キリスト教の礼拝のインカルチュレーションに関する一つの可能性と宣教論的意義に示唆を与えてくれる。

死者儀礼への対応は独自の典礼を生み出すまで発展していった。スペイン人のキリシタン研究者であるロペス・ガイは、キリシタン時代の典礼についての研究の中で日本における死者に対する典礼についても言及している[4]。彼の研究によると、16 世紀に宣教師たちによって書かれた式文は、その宣教の初めから日本の死者儀礼に注意を払い、それをキリスト教の葬儀典礼の中に丁寧に組み込もうとする取り組みが見られる[5]。

(1) フランシスコ・ロドリゲス　代用理論

イエズス会の宣教師が日本における宣教活動の中で探求したのは、日本人の生活に深く根付いている儀礼を神学的に理解し、それをどのようにして教会の儀礼に移し替えることができるかということであった。そこで、当時のイエズス会が取った宣教施策が「代用理論」といわれるものであっ

4　ロペス・ガイ『キリシタン時代の典礼』、井出勝美訳、キリシタン文化研究会、1983 年、165–202 頁を参照。

5　フーベルト・チースリクは、日本の死者儀礼に関するイエズス会宣教について詳細に述べ、フロイスの『日本史』におけるヴァリニャーノの宣教活動に関する報告を分析している。チースリクはフロイスの目撃談を引用しつつ、当時の葬儀の様子を再現している。当時の宣教師たちの適応主義を今日宣教学的にあらためて評価することの重要性を訴えている。チースリク「キリシタンと葬礼」、キリシタン文化研究会編『キリシタン研究』（第 5 輯）、吉川弘文館、1976 年、35–40 頁を参照。

た。

　日本でいままで全く知らなかった新しい文化に接触することとなったイエズス会の宣教師たちの興味を引いたのは、日本人の死者や死者儀礼に対する態度であった。日本人の死生観において、浄土へ往生することが重要な課題であるが、そのための準備として様々な儀礼を重んじていることに注目した。彼らは、死者のために阿弥陀の名前が書かれた高価な衣装やお守りを買い、またあの世での生活を保証する証文を求める仏教信徒たちの姿を見た。特に効能があると信じられていた高僧の衣装や経文を高額を払って手に入れ、浄土での往生を祈願して、信者たちは自分が死んだらそれらのものと共に葬られることを望んでいた[6]。

　先述のように、日本で宣教する中で、特に日本人が死者に対して特別の関心を抱いていることに気づいたザビエルは、本国への書簡の中で、日本人について「彼らは葬儀を非常に大切にする」「彼らは死者のために祈願し葬儀を行うのにきわめて熱心であるので、さほど資力のない者は死者に対して盛大な葬儀を行うために借金するほどである」「彼らはこのような外面的儀式に非常に凝る」と報告している[7]。ただ、ザビエルが活動する中

6　ザビエルは手紙の中に次のように書いている。「それで男も女もあの世で支払いを受けるために、たくさんのお金をボンズに施します。ボンズはあの世で支払うために、誰からお金を受け取ったかという証拠書類を男にも女にも渡しています。
　　　このお金をボンズに施す人は、〔来世で〕高利を受けると信じて、その書類を受け取ります。そして死ぬ時には、これで悪魔を退散させるのだと言って、この領収証をいっしょに埋めるように遺言します。ボンズはそのほかにも偽りを説教しますが、ここに書くに忍びません」。『聖フランシスコ・ザビエル全書簡3』、175頁。
　　　ロペス・ガイはこの背後に2つの要因を見いだしている。第1はイデオロギーを簡略化し具体化する日本的な特徴と、第2はあの世への往生のための準備において人々が購入する呪術的な品（特別な衣装、御札など）による収入を当てにする仏教のビジネス的な思惑である。

7　「仏教が強調していた現世と苦悩からの解脱は死において成就する。死によって、まだ不明確ではあるが新しい状態が始まり、そこに救いが成就される。あるいは浄化の過程が開始される。日本の宗教は、一種の霊魂の永続あるいは不滅を常に前提としてきた。これは神道では『連続の理論』に、最も正統的な仏教では『（きわめて広義の）応報の理論』、具体的には因縁あるいは入寂に認められる。この仏教思想は日本に浸透した大乗仏教において後代に発展を遂げ、救い、浄土、（阿弥陀仏のような）菩薩、すなわち菩薩の名を唱える者を救う浄土の仲介者の概念が強調さ

Ⅱ　日本におけるキリスト教葬儀のインカルチュレーションに関する議論の変遷

で直ちに日本における独特のキリスト教死者儀礼の典礼が発展したわけではなく、もう少し時間を必要とした。

　まず問題になったのは、「守」といわれている護符やお札など、救いを保証するもの[8]である。日本人たちはこれらのものに多額のお金を費やしていたと報告されている。また、盛大な葬儀が行われていたこと、年忌、祥月、忌日といわれるような死者を追想し、記念する日を守ること。またそのような記念日に死者がこの世に来てその記念日の祝宴の食事に加わると信じられていた。1年の内でも年3回、霊魂が涅槃に達したことを供養する春分と秋分の彼岸と涅槃に達していない死者の霊魂を迎えるお盆である。このような死者儀礼が、日本人の生活と、個々人の心情の中に深く定着しており、拭い去り難い「歴史的心理的要因」[9]となっていた。

　これらの日本人の生活と心情に根を下ろしている死者儀礼が、日本におけるキリスト教宣教にとって大きな試金石であると認識した宣教師たちは、死者儀礼の迷信とそのために費やされる多額のお金を支出することの無意味さを説得することよりも、むしろそれを受け入れ、キリスト教的に意味づけることに宣教の可能性を見いだしていったのである。出費を抑えることではなく、むしろ、死者儀礼のために出費できる可能性を作っていくことの方が歓迎されたのである。なぜなら、出費する方向性がなくなることによって、むしろ人々の不安を招くこととなったからである。このような傾向は現代においても見ることができる。死者儀礼の際に出費は多額のものであるが、キリスト教がそのようなものを必要としないために、無駄な出費を抑えることができたということで歓迎される一面を持っている。しかしながら、簡素化されることにより、何かしらの物足りなさ、頼りなさを感じているのも事実である。むしろ節約するよりも、必要なものはしっかりと支出したいという気持ちがどことなく残っている。

れた。……現世の生存中に、来世の救いの準備をしなければならなかった。その準備は常に生活の倫理的完成よりも、むしろ常にいくつかの外面的型の行事に置かれていた」。ロペス・ガイ、前掲書、166–167頁。

8　法華経が書かれた白衣を着て死ぬことによって救いの保証となる。また、死ねば極楽に行けることを保証するということが書かれた証書も含まれていた。

9　ロペス・ガイ、前掲書、172頁。

55

そこでイエズス会の宣教師らが取った宣教方策は、「神から教会に委託された絶対の真理を完全に守りながら、その外国的な表現、つまり教え方・信心・典礼・建築・美術の方面においてできるだけ日本的な要素を入れ、教会の永遠不変の真理を新しい日本化された外貌で布教するということ」[10] であった。具体的には、外面的には日本の伝統的な儀礼をキリスト教葬儀の中に取り入れながら、内容的にはキリスト教化するというものであり、代用理論と呼ばれていた。

この理論の主唱者であるフランシスコ・ロドリゲスは、日本の中に根付いている死者儀礼を否定するのは非常に難しいと考えていた。そこで、教会においても死者儀礼のための寄付、具体的には死亡した両親や祖父母のための祈りと献金を受け入れることとなった。昔からの習慣を捨て去ることのできなかったキリシタンは、死者のための礼拝を行い、そのためのお金を払うことに、充実感と安心を感じていたのである。自分たちの死者に対する気持ちを向かわせる行き先が教会として定められることとなった。ただ、その金銭を宣教師が個人的に受け取り、個人的な収入にするのではなく、貧しい人に施すお金として用いるという代用理論が適用された。つまり、日本の旧来の風習をキリスト教的に取り入れ、その献金されたものを貧しい者に用いることによって、教会はキリスト教葬儀に日本の風習を取り入れ、その献金を宣教師の個人的な収入とはせず、貧しい人々への施しとして代用することとした。

イエズス会の宣教戦略に従って、教会はできる限り日本人の葬儀重視の姿勢を継承した。そこで用いられていた儀礼も物品も、できる限り生かした。例えば、迎え火のために松明をたく行為などをキリスト教葬儀においても行った。しかし同時に日本になかったことでも、葬儀を盛大にするために採用した。例えば日本の習慣にはなかった「旗」を葬列に使用したことが、非常に強い印象を与えた。

一般庶民、特に貧しい人々のための葬儀は、あってもなくてもよいものとされ、捨ておかれる状況にあったが、教会は、誰の葬儀でも大切にした。

10　フーベルト・チースリク「キリシタンと葬礼」、前掲書、35頁。

Ⅱ　日本におけるキリスト教葬儀のインカルチュレーションに関する議論の変遷

その金が支出できないときは、教会の慈善組織であったミゼリコリアがこれを助け、他の人々と同じように盛大に葬儀を行い、誰でもそれに参加できた。高山右近は、父飛騨守と共に、ある貧しい者の葬儀に参加し、柩を担い、キリスト教は富める者と貧しい者の区別をしないという強烈な印象を与えた。1552 年に来日した修道士 D. シルヴァは、臨終者に立ち会い、さらに葬儀を整える役をしただけでなく、墓地では自ら埋葬作業もし、説教も行った[11]。

　葬儀に関連して、当然墓地が重大な問題になる。宣教師たちは封建領主たちに協力を懇請したところ、キリシタンでない領主たちも、その要請に応えて土地の寄贈をした。1555 年には平戸に、そして山口、高槻、堺、博多などに共同墓地ができ、宣教的に大きな貢献をすることになった。

　1561 年になると、葬儀を含んだ重要な儀式についての定まった式文が編纂された。それは教会にとって不可欠な文書になり、1593 年に日本に印刷所ができて、最初に印刷されたのは葬儀式文であったと言われている。葬儀では、宣教師が説教したが、彼らが不在の場合は、教会の必要業務の世話をする慈悲役者という助祭職がその役を担っていた。キリシタン時代の初期は、こうした代用理論のもと葬儀は宣教の中枢にあったのである。しかし、それだけに、対立と迫害の時代になると、この中枢が逆に徹底的にマークされ、根絶されることになるのである[12]。

11　ジョアン・ロドリゲス『日本教会史　上』、江馬務他訳、岩波書店、1967 年、184 頁以下を参照。

12　今日では、わずかに墓碑や墓石が残るだけになり、葬られていたキリシタンの遺骸も掘り出された。1626 年の日本イエズス会年報には、「ついに将軍は、われらの信仰に対して、生きた者を苦しめるだけではあきたらず、死者にまで攻撃の手をのばした」とある。もっとも迫害時代以前でも、葬儀は紛争の火種になりがちで、フロイスの『日本史』にも、それへの言及がある（邦訳『日本史』第 10 巻 31 章、11 巻 11 章、中央公論社を参照）。しかし、秀吉の追放令が 1587 年、家康の禁令が 1612 年であるから、1873（明治 6）年の明治政府による「切支丹宗禁制の高札」の撤去までの 300 年弱という長期間にわたり、キリスト教は禁止されたのである。それは表面的なことに留まらず、宗門人別改め以来、死者儀礼はすべて檀那寺で行うべしという政策が遂行され、寺院がキリシタン摘発の末端機関としても機能するようになったことを考えると、この期間の影響は甚大である。仏教による死者儀礼が日本人の本来のスタイルだとされ、検証されることもなく定着するようになってい

（2）適応主義と二重の反発 13

　確かに、当時のイエズス会の宣教師がとった方針は、宣教的な成果を目論んだものであると言える。もしくは、彼らの宣教方策が、結果的に大きな教勢的な成果をもたらすものであった。このような宣教施策を適応主義としてさらに推進したのが、イエズス会のヴァリニャーノであった。

　ヴァリニャーノは、日本の文化や習俗について調査・研究した上で、宣教方策を決定したのであるが、日本の文化的背景を反映した儀礼をそのまま取り入れることをその方針として積極的に行っていた。

　ヴァリニャーノはその書簡の中に、

　「私が命じたことは正しく、猊下も、もし日本に行かれるとすれば、日本の協議会によって同じことを命ぜられるでありましょう。……私が企図したことは、日本の形式に応じ、厳格な礼法によって行動し、日本人と交際する時には、書くにも話すにも、その他の儀礼においても、遵守せねばならない方式を知ることでありました。……仏僧と一般人との間の儀礼は、手紙を書くにも、話すにも、その他の儀礼においても、ことごとく規則に基づいているように定まっています。したがってその限界や規定を外れるならば、儀礼が過剰であっても不足しても……無作法、且つ無礼となり、日本人はこの考えを速やかに棄て去ることはできないでしょう。このように、司祭と日本人の間の応対と、修道士と日本人、あるいは同宿と日本人との間の応対は、それぞれ異なった礼法で行われます。これを欠くならば、直ちに無礼、及び彼等の言う無沙汰が生じます。私達が書いたり話したり応対するについて守るべきこの規範は、私達ヨーロッパ人の間で行われている方式から採ることができぬもので、日本の仏僧と一般人の間で行われているものに従う必要があるのは当然であります。そこで彼等が用いている名称の相違が問題となってきます。それは前記の諸名称（長老、首座、

った背景がこれであった。日本でのキリスト教葬儀を考える場合、この事抜きには考えられないほど、今日の葬儀問題にまでその影響は及んでいるのである。

13　狭間芳樹「日本及び中国におけるイエズス会の布教方策——ヴァリニャーノの『適応主義』をめぐって」、『アジア・キリスト教・多元性』第 3 号、現代キリスト教思想研究会、2005 年、55–70 頁。http://www.bun.kyoto-u.ac.jp/christ/asia/journals/asia3hazama.pdf

蔵主、待者等）を私達イエズス会員にも付けようとする為ではなく、日本人がそれらの階級に対して示す区別を、私達も守らねばならぬことを知る為であります」[14]

と報告し、日本のイエズス会の中に日本の僧侶の階級を導入しようとしたほどであった。ヴァリニャーノは徹底してキリスト教は日本の社会に順応すべきであるという根本方針を打ち立て、日本の宣教に臨んだのである。

ところが、適応主義はすべてのカトリックの宣教施策として採用されていたわけではなかった。中国ではすでに 13、14 世紀にフランシスコ会によって宣教が開始されていたが、14 世紀後半には衰退し、カトリックの宣教活動は一時中断することとなった。しかし、16 世紀後半、マテオ・リッチやミゲル・ルッジェリらイエズス会が中国で宣教を再開すると、中国のほぼ全土に天主堂を建立するほど盛んになり、15 万人もの信者がいたことが報告されている。しかしながら、その後ドミニコ会が中国に入り、イエズス会が取っていた適応主義を否定し、祖先崇拝を禁止する方向へと宣教政策は移っていった。そこで、中国における「儀礼論争」が起こり、ローマは祖先崇拝を禁止する政策をとった。その結果、信徒数は激減し、宣教活動が禁止されるまでに至った。

イエズス会の適応主義は、非キリスト教文化圏に宣教する際に積極的に推し進めるべき施策であるとも言える。また逆に、適応主義はキリスト教の本質を失った異教的文化地盤への安易な迎合、もしくはシンクレティズムであり、迫害を恐れずその本質を守り抜いたドミニコ会こそ真のキリスト教の姿であるという評価も可能ではある。

この 2 つの宣教施策が、今後の死者儀礼に関わる日本の宣教において重要な論点となり、この問題が二者択一の単純な問題ではないことが明らかになってくる。また、宣教論的にも、人を獲得するため、また教会成長のための施策を教会の宣教の最優先課題とするのか、もしくはたとえ人が増えなくても、もしくは迫害されたとしてもキリスト教の本質を守り通すこ

14　Jap. Sin. 10・Ⅱ , 205-208v.「イエズス会日本通信」1586 年 12 月 20 日付、コチン発、ヴァリニャーノの クラウディオ・アクアヴィヴァ宛書翰。邦訳は松田毅一訳、桃源社版『日本巡察記』（1965 年）及び平凡社版『日本巡察記』（1973 年、261–263 頁）。

とが宣教であるのかという問題にも繋がるのである。

2.「日本的基督教」とインカルチュレーション

キリシタン禁制の高札の撤廃によってキリスト教に対する弾圧は次第に緩和していったものの、キリスト教は宣教を開始してすぐに日本の宣教における重要な問題に直面することとなる。それは葬儀の問題であった。明治政府は 1872（明治 5）年 6 月に「近来自葬取行候者モ有之哉ニ相聞候処向後不相成候条葬儀ハ神官僧侶ノ内へ可相頼候事」という太政官布告第一九二号を出し、自葬を禁止した。この布告により、キリスト教による葬儀が法的に禁止され、葬儀は神式または仏式に限定されることとなった[15]。

このことによって葬儀が単に家庭的・個人的な出来事ではなく、社会的な意味を持ち、共同体形成、国家体制の維持にとって重要な役割を果たすものとして認識されていたことがうかがえる。この通過儀礼が家族共同体・地域共同体への所属意識を強めるものであるという意識と実践は今日においてはその力を失ってきたとはいえ、葬儀をどの宗教・宗派で執り行うのかということは依然重要なテーマである。

（1）日本におけるキリスト教の受容

開国後、キリスト教宣教は再び日本の死者儀礼に出会うこととなる。主としてアメリカから日本にやってきた宣教師たちは、ピューリタン的な傾向が強く「タブラ・ラーサ・メソッド」といわれる宣教方策に則って宣教を推進していった。彼らは、キリシタン時代のイエズス会の宣教方策とは違って、日本的な風習や伝統を異教的なものとして拒否し、特に日本の死者儀礼を偶像礼拝と見なして強く禁止した。信徒になる者に対しては家の中にある宗教的祭祀具や死者儀礼にまつわるものを廃棄、損壊することを命じていた[16]。

---

15 自葬の禁止と教会の対応に関しては、小澤三郎『日本プロテスタント史研究』、東海大学出版会、1964 年、145–169 頁を参照。

16 Mark R. Mullins, Christianity made in Japan, Honolulu, 1998, 130-131 を参照。（マーク・

日本の死者儀礼に対するこのような厳格な信仰態度と対極をなすように、日本人キリスト者の間に、むしろ祖先崇拝や、死者儀礼を積極的にキリスト教的に意味づけ教会に取り入れていこうとする動きも現れる。これは、「日本的基督教」と呼ばれる一連の神学的傾向であり、祖先崇拝や死者儀礼を教会に受容するというよりも、キリスト教こそその本質を成就する宗教であることを主張することによって、日本におけるキリスト教の社会的・宗教的位置を確立させようとした動きであった。しかし、その宣教論的方向性は、キリシタン時代の代用理論や適応主義と異なるものであった。

(2)「日本的基督教」に関する 2 つの議論

「日本的基督教」という名のもとで外国人による宣教からの独立とキリスト教の日本への土着化を目指す神学的傾向が議論されてきた。この問題に関して多くの文献が著されているが、日本的基督教という現象に関する統一した見解を見いだすことはできない。明治時代から第二次世界大戦の間に展開された議論ではあるが、その明治期と第二次世界大戦前の時代における議論ではその焦点やモチーフは違っており、日本的基督教には 2 つの時代的局面がある。この 2 つの局面において、日本的基督教は違った強調点を持って主張されたが、第二次世界大戦下においてはいつの間にか消滅し、第二次世界大戦後は全く取り上げられなくなった。

しかし、この日本的基督教のテーマは日本における宣教に大きな影響を与え、インカルチュレーションについて考えるときには、避けては通れない議論である。また、日本の教会におけるインカルチュレーションの発展に制御をかけている日本キリスト教史における一つの負の経験である。この負の経験により、第二次世界大戦後は日本の神学議論の中では「純粋なキリスト教」が求められ、いっそうアメリカやヨーロッパの教会的伝統への傾斜が強くなり、教会の中から日本的なものの排除が進められていくこととなる。

以下、日本的基督教が 2 つの局面においてどのような特徴を持っていた

R. マリンズ『メイド・イン・ジャパンのキリスト教』、高崎恵訳、トランスビュー、2005 年、171–172 頁)

のか、さらにそれを「偽インカルチュレーション」[17]（キリスト教が日本の文化と結びついて独自な展開を見せるのであるが、そのことによってキリスト教そのものの本質が損なわれた事例）として批判的に評価し、日本的基督教と求められるべきインカルチュレーションとの違いについても考察したい。

(3) 武士道と基督教

　明治期において日本的基督教を主張した一人が内村鑑三である[18]。内村は「日本人が真実（まこと）に基督教を信ずれば日本的基督教が起るが当然である」[19]と述べている。彼のコンセプトに対する批判として、「日本的基督教と云ふが如きものはない。基督教は世界的であって、之に国境が在ってはならない」[20]が挙げられる。内村はキリスト教の一致と普遍性を承知しているが、同時にその多様性をも強調している。内村によるならば、キリスト教はその多様なあり方において世界に広がっているのであり、様々な文化圏においてキリスト教が多彩な姿を開花させている。日本的基督教は、キリスト教信仰の日本人の見地からの解釈である。しかし、キリスト教は日本に受け入れられてはいるが、正しく理解されているわけではなく、むしろ表面的な認識に留まっていることを指摘している。内村は、キリスト教の福音が日本人の魂に受け入れられ、その精神的な根が日本人

17　ほとんどの宣教学の研究の中でインカルチュレーションの事例は積極的に評価されている。しかし、すべてのインカルチュレーションの事象が手放しで受け入れられるわけではない。宣教の中で生じてくるインカルチュレーションは、キリスト教が異なった文化圏においてその根を張り、その土地の宗教的・文化的要素を信仰の表現として取り入れ、それに新たなキリスト教的な意味を与えようとする傾向を持つ。同様にその逆のことも考えられる。つまり、ある文化や宗教がそこに入りこんできたキリスト教を受容し、変化させることもありうる。その際、キリスト教にとっては、アイデンティティーや宣教的課題、福音の独自なダイナミックな力を失ってしまう危険性がある。そのような過程の中で起こったインカルチュレーションはもはやインカルチュレーションと言えず、インカルチュレーションの終わり、もしくは失敗であると言わざるをえない。そのような事象を、本書では「偽インカルチュレーション」と名づけたい。

18　他に植村正久、沢山保羅、後述する海老名弾正らが挙げられる。

19　内村鑑三「日本的基督教に就て」、『内村鑑三全集28』、岩波書店、1983年、381頁。

20　同書、381頁。

Ⅱ　日本におけるキリスト教葬儀のインカルチュレーションに関する議論の変遷

の魂に「接ぎ木」されたときに、日本的基督教がおのずと生じてくると主張している。

　内村が日本的な魂について語るときには、武士道の伝統を念頭に置いており、そのキリスト教との類似性を強調している。武士道は神が欧米人による宣教以前に日本人に与えられた大いなる賜物であり、宣教によってそれが神よりのものであることが認識されるに至ったと述べている。それゆえ、キリスト教が武士道を完成させるのである[21]。内村は、日本人がキリスト教を武士道に接ぎ木し、武士道の観点からキリスト教を理解したときに、日本的基督教が生まれてくると考えていた。

　内村の日本的基督教に関する考えは日本におけるキリスト教の精神的な開花に集中したものであり、礼拝や賛美歌、教会の有り様といった外的・制度的な変化を求めるものではなかった。一般的に言って、キリスト教の武士道への「接ぎ木」という考えは日本の教会の中で受け入れられたわけではなく、また具体的に実現されたものではなかった。内村や海老名弾正といった士族出身の神学者に限定された進歩的な考えであり、一つの刺激的な宣教神学的コンセプトであったと言える。

　日本的基督教の先駆者的存在である海老名弾正[22]は、日本での欧米の宣教師による宣教開始10年にして、その宣教に不満を抱いていた。海老名は、宣教師たちは敬虔主義に強く影響を受けた神学を持ち、聖書の解釈もファンダメンタルなものであり、それを日本人キリスト者・神学者に押しつけていると感じており、その神学や聖書解釈に、知的にもまた霊的にも満足していなかった。海老名は、日本の思想や文化を理解していない宣教師たちのアメリカ中心的な考えやその世界観や神学を受け入れず、お仕着せの神学に縛られない独自の日本的神学の確立の必要性を痛感していた[23]。

21　内村鑑三「武士道と基督教」、『内村鑑三全集27』、岩波書店、1983年、519–525頁を参照。

22　海老名の考えを、関岡は詳細に論じている（関岡一成「海老名弾正と『日本的キリスト教』」、『神戸外大論叢』52 (6)、2001年、1–23頁）。

23　当時、多くの宣教師が、すでに亡くなっている家族で生きているときに福音を聞く機会がなかった者は、今は地獄にいると主張した（海老名弾正「舟を沖に出せ」、『新人』11巻3号、1910年、8頁）。

海老名の日本的神学確立への試みにおいては、神道や仏教、儒教と一線を画すのではなく、むしろ尊重する姿勢を持っていた。海老名は、キリスト教は他の宗教の真理を内包していると考えており[24]、キリスト教の一神教信仰に固く立ちつつも、創造主なる神は日本の歴史においてご自身を啓示されていたと考えていた。それゆえ、日本の諸宗教との対話は必要不可欠なものであった。

海老名は、キリスト教を日本化することだけではなく、日本をキリスト教化することをも目指していた。彼の日本のキリスト教化とは、国家主義からの解放であり、地球規模の考え[25]を持つことであり、個人主義の尊重であった。海老名はこの考えに基づいて明確に民族主義と天皇制に対して反対の姿勢を示していた[26]。

(4) 天皇制とキリスト教

内村や海老名以降、日本的基督教の主張は次第に影を潜めていたのであるが、20世紀の初めに再び脚光を浴びることになる。この時期における議論は日本人神学者の個人的なものではなく、むしろ日本の教会の公式な見解であり、神学的な方向性を示すものであった。日本基督教協議会と日本基督教団は「日本的基督教」というスローガンのもと、キリスト教の神の国に関する教えが、天皇を国体の聖なる支配者と見なす歴史理解の信憑性を表すものであることを示すために講演会を企画した。

当時の日本的基督教の主唱者[27]の一人であり、メソヂスト教会の牧師で

---

24 海老名は、祖先宗教と思想体系の混合としてのキリスト教も見ていた。このキリスト教は、異なる文化や宗教との出会いと対話を通して発展してきたのである。「神儒佛諸教の中にも迷信的なものはあるが、又眞理もある。それを宣教師等が頭から迷信なり偶像教なりと罵倒したのは大なる間違と云はねばならぬ。基督教のみが眞理の全部にして他の宗教は迷信の塊なりと云ふ事は出来ぬ」(海老名弾正「国民の洗礼」、『基督教世界』1362号、1909年、3頁)。

25 海老名弾正「吾人が本領の勝利」、『新人』14巻12号、1913年、13-20頁を参照。

26 海老名弾正「基督の僕と友」、『新人』12巻9号、1911年、9-14頁を参照。

27 日本的基督教に関する主たる文献：椿眞泉『日本精神と基督教』、東京堂、1934年。原戊吉『日本人の神——基督者は日本の神道を如何に観るか』(福音新報パンフレット)、福音新報社、1935年。佐藤定吉『皇國日本の信仰』、イエスの僕會、1937年。

Ⅱ　日本におけるキリスト教葬儀のインカルチュレーションに関する議論の変遷

あった今井三郎は、1940 年、皇紀 2600 年の記念に『日本人の基督教』を出版した。これは今井が各都市で行った 9 つの記念講演を収録したもので、皇紀 2600 年の記念刊行物として日本基督教協議会が刊行したものである。今井はすでに 1938 年にキリスト教の代表として、文部省の会議においてキリスト教が皇国観念と共通する立場であることを表明している。

　この本に収録され、1935 年に今井が行った講演「日本的基督教序論」[28]において日本精神の本質とキリスト教との関係について論じられている。今井によれば日本精神の中核とは「天皇を擁立し皇室を中心として家族国家を建設し、此処に建国の理想日本民族の理想を実現せんとする」[29] ことである。この日本精神の独自性とは、他の文化の影響を日本文化と融合させる「坩堝（メルティングポット）」[30] であり、キリスト教もこの日本文化と融合されることによって、国民生活と民族意識に深く結びついて日本的基督教を開花させるべきであると説いている[31]。

　今井の考えは、単に宣教と福音に対する情熱によるものではなく、教会が天皇制帝国主義社会の中でその存在意義や貢献を表明しようとするものであった。そのために、今井はキリスト教の神の国思想と日本がアジアで行っていた植民地政策を関連させ、天皇制は日本にだけ限定されるべきものではなく、アメリカ・ヨーロッパ諸国からの解放とアジアの平和を実現するためにアジア一帯に拡張すべきものであることを論じている。今井は日本の植民地政策と神の国とを同一視し、まさにキリスト教の神の国とは日本の政策である「八紘一宇」と合致するものであり、日本のキリスト者は皇国＝神の国建設に尽力するものであることを主張している[32]。この目的を完遂するために、日本のキリスト教会は外国によってもたらされた各

　　関根文之助『神ながらの道と基督教』、不二屋書房、1938 年。大谷美隆『國體と基
　　督教』、基督教出版社、1939 年。藤原藤男『日本精神と基督教』、ともしび社、1939
　　年。魚木忠一『日本基督教の精神的傳統』、基督教思想叢書刊行會、1941 年。
28　今井三郎『日本人の基督教』、第一公論社、1940 年、17–31 頁を参照。
29　同書、20 頁。
30　同書、23 頁。
31　同書、25 頁を参照。
32　同書、252–261 頁を参照。

教派の違いを解消し一つの合同教会になるべきであると述べている[33]。

　宣教神学的な見解から、外国の宣教からの自立と日本の文化に根付いた独自のキリスト教を形成すべきであるという今井の主張は評価に値する。しかしながら、今井の「日本的基督教」は信仰の表現でもなければ福音に対する喜びから来るものでもない。キリスト教の創造的なインカルチュレーションというよりも、天皇制全体主義のキリスト教的正当化とそれへの迎合である。

　日本的基督教主唱者の一人であり、同志社大学神学部の歴史神学の教授であった魚木忠一は、キリスト教と日本文化の単純な混合をシンクレティズムとして拒否し[34]、「日本基督教」たるものの確立を訴えている。魚木はラインホルト・ゼーベルクのキリスト教の分類（ギリシャ的、ラテン的、ゲルマン的、ローマ的、アングロサクソン的キリスト教）に触発され、この分類に新たに「日本基督教」を加えたのである[35]。魚木は「日本的基督教」という表現を単なる日本伝統の焼き直しにすぎないと批判し[36]、日本精神とキリスト教との宣教的取り組みが必要であると述べている。しかしながら、魚木が考える日本基督教の徳とはまさに天皇の臣民の徳と一致するものであり[37]、その考えも当時の天皇制全体主義への擦り寄りであると言わざるをえない。

33　同書、283–318 頁を参照。

34　魚木忠一、前掲書、4–5 頁を参照。

35　魚木忠一、前掲書、20 頁を参照。

36　「日本基督教とは、日本の基督教と日本的基督教とかいふのと同義ではない。日本といふ地域内にあるキリスト教の意味でも、日本基督教と称しうるだろうが、そんな場合には必ずしも常に日本という意識が明確にあるとは極らない。日本的基督教と言う時には、基督教が日本的なるものに結合され又同化されたと見られるにしても、我が国に生い立ったとの意味が十分に現れない。日本に生い立ち、日本という意識を明確に持つ基督教と言う意味で私は日本基督教なる名称を用いて居る」。魚木忠一『日本基督教の性格』、日本基督教團出版局、1943 年、4–5 頁。

37　魚木は、「日本基督教」は、君主に対する忠、親に対する孝、真実を語り誠実である信、まさに天皇の臣民の徳を体得するのにふさわしいものであると述べ、キリスト者としてその喜びと責任を感じていると述べている。そしてこの模範としてフィリピ 2：1–11 のキリスト賛歌に基づいて僕としてのキリストを強調している（同書、17–22 頁を参照）。

（5）祖先教と「日本的基督教」

　日本の教会における死者儀礼について考える際に、祖先崇拝が大きな問題となる。祖先崇拝は偶像崇拝や死者の神格化に関わる宗教的な問題に留まるものではない。それゆえ、祖先崇拝から宗教的な要素を取り除き、家族愛の表現としてキリスト教との親和性を主張するだけでは解決されえない問題がある。社会学者の森岡清美が「祖先教とは、わが国近代の国家権力が民衆に示し、民衆に受容と実践を迫った、祖先を介して家と国を結びつける信念体系である」[38] と規定しているように、祖先崇拝は祖先教と表現され、明治から第二次世界大戦にかけて意図的に導入された、日本人のメンタリティーや民族性と深く結びついた政治的かつ倫理的イデオロギーでもあり、家族国家的天皇制を根幹から支えるものであった。このイデオロギーは論理的に人々を納得させるものというよりは、むしろ情緒に訴えることによって当時の日本人の心情に深く受容されるものであった。この点に、教会の中で死者儀礼の問題が容易に解決されえない難しさがある。

　祖先教は、1910 年に『修身』の第二期国定教科書に「わが国は家族制度を基礎とし国を挙げて一大家族を成すものにして、皇室は我等の宗家なり。我等国民は子の父母に対する敬愛の情を以て万世一系の皇位を崇敬す。是を以て忠孝は一にして相分れず」[39] と記され、国民道徳の根幹として「家族国家イデオロギー」が強調されることによって、日本国民の間に広がり、決定的に受容されることとなった。

　祖先教は、日本で最初の法学博士であり貴族院議員であった穂積陳重によって 1912 年に英語で書かれ、1917 年に日本語に翻訳された『祖先祭祀ト日本法律』[40] によって説得的に論じられ、その構造と機能が明確に示された[41]。

38　森岡清美『家の変貌と先祖の祭』、日本基督教団出版局、1984 年、109 頁。
39　同書、113 頁。
40　穂積陳重『祖先祭祀ト日本法律』、穂積厳夫訳、有斐閣、1917 年。この本は穂積が1899 年にローマで開催された国際東洋学会議で行った講演をもとに編纂された。
41　同書、47–84 頁を参照。

穂積は、日本における家庭で行われている死者儀礼の三重構造を明確にしている。「現に日本に於ては三種の祖先祭祀が行はるるを見るべし。即ち、第一　皇室の始祖に対する全国民の祭祀。第二　土地の守護神に対する地方人民の祭祀。第三　各家庭のその家の祖先に対する祭祀」[42]。この三つの祖先崇拝はもともと独立したものであり、それぞれの関係性は存在していなかった。しかし、この三つの祖先崇拝の三重構造が祖先教を特徴付けるものである。その際、この三つの祖先崇拝が互いにどのように関連し合い、一つになるのか、なぜ一般的な家族が全く関係のない天皇家の祖先を自分たちの祖先として崇拝しなければならないのかということについての論理的かつ明瞭な説明はない。穂積はそれに対して、非常に簡単に、家族国家イデオロギー「日本は天皇を父とする大きな家族である」としか語っていない。

祖先教において、すべての死者が崇拝されているわけではない。崇拝されているのは、一族の創始者であったり、貢献者である。それらの人々は、すでに亡くなった祖先の代表として崇拝されている。その意味において、地域グループや国家のために重要な役割を果たした人物も共通の祖先として崇拝されることになり、当然のごとく、天皇家のすべての祖先は国家的祖先として崇拝の対象となる。

祖先崇拝との比較において、祖先教は全く違う役割を持つ。祖先崇拝においては生者に対して祟るかも知れない死者の霊に対する恐れや不安が重要な役割を果たしている。この祖先の霊を慰め、また弔うために、人々は死者を崇拝してきた。しかしながら、穂積が主唱する祖先教においては、死者に対する不安や恐れは極力矮小化され、民族の英雄としての祖先に対する愛とか尊敬が前面に押し出されている。穂積の祖先教は、祖先崇拝の革新的かつ目的のための機能が強調された解釈である[43]。

42　同書、50頁。
43　森岡清美、前掲書、123頁。　森岡は、「祖先教」登場の二つの背景について言及している。1）資本主義体制下における経済成長と産業構造の変動による、共同体の場と家族共同体の崩壊、2）家族国家観ならびに友好的、情緒的な仲間意識による人間関係の情緒的側面の開発の影響を通しての、共同体を再編成する政策（森岡、前掲書、124–128頁）。

Ⅱ　日本におけるキリスト教葬儀のインカルチュレーションに関する議論の変遷

　1910年前後に、キリスト教会の中でも、この社会的・学校教育的動向に乗り遅れないために、祖先崇拝に関する議論が盛んに行われた。特にこの時期に、多くの教会指導者が祖先崇拝をテーマにした小論や書籍を著している。以下、当時の祖先崇拝に対するキリスト教の立場を紹介する。

㈠「祖先崇拝論」『基督教世界』（1905〔明治38〕年8月10日・24日）
　この新聞に載せられた小論「祖先崇拝論」（上・下）は、祖先崇拝心は特定の宗教によるものではなく、日本人の国民的特性であり、祖先崇拝と唯一神信仰とは矛盾するものではなく、祖先崇拝心は祖先や天皇に対する忠孝であり、神に対する敬神の心と両立し、矛盾するものではないと述べている。

㈡『福音新報』（1910〔明治43〕年2月3日）の投書
　日本基督教会の雑誌である『福音新報』に寄せられた読者からの質問「我等が死者に対する紀念的行為に付ては古代或は近代の信徒間に何か例式様のものは存在せざるや若し教旨に碍げなくして神聖に営み得べき例或は式様のものあらば巨細に御教示し被下度候」[44] に対して。植村正久は、プロテスタント教会には特に死者を記念するための特別な式を定めていないが、家族知人を招いて家庭的礼拝を行うことを勧めている。また、一般的な法事などで行われていた飲食も特に否定するわけではなく、本来の目的を見失うことなく、節度を持って行うよう答えている[45]。

㈢　井深梶之助「祖先崇拝について」という講演（1911〔明治44〕年）
　井深は、この講演の中で祖先崇拝に対して破壊的態度を取るべきではないとしている。むしろこれを孝道の問題としてとらえ、孝道を正しく完成することこそキリスト教の使命であると理解している[46]。

㈣　三並良「祖先崇拝を論ず」『六合雑誌』（1911年）
　三並の議論も同様に、日本の旧来の祖先崇拝が、祟りであるとか、死者への恐怖やまたその逆の先祖による保護に留まっているならば、そ

───────────

44　佐波亘編『植村正久と其の時代　第4巻』、教文館、1938年、748頁。
45　同書、748-749頁を参照。
46　『福音新報』、849号、1911年5月10日を参照。

れは「幼稚な宗教」[47]でしかないという批判から始まっている。祖先崇拝は、人類の進歩と共に倫理観と宗教観において発展すべきものであるという主張である。倫理観においては、祖先崇拝は祖先への畏敬や敬愛の情を高めるものであり、それに連なるものとして老人を敬う思いを高めるものとなる。しかしそこに留まるものではなく、家庭、社会、国家に影響を与えるものとなり、自分自身も先人に劣らず励もうとする精神が活発なものとなるというのである。また、宗教の発達傾向に従うならば、祖先崇拝は家族や一民族の祖先の崇拝に留まるものではなく、世界的、かつ宇宙の原因たる唯一神への信仰へと達するものであると述べている。祖先崇拝は必然的に唯一神教に向かうものであることを平田篤胤や詩経のことばを引用して述べている。つまり、祖先崇拝は、それを突き詰めていくならば、キリスト教の主張する唯一神教へと帰着するものであり、キリスト教はその完成型と言うべきものであるという考えである。祖先崇拝を批判し、反対するのではなく、祖先崇拝キリスト教完成論と言うべきものであろう。

(オ)「欧米に於ける祖先紀念の風習」『六合雑誌』(1912〔明治45〕年)

　　この社説は「昨年来祖先崇拝復興運動は我が教育界宗教界に於ける注目すべき現象であった」[48]という一文によって導かれている。

　　国民教育において祖先崇拝が強制された状況に対して批判的であるキリスト者も多く存在した旨が伝えられている。教会の中では祖先崇拝に対する否定的、消極的な意見があることを紹介している。その理由としては、祖先崇拝は東洋古来のものであり、祖先崇拝は欧米のキリスト教国には存在していないというのである。この意見に対して、この社説の論者(内ヶ崎作三郎)は、欧米諸国の死者儀礼の例を挙げて、必ずしも日本で行われている祖先崇拝の行事はヨーロッパのキリスト教に全く見られないものではないことを主張している。

47　三並良「祖先崇拝を論ず」、『六合雑誌』365号、1911年6月号、日本ゆにてりあん弘道會、252–259頁。

48　「社説　欧米に於ける祖先紀念の風習」、『六合雑誌』373号、1912年2月号、統一基督教弘道會、102頁。

Ⅱ　日本におけるキリスト教葬儀のインカルチュレーションに関する議論の変遷

「欧米諸国民の間に祖先紀念の風は厳然と存在す。その勢力も或一派の人々の想像するごとく、浅薄なものでない。我が国においても、祖先に対し報恩追懐の情は現代に復活しめ、長く後代に継承せしめんとする人々にして、今日存する祖先崇拝の形式に不満なるもの決して少くない」と述べ、日本の伝統的な祖先崇拝の儀礼を継続していくことよりも、欧米の中にある祖先崇拝（家族親愛の情）の風習を日本、特に教会は取り入れるべきであり、それは「祖先の恩沢を追懐し、その意志を実行する感情と意力」としての祖先崇拝をキリスト教的に「美しく」行うことになるという主張である。

　内ヶ崎の考えは、基本的に20世紀初頭に起こった祖先崇拝の重視そのものを受け入れ、むしろキリスト教はそれを補完し、さらに高度なものへと昇華させる力を持っているというものである。

(カ) 日本基督教会の第27回大会（1913〔大正2〕年10月開催）

　死者儀礼の問題に関して、日本基督教会の第27回大会は重要な役割を果たしている。まず、この大会において死者儀礼に基本的な態度を決議している。「凡そ葬儀に参列しては信者未信者の別なく死者に対して相当の敬意を表すべきはもちろんの事なりと雖も死者の霊に対して榊を供え又は焼香するは死者を神仏として礼拝するものと誤解せらるるの嫌いあるを以て単に敬礼又は脱帽等の方法によりて敬意を表す可とす」[49]。

　第27回大会においては、この決議に終わるだけではなく、社会問題に関する委員であった井深、植村、井口が次の決議案を提出し、多数をもって可決された。「第27回日本基督教会大会は社会の状況との必要とに鑑み、左の諸項を決議す。（中略）二、我教会は信徒を督励して左の諸件につき特に基督教道徳を発揮せしむること。（中略）（ハ）婚約の成立、婚姻の儀式を慎重に、且つ従来の風習に鑑みて葬儀及祖先記念を鄭重に行うこと」[50]。

　1917（大正6）年には、日本基督教会鎮西中会では、「結婚、誕生、死

49　山本秀煌『日本基督教会史』、日本基督教会事務所、1934年、62頁。
50　『福音新報』955号、1913年10月16日発行、11頁。

亡、死者記念、その他基督者年中行事執行の範例を編纂する」[51]ことが決議され、典礼内規草案取調委員会が組織され、草案は中会の教会に配布されたが、正式な式文の編纂には至らなかった[52]。

(キ) 帆足理一郎「祖先崇拝と神社仏閣の広告的利用」『六合雑誌』(1918 年)[53]

　　帆足は、日本人の儀礼が表面的であることを指摘し、日本の儀礼がむしろ祖先崇拝の堕落した姿であることを批判している。さらに、祖先を大事にすることは甚だよいことであると主張し、その模範的な姿をヨーロッパのキリスト教の実践に見ている。

　　帆足は、ヨーロッパ人はむしろ日本人よりも祖先を大切にしていることを指摘している。「日本においては祖先崇拝が純朴な渇仰の誠となって表現されているべきはずなのに、事実は全く反対である。日本の墓場は恰も塵溜のように汚く、場所も多くは寂莫辺陬、訪宇ものをして危機に襲わるるを感ぜざらしむる能はぬ」[54]と日本人の死者儀礼が表面的で、その本質的な祖先の人々に対しての霊的な親しみと尊敬が欠けていることを指摘している。それに対して、欧米では墓地が尊重されており、その美しさは日本の墓地に優るものであり、むしろ死者の霊を尊重していることにおいては日本のそれをはるかに上回っているというのである。総じて、日本の宗教の儀礼、特に祖先崇拝はその本質的なところが欠けており、表面的なものになっている。もはや神道や仏教の日本の伝統的宗教は生気を失い、死滅しつつあると批判している。葬儀等も華美になるあまり、祖先を崇拝するという本来の意味が退き、虚礼虚飾が過ぎ、生者の自己広告の場となっている。むしろキリスト教を背景とする死者儀礼の方がその本質的なところを保っているというキリスト教による祖先崇拝補完論を展開し、「キリスト教の本論において、神と人との関係を父子的相愛の情を持って表現せるごとく、祖先崇拝の精神は決してキ

51　日本基督教会柳川教会編『日本基督教会鎮西中会記録——明治 14 年(1881)–昭和 18 年(1943)』、新教出版社、1980 年、215 頁。

52　同書、237 頁を参照。

53　帆足理一郎「祖先崇拝と神社仏閣の広告的利用」、『六合雑誌』、1918 年、276–286 頁。

54　同書、280 頁。

リスト教によって除外されたのではなく、むしろ大成されたのである」[55] と述べている。日本における祖先崇拝を聖書における「律法と預言」になぞらえ、キリスト教は「律法や預言者を廃止するためだ、と思ってはならない。廃止するためではなく、完成するためである」(マタイ5：17) という理解に基づいている。

(ク) 道籏泰誠『祖先崇拝と基督教』(1929〔昭和4〕年)

　最もまとまってキリスト教と祖先崇拝の問題に取り組んでいるのが、道籏泰誠著の『祖先崇拝と基督教』[56] である。道籏は元々仏教の僧侶であったが、28歳でキリスト教に改宗し、牧師となり、大正中期から昭和初期にかけて巡回伝道者としてキリスト教伝道に携わってきた。

　その巡回伝道を通して多くのキリスト者と出会う中で、「祖先の祭と祖先伝来の仏壇をどう解決してよいかと云うことに悩んでおられる人々が多い」[57] こと、「仏壇の処置さえ都合よくつけば直ちに基督教に改宗せんとする人々の頗る多くある」[58] ことに直面し、これを宣教において非常に重要な問題であると考え、キリスト教は祖先をいかに取り扱うべきかを詳細に述べている。

　本来の仏教の中には祖先を崇拝したり、死者のために祈るというような教えはなく、それはすべて仏教が中国においてネストリウス派キリスト教（景教）から影響を受けて始めるようになったものであると主張している[59]。キリスト教こそ祖先崇拝の根本である霊魂不滅の教えをもつ宗教であり、「基督教こそ祖先尊敬の道を仏教に教へたる元祖にして、生ける人と死ねる人との差別なく、此等の霊魂の救はれんが為に慈愛よりいずる苦悶の祈りを捧げる所の教なのである」[60] というのが、道籏が日本のキリスト教における祖先崇拝の妥当性を訴える論拠である。

55　同書、283頁。
56　道籏泰誠『祖先崇拝と基督教』(基督教優越性叢書第11巻)、求道舎出版部、1929年。
57　同書、2頁。
58　同書、3頁。
59　同書、15–24頁を参照。
60　同書、22頁。

天国での再会——日本におけるキリスト教葬儀式文のインカルチュレーション

　次に、祖先崇拝のキリスト教における意味を次の三つに分け、キリスト者に祖先崇拝を推奨している。まず、救われていない祖先の霊魂をとりなし、神の祝福を祈ることが祖先崇拝の第一歩である。さらに、すでに救われた祖先がすでに入れられている御国を慕い、自分もそこに入れられ祖先と相見えることを望むことが積極的意味においての祖先崇拝である。最後に、自分の祖先を導き救われた神の愛に感謝し、神を礼拝し、その御心に従うことこそ、根本的な祖先崇拝であると述べている[61]。

　興味を引くのは、仏壇や位牌などをどのようにするのかということについて大胆にその解決法を述べていることである。祖先崇拝として行われていること（仏壇、位牌、墓）は、キリスト教の教えに抵触するものではなく、それは祖先や死者に対する敬意や敬慕、親愛を表現するものであり、キリスト者はそれらを積極的にキリスト教化することを勧めている[62]。

　景教と仏教の関係を論拠とする道簇の主張をすべて受け入れるわけにはいかない。その一点のみにおいてキリスト教が仏教に祖先を崇拝することへの影響を与えたのであり、それゆえキリスト教で祖先崇拝を行うことは理にかなっていると主張するのは少し短絡的すぎるように思える。また、彼の考えが、どの程度当時の人々に受け入れられたのかは明らかではない。しかしながら、仏教の住職であった彼が、日本で祖先崇拝として行われていることと仏教の教えとの関係を明らかにした上で、祖先崇拝を日本という文化的土壌の中でキリスト教的に解釈し、また積極的に評価しようとしたことは注目に値する。

(ケ)『福音新報』（1934〔昭和9〕年）

　以下の『福音新報』に寄稿された牧師の意見は、当時の死者儀礼に対する一つの考えを表している。「キリストの道に終始する者がその通念

61　同書、43–44 頁を参照。
62　同書、46–53 頁を参照。具体的には、仏壇を処分することができない場合には、仏像のみを取り出し、それを菩提寺へ納めた後、聖画や聖書、十字架を飾ることを勧めている。また興味深いことには、仏壇に代わるものとして、現代日本のカトリックなどによって受け入れられているような家庭祭壇が作られ、家庭に設置されることを予言的に語っている。

II　日本におけるキリスト教葬儀のインカルチュレーションに関する議論の変遷

に於て人格の不滅と永遠の生命に対する確たる信念に即して、地上の生活を営んでいる以上、吾等の祖先を始め幽冥世界を異にせる親しき者に対して追慕の情、尊敬の念禁じ難きものがあり、愛着の絆断たんと欲しても断ち難きものがあって、基督者には偉人を尊崇し死者を記念するに、合理的にして有意義な方法礼典によってその誠意を披露するの道を有し、こうした基督者の意気が具体化して祖先を崇敬し故人を記念する独自の礼典を有していることを忘れてはならぬ。而して其が飽迄も信仰による礼拝と裁然たる区劃が存している点を吾等の風俗に於て明らかにするべきである。(中略) 故人を偲ぶ追悼及至記念の催し、さては展墓々参ともいうべき事は、吾等の教会に於いて基督教信仰生活のプログラム中の重きをなして居る。是は恐らく西洋の諸教会に於ける風習と趣を異にしている光景を演じているのであろう。偉人の誕生日や死没の日を記念することはあっても、吾等の教会に見る記念会の如き斯うした催は、偶像礼拝に堕しはしないかという或宣教師を憤慨せしめたことほど、西洋の人々には珍しく思われることであろうが、春秋の彼岸、さては精霊棚を想起せしむる七月の盂蘭盆会等は吾等には忘れじ難き因習の風俗であるが、基督の教会は是にとって代わるべき意義深きものを持ちもし持たねばならないのである」[63]。

　この文章では次の事柄が問題となる。まず教会で死者儀礼を扱う場合に、それを神学的な問題としてではなく、「信仰による礼拝」とはっきり区別し、「風俗」の問題として考えようとしていることである。この記事にも言及されていることであるが、この発想の背景には当時の政府が神社と宗教を区別しようとした「神社問題」がある。この牧師はこの政策を「祭祀から宗教行為を除外する努力が、極めて喫緊事であり又賢明なる政策である」[64]と評価した上で、この考えに基づいて教会の風俗を確立しようとしているのである。また植村正久が紀元節や新嘗祭を教会の礼拝として行った影響を受け、「祖先崇拝はもちろん世界無比と自

63　多田素「牧会百話（25）教会の風俗（其2）」、『福音新報』2001 号、1934 年 6 月 14 日、5 頁。
64　同書、5 頁。

ら任ずる愛国の精神が流露したものである以上、基督の教会はこれらを
善用し国家存立の大儀を明らかにし、基督の道に即した愛国的情緒に生
きる雰囲気とも云うべき、楽しんで淫せず祝して溺れざる良風美俗を鮮
かにして、教会が其の根底を根深く祖国の国土に下ろす事が肝要であ
る」[65] と主張している。つまり、日本の「良風美俗」である祖先崇拝が
現実にはその本質を見失い、堕落していることを批判し、それを「浄化
し」、その本来の意味を貫徹、具現化することにキリスト教の使命を見
いだしている。そして、そのことによってキリスト教が日本に根付くこ
とができるという考えである。

　この背景には、この後成立する宗教団体法によって国家に取り込まれ
ていく流れと、これまで認められてこなかったキリスト教が何とか日本
の中で市民権を獲得し、伝道を進めようとする思いを見ることができる。
われわれは日本の教会の歩みを顧みるとき、このような考えを批判的に
検証しなければならない。また、政府の宗教と風習とを区別する政策に
基づいて、キリスト教が死者儀礼と取り組もうとしていることは問題で
ある。この牧師のキリスト教において種々の日本的な死者祭祀が受け入
れられていることがこの記事からも分かる。また、その祭祀をキリスト
教に基づいて行う上での礼典の必要性をうかがうことができる。

(コ) 加藤邦雄「異教的傾向に対する検討」『福音新報』(1939〔昭和 14〕年) [66]
　　加藤の小論は上記の姿勢とは異なるものである。加藤は死者儀礼に関
わる用語や葬儀の形式について述べ、その中に異教的なものが混入しつ
つあることを指摘している。加藤は、この異教的なものの混入は教会の
繁栄を目指したものであり、異教的信仰から完全に抜けきっていないキ
リスト者の「異教的な感情」や「低い信仰」を満足させるものであると
非難している。最後に、日本基督教会の死者儀礼に対する基本的な見解
として第 27 回大会の決議を引用し、異教的な傾向が強くなっているこ
とに対して警告を発している。1936 (昭和 11) 年に組合教会の雑誌に掲

65　同書、5 頁。

66　加藤邦雄「異教的傾向に対する検討 (上・下)」、『福音新報』2258・2259 号、1939
　　年 6 月 22 日・7 月 6 日発行、4・4 頁。

載された今泉眞幸「基督教葬儀に就いて」[67] という小文にも同様にキリスト教葬儀に様々な要素が加わってきたことが指摘されていることから、おそらく昭和初期からその傾向が顕著に現れてきたのではないだろうか。

　以上のように、日本の教会は葬祭問題の重要性を感じながらも、決定的な解決を見ることはできずにきた[68]。教会内の死者儀礼や祖先崇拝に関わる議論の推移を見ると、それぞれの時代の状況に影響されていることが分かる。そして、この問題の解決の神学的な背景になるのが、キリスト教の独自性を目指しながらも、祖先崇拝なり孝道という日本的なものの完成にキリスト教の使命を見いだそうとする宣教論である。まさに祖先を祀ることを強調した『修身』（第二期）が発行された 1910 年頃から、天皇を中心とする祖先崇拝、祖先教が社会の中で唱えられ始め、またそれが教育の現場に反映していった。キリスト教はその潮流に乗っかり、キリスト教こそ日本国民を情的に結合させる天皇制国家共同体を形成する役割を果たすべきものであるという気概を示そうとし、これを一つの宣教的な好機ととらえていたのであろう。

　その際、父母への敬愛（第五戒）を教えるキリスト教と祖先崇拝とが矛盾しないこと、むしろそれぞれの本質において共通したものであることは、キリスト教側からのみ主張されたわけではなかった。祖先教を主唱した穂積は、「余は彼等宣教師又は新に基督教に帰依せる信徒と祖先祭祀者たる我国民との間に、紛争の続出するを衷心より悲しむ者なり。何とならば、余は祖先祭祀は決して基督教と両立すべからざるものに非ずと確信する者なればなり。祖先祭祀は、決して第一天戒に違背するものに非ず。何とならば、祖先の霊は霊魂不滅の信念の所産に外ならずして、決して之を以て『嫉妬深き天帝』（jealous God）が崇拝を禁戒せる諸神祀（gods）として見るべからざるを以てなり。若し祖先祭祀にて、果たして本書に論述するが如

67　今泉眞幸「基督教葬儀に就いて」、『基督教世界』2714 号、1936（昭和 11）年 3 月 12 日、1 頁。

68　幸日出男「キリスト教と葬祭問題」、幸日出男・関岡一成『キリスト教と日本の諸宗教』、三和書房、1988 年、28 頁を参照。

く、先人に対する敬愛の延長なりとせば、その敬愛の衷情を或る無害なる儀式に據りて表示するは、是れ即ち『爾の父母を敬へ』と訓へたる第五天戒の実践として見を得べきものにして、元来愛の宗教たる基督教と何等撞着するあるを認めざるなり」[69] と外国人に対してキリスト教と祖先崇拝の親和性を主張している。

　穂積の言葉の中に、日本の教会指導者が聖書の言葉や信仰に従うよりも当時の時代思潮に強く迎合していることがうかがえる。特に穂積の「宣教師たちもしくは新たに回心したキリスト者とわたしたちの民」という「キリスト者対日本人」という対立構造が日本人キリスト者を刺激していることが分かる。この言葉によって、日本人キリスト者がいったいどちらに属するものであるのか、「宣教師」かそれとも「わたしたちの民」なのかということが問われ、まさに祖先教への態度がその試金石であったと言える。

　明治から第二次世界大戦における日本の敗戦に至るまでの祖先崇拝についての議論は、まさに日本的基督教の議論と同調していたことが分かる。そこには確かに神学的議論が行われ、日本におけるキリスト教の存在意義を問うているのであるが、その方向性は天皇臣民として体制に忠実な宗教であることへと向いていたことは否めない。

3. 礼拝としての葬儀

　第二次世界大戦後、日本基督教団から多くの教派が脱退したものの、大

69　穂積陳重、前掲書、11 頁。参考までに英語本文を記す。"I look upon with sincere regret frequent conflicts that arise between the missionaries or newly-converted Christians and our people who are ancestor-worshippers; for I am one of those who firmly believe that the practice of Ancestor-worship is not incompatible with Christianity. It is not contrary to the First Commandment, because the ancestral spring is nothing more than the outcome of the belief in the immortality of soul, and can not be considered as 'gods,' which the 'jealous God' forbids to worship. If Ancestor-worship is, as maintained in this book, the extension of love and respect to distant forefathers, the manifestation of love and respect in a certain harmless way may be regarded as a realization of the Fifth Commandment to honour the parents; and nothing against Christianity, which is essentially a religion of love." HOZUMI Nobushige, Ancestor-Worship and Japanese Law, Preface XIV.

半は日本基督教団に残り、かつての外国の宣教団から自主独立し、独自の
教会形成を始めた。本書で取り扱う葬儀式文についても、アメリカのキリ
スト教葬儀式文との比較において、他の式文に類を見ないほど日本独自の
大きな変化を遂げることとなった。しかし、日本の死者儀礼とキリスト教
との関係については、異教的な祖先崇拝とは距離を保つこと、礼拝として
のキリスト教葬儀を確立することに議論の方向性が傾いていった。

(1) 異教的祖先崇拝の排除

　1959年に、比屋根安定と日本基督教団の牧師たちによって、『キリスト
教式葬儀とその異教地盤』[70] が出版された。この研究は、日本基督教団に
あって礼拝を研究する日本基督教団宣教研究所第一分科の企画として行わ
れたものであり、宗教学者の比屋根安定による「キリスト教式葬儀とその
異教地盤」という論文とそれに対する様々な立場の牧師からの反応を収録
したものである。

　比屋根のテーマ「キリスト教式葬儀とその異教地盤」というテーマから
も明らかなように、「基督教式の葬儀にすら、異教の非基督教、むしろ反
基督教の分子が、いつの間にか潜入して混合している」[71] という判断の下、
当時のキリスト教葬儀が異教からいかなる影響を受けているのか、そのこ
とによって、教会の葬儀はその本質を見失っていないのかということにつ
いて論じている。

　しかしながら、比屋根は教会の祖先教への接近と日本的基督教を批判し
ているわけではない。比屋根自身が、日本的基督教の議論が花盛りの頃、
『基督教の日本的展開』という本を著している。この本において、比屋根
は彼の宗教学的な立場から、日和見主義的な日本的基督教に対しては批判
しているが、天皇制に迎合していこうとする教会を政治的にまた神学的に
問題視していたわけではなかった。彼は宗教の普遍性という点から日本的
なキリスト教の可能性を擁護しており、「我等日本人がキリストを信じ、

70　日本基督教団宣教研究所編『キリスト教式葬儀とその異教地盤』、日本基督教団出
　　版部、1959年。
71　同書、7頁。

其福音を愛する祖国日本に傅へ、其信仰に於て日本を愛し、日本を導き、日本に仕へる事が、『基督教の日本的展開』の唯一なる結論である」[72]。特に日本的基督教を確立するための具体的な方策については述べてはおらず、その関心はもっぱら「日本」にあった。

　では、比屋根がいったいどのような点に異教的な影響を見ていたかというと、故人に語りかける弔辞、お通夜、写真の前のお供物（熟饌）、献花、遺影への礼等であった。キリスト教葬儀への異教的要素の混入の一面として、徐々に日本における葬儀そのものが盛大になってきた傾向が挙げられている。葬儀そのものが派手になってくる中で、キリスト教葬儀もそれにどう同調していくかということが問題となり、次第に時代の変化の中でクローズアップされてきた儀礼が元々のキリスト教葬儀よりも重要視されてきたのではないだろうか。比屋根はこれらの行事や葬儀における振る舞いを積極的に評価しようとするものではなく、むしろそこにある異教的な要素を明らかにし、それらがキリスト教本来の葬儀のあり方に反するものであることを指摘している。特にキリスト教本来の死の理解は、「死の一線が生者界と死者界とを峻別していることである」[73]と述べている。それに対して、神道や仏教では、現世と来世との区別が明らかではなく、また生者と死者との間の区別が明らかではなく、生と死とは混在している。「これが日本人の宗教地盤であって、基督教がこれと全く異なることを、われわれは肝に銘じておかねばならぬ」[74]と、キリスト教と日本的な死生観との区別を明確にしている。

　ただ、問題はここでいうところの「キリスト教」とは、ヨーロッパのキリスト教文化なりキリスト教思想を指すものであり、キリスト教そのものの本質ということとなるとそう簡単にはその特質を挙げることはできないのではないだろうか。

　この比屋根氏の主張に対して、幾人かの神学者や牧師がそれぞれの専門や経験に基づいて意見を述べている。その意見は様々であるが、当時の教

72　比屋根安定『基督教の日本的展開』、基督教思想叢書刊行會、1938 年、233 頁。
73　『キリスト教式葬儀とその異教地盤』、40 頁。
74　同書、41 頁。

会の現状から、また伝道上の配慮、つまりキリスト教がそれぞれの地域社会の中で受け入れられ、共存していくためには、多少の異教的なものの混入は仕方がないのではないか、それが行きすぎないためにも、キリスト教的にも、また宗教学的にも葬儀に関する研究を進めていくべきであり、日本における「正しい」キリスト教葬儀を確立していく必要があることが述べられている。「布教上、適宜に地方や他宗教の良い慣習を採用することも、日本という精神的風土の特徴を考慮することも大切と思いますが、やはり精神的な特質を重んじた形式を取るべきであろうと考えています」[75]。

　比屋根を中心とする研究は、次の日本基督教団信仰職制委員会編『死と葬儀』の議論に繋がっていくものである。そこにあるのは戦前のキリスト教が日本的なものを完成させるという「キリスト教優越論」とは一線を画し、キリスト教と異教的なものを区別し、日本の宗教的地盤にも対応したキリスト教本来の葬儀を確立すべきであるという考えである。そのために、何が異教的であるのか、何がキリスト教の本質的なところであるのかを明確にする必要が訴えられている。

　日本の教会が、他のアジア、アフリカ、南米の諸外国の教会と比べて、インカルチュレーションに対して消極的であるのは、以上のような政治的・社会的背景によるものであると考えられる。日本の教会は戦後帝国主義的な支配から解放され、また天皇制に対する反省もあり、日本的な文化や宗教に対して距離を、持つようになった。また、他のアジアやアフリカ、南米の教会は、ヨーロッパ諸国からの解放を経験したのに対して、日本はむしろアジア諸国に対して植民地政策を遂行する支配者の立場に立っており、教会もそれに追従する形で宣教活動を行ってきた。その解放の喜びからインカルチュレーションへと向かうよりも、戦後のキリスト教ブームの中で、一時的ではあるが教勢面において成長を経験し、むしろアメリカやヨーロッパの教会の支援を受けて、欧米の教会・キリスト教指向が強まっていったことも独自のキリスト教の形成に関心が向かなかった一因と言えるのではないだろうか。

75　同書、62頁。

第二次世界大戦後、キリスト教葬儀と新しい神学の構築の議論において
は、土着化、もしくはインカルチュレーションはその中心的なテーマでは
なかった。むしろ、日本の神学者はキリスト教信仰の精神化と個人化にそ
の力と関心を注ぎ、「真の」教会を目指した教会論が中心となり、神学は
教会に向けられていった。キリスト教と日本の宗教や文化の接点となるキ
リスト教葬儀に関する取り組みや神学的議論も、どちらかというと消極的
で、様々な要素の流入やキリスト教葬儀の枠組みの不明確さが教会の現場
では仕方がないものとして黙過されてきたのではないだろうか。

(2) 礼拝としての葬儀

戦後のキリスト教葬儀に関する議論の第 2 の頂点を、日本基督教団信仰
職制委員会によって編纂された『死と葬儀』[76] の出版に見ることができる。

この本は、日本基督教団の式文の改定のために開催された研究会の内容
を収録したものである。その内容ならびにそこでの議論から、どのような
方向性でキリスト教葬儀に関する議論が展開されていたのかを検証する。
研究会の内容は、旧約聖書、新約聖書、教理史、日本宗教学の視点から
「死と葬儀」というテーマについての研究発表である。この研究会の成果
として、新しい葬儀式文が形成されたというわけではないので、ここでの
議論のどのような側面が重要であったかを特定することは難しい。しかし
ながら、この「死と葬儀」というテーマ設定の中に一つの葬儀理解が表れ
ており、各研究発表においても一つの傾向を見いだすことができる。

この研究会とこの本の編集の責任を担っていた当時の信仰職制委員会委
員長の山本尚忠は、研究の趣旨を「キリスト教の死の理解と、具体的な葬
儀との関連を明らかにする」[77] と述べ、キリスト教葬儀を「教会員だけで
なく、故人と関係のある多くの教会員以外の人々も参列し、共に人間の死
という厳粛な事実を受けとめている。その意味ではキリスト教の正しい死
の理解を示す良い時であり、神の栄光を表す大切な機会でもある」[78] と定

76　日本基督教団信仰職制委員会編『死と葬儀』、日本基督教団出版局、1974 年。

77　同書、2 頁。

78　同書、253 頁。

Ⅱ　日本におけるキリスト教葬儀のインカルチュレーションに関する議論の変遷

義している。各研究においても、死に関する理解が示され、現代において
それにふさわしい葬儀とはどうあるべきかが議論されている。

　「死と葬儀」というテーマ設定は、当然のことであると言えるかも知れ
ない。葬儀とはひとりの人の死をめぐって執り行われる礼拝であり、その
内容はキリスト教の死の理解に基づくべきであるということは理解できる。
その死の理解に従って、礼拝が構成され、祈りのことばが形成されるべき
である。しかし、ここで果たして、これがキリスト教の死の理解であると
いうものを明確に提示することが可能なのであろうかという疑問も生じて
くる。まず、旧約聖書においては、「死と葬儀に関して、旧約の諸伝承は
統一的な見解を示していない、また完結もしていない。……また現代に対
してそのまま規範性を持ちうるはずもない」[79] と、旧約聖書から一つの死
の理解を導き出すことの非妥当性が指摘されている。新約聖書の研究から
は、死と葬儀に勝るキリストにある希望が強調されている。第一の死は悲
しむべき事実であるが、究極的に恐るべきものではないことが強調されて
いる。そして、「第二の死から解放され、永遠の生命を受ける約束を与え
られた者が、その信仰のゆえに第一の死を恐れず、必要とあれば第一の死
を選ぶのである」[80] と、キリスト者は究極的には第二の死を恐れ、またそ
こで永遠の命を受け継ぐ希望のゆえに、第一の死は恐れるに足りないもの
であることが述べられている。そこで問題は、死と葬儀はその大きな希望
の前で矮小化されてしまい、葬儀の目的は第二の死を覚え、またそこに約
束された永遠の生命の希望を確認する時となるであろう。教理史の研究、
つまり過去の教会は死と葬儀をどのように理解し、実践してきたかという
研究においては、その多様性が述べられている。つまり、一方で死と葬儀
についての理解の多様性があり、終末論的な希望の前では死と葬儀そのも
のが矮小化されてしまう傾向が見受けられる。

　その他の研究として葬儀式文の研究がなされており、欧米の教会におけ
る葬儀式文の変遷とドイツとイギリスの教会の葬儀式文が紹介されている。
おそらくキリスト教葬儀の本質的な意味や形式を欧米の教会の葬儀式文か

79　同書、40 頁。
80　同書、86–87 頁。

ら学び、日本基督教団の式文に良き示唆を得ようとしているのであろう。その内容はともかく、聖書や神学との取り組みと同様、死と葬儀の本質を学ぶことによって、現代にふさわしい葬儀式文を作ろうとするものである。

つまり、ふさわしい葬儀式文、正しい葬儀式文は、聖書や教会史から学ぶことによって作り出されるものであるという理解がある。宗教学の立場から「日本人の死と葬儀の理解」という研究がなされているが、結果的には日本人が持っている「死と葬儀」の考えを正しく理解した上で、それを「日本的習慣、異教的な迷信、異教的な習慣」[81] と位置づけている。この問題に関する実践神学的なアプローチとして、ドイツやアメリカ、イギリス、スコットランドの葬儀式文が紹介されている。それぞれの論者において聖書と教会史、欧米の教会から学ぶことによって「純粋な」キリスト教葬儀を構築することができるという方向性が支配的であり、その方法論に基づいてもう一度日本基督教団の葬儀式文を再検討しようとする試みである。ここでは、インカルチュレーションの試みや、また文化・宗教間対話は課題として取り上げられていない。

上記のような傾向は、『礼拝と音楽』の内容にも反映している。キリスト教葬儀に関わる議論の傾向を表すものとして『礼拝と音楽』の特集[82] をたどっていく。

1964 年の特集では、葬儀に関する具体的な問題[83] にどのように対処するかということが取り扱われている。葬儀の問題として、特にどのような説教がなされるべきかということが問題となっている。キリスト教葬儀は徐々に日本の伝統的な死者儀礼の影響を受け、変化してきた。納棺式、出棺式、前夜式、焼香に代わる献花は 1936（昭和 11）年には行われていた。戦前には、そのような諸式は式文には反映されていないが、戦後になると具体的に式文の中に取り入れられてきた。そのような傾向、つまり花輪や、

81　同書、266 頁。
82　『礼拝と音楽』は過去 5 回葬儀をその特集として取り上げている。1964 年 2 月号「葬儀の実際」、1981 年「死と葬儀」、1997 年「葬儀——慰めの礼拝」、2002 年「死者の記念」、2008 年「心に寄りそう葬儀」。
83　危篤の際の対応、納棺の方法、前夜式、花輪等の問題。

弔辞、死者や遺体への対応が日本の伝統的な死者儀礼の影響を受ける中で、説教が最もキリスト教の死の葬儀の理解を明確に示す最大の機会、ある意味で最後の砦となっていたのではないかと思われる。

以上のような傾向の中で、葬儀を慣習的な死者儀礼のキリスト教版として考えるのではなく、「葬儀は礼拝である」というスローガンのもと葬儀を通過儀礼や個人的・家族的な儀式としてではなく、教会の礼拝として再認識し、礼拝としての葬儀のあるべき姿というものを強調していった時代である。ただ、ピューリタンの影響が強い日本の教会では、礼拝としての葬儀といっても、説教を中心とした礼拝理解であり、何か典礼的な試みがなされているわけではなかった。

4. グリーフケアとしてのキリスト教葬儀
——インカルチュレーションの一つの可能性

悲嘆に関する研究はフロイトの研究に端を発し、それ以降様々な研究が積み重ねられているが、日本では 1980 年代に入ってアルフォンス・デーケンによって「生と死を考えるセミナー」などが始められたのを契機に死生学、悲嘆学への関心が高まってきた[84]。また、グリーフケアへの関心が高まり、これまで葬儀を考える際には、死の問題が主たるテーマであったのに対して、遺族や死に直面した人の悲しみ、喪失、そしてそこからの回復と援助が重要な課題として認識され始められた。

これまで、『死と葬儀』というような表題が示すように、キリスト教葬儀を考える際に、キリスト教にとって「死」とは何かが問われ、その理解に基づいて何が正しい葬儀かということが問題になっていた。また、前述のように葬儀を礼拝論的に定義し、その本質を規定しようとしてきた。しかしながら、1980 年代以降、死や葬儀の神学的理解ではなく、その死を経験する遺族に対する牧会的ケアという側面が、キリスト教葬儀の重要な要素として議論され始めてきたのである。

1997 年の『礼拝と音楽』（92 号）は、葬儀に関する議論の一つの転換期

---

84 島薗進「死生学試論（一）」、『死生学研究』第 1 号、東京大学大学院人文社会系研究科、2003 年、12–19 頁を参照。

を表している。そのテーマは「葬儀——慰めの礼拝」であった。この特集において初めて「グリーフワーク」ということばがつかわれた。

ただ、そこで言われているグリーフワークというのは、「慰める」ということが主眼であり、いったい牧師が何をなすべきなのかが問題となっている。グリーフワークは死別を経験した人が悲しむということを通して、慰めへと導かれていく、悲しむ人自身の営みであるにもかかわらず、教会が慰めたり、牧師の言葉によって癒しを与えようとすることに関心が寄せられている。グリーフワークの本来の意味から言うならば、教会は死別を経験した人に悲しむ場と時を提供しているのか、葬儀はそのような場の一つとなっているのかが問われなければならない。

しかし、ここに葬儀理解の一つの変化が見られる。これまでは、言うならば神中心の葬儀論であり、キリスト教として正しい葬儀とは何かを探り、異教的なものを排除しキリスト教葬儀を確立しなければならないという考えであった。しかし、グリーフワークを考慮に入れた葬儀論は、人間中心、悲しむ人が中心となる。その際、死者儀礼において、キリスト教的な死の理解からグリーフワークや、グリーフケア、どのように死者との新しい関係を構築するかということへと、その焦点も関心も移ってきている。そのためには遺族や友人、知人が悲しみを共に経験し、分かち合う時と場所が必要となる。キリスト教側からいうならば、共に悲しみを経験し、分かち合い、理解し合う言葉や所作、共感を生む葬儀の構築が求められる。そこに日本におけるキリスト教のインカルチュレーションへの入口があるのではないだろうか。

5. まとめ

日本的基督教に関する定義もそれに対する評価も定まったものではない[85]。

---

[85] 日本的キリスト教をテーマとして書かれた論文は以下のとおりである。熊野義孝「日本的キリスト教（1-6）」、『福音と世界』1972年1月号、3月号、6-9月号、新教出版社。笠原芳光「『日本的キリスト教』批判」、『キリスト教社会問題研究』22巻、同志社大学人文科学研究所キリスト教社会問題研究会、1974年、114-139頁。笠原は、

Ⅱ　日本におけるキリスト教葬儀のインカルチュレーションに関する議論の変遷

しかし、明治期における日本的基督教が持っていた、神学的にも経済的に
も外国の宣教団から自立し、日本独自の神学を確立しようとした姿勢は評
価できるものであり、インカルチュレーションにとっても必要不可欠な要
素である。また、日本の哲学や宗教を認め、尊重し、それらとの対話を進
めていこうとすることはインカルチュレーションを進める上での必要な前
提である。キリスト教の日本化も日本のキリスト教化もインカルチュレー
ションの表裏一体的な過程である。このような注目に値する状況でありつ
つも、明治期の日本的基督教は机上論に終わってしまった。1930 年頃に
はこのような神学的議論も消えてしまい、天皇制に飲み込まれていくよう
な形となり、日本的基督教の議論は再沸するが、本来もっていた福音の力
は失われ、偽インカルチュレーションと言わざるをえないものになってし
まった。

　関岡は、植村や海老名が提唱した日本的基督教の限界を、武士道の視点
からキリスト教を解釈し、すべてのキリスト者は武士になるべきであると
まで理想化した点にあると分析している。士族以外の人々のことが視点に
はなく、あったとしても宣教の課題は、それらの人々に武士の精神を教育
し、武士にまで高めることであった。彼らが社会的に身分の高い者に目を
向けていたことに、偽インカルチュレーションの原因がある。イエスはむ
しろ貧しき者と共に生き、そのような人々をそのままで受け入れ、その悲
しみや喜びに寄り添いつつ、神の国を宣べ伝えてきた。明治時代の日本的
基督教においてはその精神的な議論に終始してしまい、祝祭であるとか、
通過儀礼のような具体的な時と場を見いだせていなかった。インカルチュ
レーションは故意に文化に接近していくことではなく、福音が持つ受肉
（インカネーション）のダイナミックな力によって導き出されるプロセスで
ある。もしそれが福音の志向性と逆の方向に向かうとするならば、その動
きはむなしく終わってしまうことになる。

　「日本的キリスト教」を混淆論、両立論、触発論の 3 つに分類した。原誠「戦時期
　のキリスト教思想——日本的基督教を中心に」、『基督教研究』61 巻 2 号、同志社大
　学、1999 年、79–105 頁。濱田辰雄「日本的キリスト教の問題点とその克服 (1)」、
　『聖学院大学総合研究所紀要』25 巻、聖学院大学総合研究所、2003 年、258–283 頁。

第二次世界大戦前の日本的基督教も、祖先崇拝とキリスト教との関係について積極的に議論し具体的な提案までしているにもかかわらず偽インカルチュレーションになってしまった。当時のキリスト教は天皇制全体主義の中で、天皇の忠実な臣民であることを示し、社会的な立場を守ろうとして、キリスト者としてのアイデンティティーも宣教的課題も失ってしまった。インカルチュレーションは、社会の支配的な権力や文化、宗教への適応ではない。日本的基督教は日本の植民地主義と結びつき、インカルチュレーションにとって必要な他国のキリスト教、特にアジアのキリスト教とのエキュメニカルな対話や、共働をむしろ踏みにじる結果となってしまった。

　日本的基督教の経験によって、第二次世界大戦後の教会は日本の文化との距離を持つようになる。天皇制によって懐柔され、教会はキリスト教としてのあるべき姿を失ってしまった。戦後は、すべてのキリスト者は、自らの内に揺るぎない主体性を持ち、純粋なキリスト教のあり方を求めるようになる。外部からの影響を断ち、キリスト教信仰に集中することが求められた。宣教的な重点は、福音を日本人の間に行き渡らせ、日本人を内的に変革し、キリスト教化することにあった。神学においても、欧米の神学に傾注し、信仰においては個人的な回心が重んじられた。

　キリスト教信仰の精神化と個人化は、日本の文化や宗教との取り組みや文化間・宗教間対話への関心を弱めることになった。さらに、日本の教会では、天皇制に対する批判的な姿勢と時の徴を見抜く目を持つこと、特に日本基督教団では 1967 年に教団議長名で告白された「第二次大戦下における日本基督教団の責任についての告白」を日本とアジアの文脈の中で実質化することに力が注がれてきた。宣教学の議論においては、福音の文脈化を指向する宣教は文化的な事柄との取り組みと共鳴していくのが難しいと言われている [86]。以上のような経過の中で、第二次世界大戦後、インカルチュレーションの議論は特に注目を浴びることはなかった。

　新たに日本におけるキリスト教のインカルチュレーションについて考え

86　Theo Sundermeier, Inkulturation und Synkretismus, 194 を参照。

Ⅱ　日本におけるキリスト教葬儀のインカルチュレーションに関する議論の変遷

るとき、武士道＝キリスト教に戻ることも、日本の「坩堝（メルティング
ポット）」に身を投じることも注意深く避けなければならない。日本のキ
リスト教は、社会的エリートを目指すのではなく、また国家に忠実なキリ
スト者の育成を求めるのでもなく、人間の喜びや悲しみと出会い、それを
宣教の課題とし、そこに福音を語り、その福音を表現しようとするとき、
キリスト教のインカルチュレーションは進みうると考える。

　その際、16世紀のイエズス会の宣教との対話は、今日の宣教に実り多
きものをもたらしてくれる。彼らの宣教は人間中心主義であった。この人
間中心主義的宣教という言葉は、神中心主義の対抗概念ではなく、悲しむ
者と共に生き、死の経験によって失ってしまったかのように思える神の祝
福や傷つけられた神の像の回復を求める宣教を指すものである。この世に
神の国の拡張を目指すのではなく、神の栄光を示すのでもなく、ましてや
キリスト教帝国の確立を目指すものではなく、人間に与えられた神の像や
祝福の回復を求めるものである。死によっても失われることのない神の
「よし」という祝福の経験とその祝福への信頼は、悲しむ人々にゆっくり
と寄り添っていくことによって取り戻される。イエズス会の宣教師が、貧
しくて墓に葬られることもなく処理されていた人々を、教会で貧富の差な
く同様の葬儀を執り行うことによって、人間の尊厳を取り戻していったこ
とを現代における宣教の視点にすべきではないだろうか。

　現代のグリーフケアを中心としたキリスト教葬儀の理解は、先に前史と
して紹介したキリシタン時代の死者儀礼への対応に通じるものがあると思
われる。つまり、宣教において、人々の悲しみや苦しみを中心とし、それ
ぞれの表現の仕方を受け入れ、その上でキリスト教独自の死者儀礼を発展
させることが重要である。戦前の死者儀礼が個を集団のなかに埋没させる
システムとして機能していたのに対して、死別経験者の悲しみとその人の
いのちの回復を主眼とするところに、キリスト教葬儀はその存在意味を見
いだすべきである。キリスト教の死の理解に人々を当てはめるのではなく、
人々の悲しみや喜びに寄り添い、そこで福音を表現しようとするとき、イ
ンカルチュレーションの議論は再び始まっていくものと思われる。

III

プロテスタントにおける
キリスト教葬儀式文の変遷

　洗礼式や聖餐式はキリスト教の中で成立した独自の儀礼であるが、宗教史的に見て必ずしも全く純粋なキリスト教儀礼であるというわけではなく、ユダヤ教の清めの儀式や過越祭から生まれ出たものである。しかし、この2つの儀礼はキリスト教の中では教会にとってなくてはならぬサクラメントとして聖書的に基礎づけられたものである。これらは宣教的な必要性によってキリスト教化された他の宗教や文化の儀礼ではない。これらは教会史の早い段階においてすでにイエスの命令に基づいて行われていたものである（ルカ22：19「わたしの記念としてこのように行いなさい」、マタイ28：19「彼らに父と子と聖霊の名によって洗礼を授けなさい」）。洗礼と聖餐は、教会において欠くべからざる要素となっている。

　聖餐式の式文は最後の晩餐の制定語（マタイ26：26–30とその並行記事、1コリント11：23–25）に基づいて形成されているため、各教会における聖餐式文において顕著な差異は見いだされない。新しい式文の創作がなされ、教派やその聖餐が祝われるグループによって様々な変更が加えられているが、それはいずれもイエスの制定語の解釈である。

　洗礼の式文やその所作においても、イエスの三位一体論的洗礼命令（マタイ28：19）が決定的な言葉として影響を与えている。洗礼の様々な式文や順序、また様々な要素の混入が考えられるが、三位一体論的言葉（父と子と聖霊の御名によって）と水の使用というものは不可欠な要素として守り継がれている[1]。

1　様々な教派や教会が合同して形成されたカナダ合同教会の式文においては、洗礼に際してそれぞれの旧教派の特徴や新たな式文の可能性は認めつつも、水の使用、父と子と聖霊の御名による洗礼を欠くことも変えることもできない洗礼の基盤としている。United Church of Canada, Celebrate God's Presence, Toronto, 2000, 321-324 を参照。

Ⅲ　プロテスタントにおけるキリスト教葬儀式文の変遷

　洗礼や聖餐に対して、葬儀というものは決してキリスト教独自の儀礼で
あるとは言えない。葬儀は聖書に基づくものではなく、すでにキリスト教
以前に執り行われていたものであり、あらゆる民族において何らかの必要
から成立し発展してきたものである。確かに、旧約聖書にも新約聖書にも
埋葬やそれに関連する禁止事項[2]は書かれているが、聖書の中には、葬儀
が教会の宣教的課題であるという言及も、葬儀が教会の課題であり、具体
的にどのように葬儀を行うべきであるかという言及も見いだせない。

　宗教史的に見て、人間は死者を宗教的かつ文化的に適切な形式で葬る必
要性を持っていた。この必要がそれぞれの民族や文化の中で、その宗教
的・文化的にふさわしい形で、かつ遺族の悲しみを表現し、それを周囲の
者が理解できる形を有した一定の風習や儀礼を生み出してきた。それゆえ、
一つの民族においても地域やまた文化圏の違いによって様々な葬儀習慣や
儀礼が存在し、それぞれの民族において長い年月の間にしっかりと根付い
たものとなっている。

　それゆえ、教会は、神学的にも、それぞれの民族の宗教的感情に照らし
合わせても納得がいく葬儀式文を発展させることによって、宣教活動にお
いてこの人間の宗教的・社会的必要性を満たさなければならなかった。今
日、葬儀は教会の中では欠くことのできない教会の儀礼となっており、聖
餐や洗礼に並ぶものとして教会の中で重要な位置を占めている。

　教会の葬儀式文は、キリスト教以外の諸分野また他の宗教の影響を受け
て成立しており、その研究課題は多岐にわたるものである。この章におい

2　サラとアブラハムの埋葬（創世 23 : 2–19、25 : 7–10）、イエスの埋葬（マタイ 27 :
　57–61 他）。祖先と共に眠ることとしての死（創世 47 : 30、サムエル下 2 : 32、列
　王上 22 : 51 他）、先祖の元に行くこととしての死（創世 15 : 15）もしくは、先祖た
　ちに属することとしての死（「先祖の列に加えられた」創世 35 : 29、歴代下 34 :
　28）。熱狂的な哀悼の禁止（申命 14 : 1、レビ 19 : 28）。刑罰としての火葬または埋
　葬されないこと（ヨシュア 7 : 25、エレミヤ 16 : 4）。終末論的意味における自分で
　埋葬することの禁止（マタイ 8 : 22）。聖書における死と埋葬についての理解は、
　以下の文献を参照。Peter Welten, Bestattung (II Altes Testament), in TRE Bd. 5, Berlin,
　1980, 734-738; W. Dietrich / S. Vollenweider, Tod (II Altes und Neues Testament), in TRE
　Bd. 33, 2002, 582-600; Eberhard Winkler, Tore zum Leben, Neukirchen-Vluyn, 1995, 167-
　172; Christian Grethlein, Grundinformation Kasualien, Göttingen, 2007, 269-274.

ては、プロテスタント教会の葬儀式文の成立過程を明らかにするとともに、教会は葬儀式文において何を重要なテーマとして継承してきたのか、またそれが日本の教会における葬儀式文のインカルチュレーションのプロセスにおいてどのように受容され、変容してきたのかについて分析する。

　その際、式文研究の視点から見て興味深いのは、キリスト教葬儀は聖餐式のように聖書にその起源を持っているわけではないのに、プロテスタント各教派の葬儀式文は多くの共通部分を持っていることである。共通した聖書箇所が読まれることは想定できるが、祈りの言葉にもほぼ同じ文言が含まれている。教派が違い、文化圏も違う教会において同じ内容の式文が使われており、特に「我らその遺骸を地に埋めて、土を土に還し、灰を灰に還し、塵を塵にかへし」という言葉は聖書には見いだされないにもかかわらず、各教派の葬儀式文に用いられていることを考えるならば、何か一つの基礎となる葬儀式文が存在し、それが各教派の式文に影響を与えていることが考えられる。

　新約聖書からプロテスタント教会の葬儀式文の源泉となる式文に至るまでの歴史を概観し、その式文の内容を詳細に分析し、そこに表れた葬儀理解を明らかにする。

1. プロテスタント教会の葬儀式文の成立

(1) 初期キリスト教会

　福音書の中に葬儀に対する具体的な指示はなく、むしろ自分の亡くなった父の葬りを行いたいと申し出た弟子に対してイエスは「死んでいる者たちに、自分たちの死者を葬らせなさい」（マタイ8：22、ルカ9：60）と死者を葬ることに対して否定的な態度を示している[3]。その一方で福音書の中にはラザロの葬り（ヨハネ11章）やイエスの葬り（マタイ27：57-61、マルコ

3　この言葉をもって、キリスト教は死者儀礼を重視してはいけないという戒律を主張することはできない。この言葉はユダヤ教で親族を葬ることは十戒の第五戒「父母を敬いなさい」に基づく神聖な義務と考えられていた（レビ21：2参照）こととのコントラストで終末時の倫理の緊急性を表すものである。

Ⅲ　プロテスタントにおけるキリスト教葬儀式文の変遷

15：42–47、ルカ 23：50–56、ヨハネ 19：38–42）の記事があり、ユダヤ人の慣習に従った埋葬の様子がうかがえる。葬儀は人間の人生における基本的な儀礼ではあるが、新約聖書においてその儀礼をキリスト教が担うべきであるという言及やその典礼に関する指針を見いだすことはできない。キリスト教葬儀の典礼が整っていたわけではないが、ただ死者がいなかったわけではなく、ユダヤ教やキリスト教が宣教された地方の諸宗教・慣習の影響を受けて葬儀が行われていたことが推測される。

　初期キリスト教会は、少なくとも葬儀に関しては「死んでいる者たちに、自分たちの死者を葬らせなさい」（マタイ 8：22 他）というイエスの命令に厳密に従っていたわけではなかった。教会は死にゆく人々、また病人やその家族を軽視していたわけではなく、むしろそのような人々のケアを教会の宣教的かつディアコニア的課題と見なしていた。ヤコブの手紙には「あなたがたの中で病気の人は、教会の長老を招いて、主の名によってオリーブ油を塗り、祈ってもらいなさい」（ヤコブ 5：14）という記述があり、病人に対する塗油は長老の役目であったことが推察される。特に 313 年にコンスタンティヌス大帝によってキリスト教が公認されて以来、キリスト教はローマ帝国の市民宗教として、牧会的・ディアコニア的役割を社会の中で担い始め、その役割は増大していった[4]。

　パウロ書簡においては、からだの死と死後におけるキリスト者の将来はディアコニア的な課題ではなく、宣教的テーマとして理解され、キリストの復活の福音に関わる事柄として言及されている[5]。死は、パウロにとって単なる人間的・個人的な出来事ではなかった。死においては、宣教的次元

4　2 番目に古いローマ典礼書であるゲラジウス典礼書（5 世紀の終わり）において、病人のための祈りが見いだされる。"Omnipotens sempiterne Deus, qui aegritudines et animorum depellis et corporum, auxilii tui super infirmos nostros ostende virtutem; ut ope misericordiae tuae ad omnia pietatis tuae reparentur officia"（人々の魂と肉体の病を追い出してくださる永久なる全能なる神よ。あなたの憐れみの力によって、すべての奉仕があなたの愛に向かって整えられますように、弱い我々の上にあなたの救いの力を示してください）。パックストンの文献からの引用。Frederick S. Paxton, Christianizing Death: The Creation of a Ritual Process in Early Medieval Europe, Ithaca, 1990, 31 を参照。

5　ローマ 6：3–11; 1 コリント 15：12–58; 2 コリント 4：14; 1 テサロニケ 4：13–18。

が強調され、死は福音の核である復活と対極をなすものであり、どちらを信じるのかが問われる重要なポイントである。復活の希望は、死と対峙するとき明確になるのであり、死を意識しない中での復活の希望は単なる非現実的な空想にすぎない。パウロはキリスト者の死と死後の生について書いているが、死の理解であるとか、死後の世界についての理解が問題なのではなく、復活の神学に焦点が当てられている。復活の希望の強調は、キリスト教がキリスト教以前の葬儀との差別化において決定的なポイントである[6]。

　初期キリスト教会は、その宣教活動において、直面する他宗教・文化と対立するのではなく、その宗教的・文化的土壌に適応する方策を柔軟にとっていた[7]。それゆえ、教会は独自の死者儀礼を発展させるのではなく、各地の習俗を取り入れつつキリスト教の死者儀礼を構築してきた[8]。ただ単純にそれぞれの土地の死者儀礼に徐々にキリスト教的要素を加えていっただけではなく、復活の希望に基づいてそれを神学的に再解釈し、伝統的なしきたりと違うことを行うことによって、キリスト教の福音理解に基づいた独自な死者儀礼を創り出していったと言える。

　古代の教父たちの文献の中にキリスト教葬儀に 5 つの主たる要素を見いだすことができる。第 1 に、家での祈りである。キリスト教信者が遺族の家に集まり、祈りとともに遺体を洗浄し、聖別のための塗油を行い、遺体を布で包んでいた。第 2 に、ローマで行われていた葬列をキリスト教でも取り入れた。しかし夜行われていた葬列を、キリスト者は昼間に行い差別化を図った。その際白い服装をまとい、希望の詩編と勝利のハレルヤを歌

6　死との関係における復活への希望については、Bruno Bürki, Im Herrn entschlafen, Heidelberg, 1969, 7–27 を参照。

7　J. A. ユングマン『古代キリスト教典礼史』、石井祥裕訳、平凡社、1997 年、158 頁を参照。

8　例えば、『ローマ・ミサ典礼書』によると、死者のためのミサは 3 日目、7 日目、30 日目に行われていた。この日取りは今日まで守られ、またエジプトのキリスト教でも同じ日に行われていた。シリア、ギリシャの教会では若干の違いがあるがほぼ同じような日取りで死者のためのミサが行われている。その日取りはキリスト教以前の古代世界の伝統にさかのぼるものである。ユングマン、前掲書、159 頁を参照。死者記念の具体的な慣習やその背景に関しては、159–162 頁を参照。

いながら葬列を行ったことが葬儀のキリスト教的再解釈である。第3に、死者のための礼拝式が行われていた。ただ今日のような整った礼拝ではなく死体を囲んでの短い礼拝であり、そこで賛美と感謝が捧げられ、聖書が読まれた。第4に、聖餐を執り行っていたことが挙げられる。聖餐は、生者と死者との間に存在する親交を表現するものであった。葬儀における会食に代わるものであったのであろう。第5に、埋葬方法がキリスト教独自のものであった。義の太陽の到来への希望のしるしとして、復活に際して太陽に向かって起きあがることができるよう、足を東に向けて遺体が安置された。平安と希望、死の力の非絶対化が葬儀のテーマであり、死者に対する祝福の祈りが語られた。このように外面的には伝統的な葬儀の風習に倣いつつも、内容的にはキリスト教独自のテーマを具体的に表現していた。

(2) 中世　死のキリスト教化

　キリスト教における死に関する儀礼は、古代においてはそれぞれの地域の習俗に影響されながら、確固たる典礼を形成することはなかった。しかし、9世紀後半になって、人間の生の根幹とも言うべき死についての儀礼が教会の中で形成され、キリスト教が死に対しても影響を与える存在となった。つまり死のキリスト教化がなされてきたが[9]、教会の中で共通の葬儀典礼が見いだされるのが、『ローマ・ミサ典礼書』である。

　古代の葬儀のテーマであった死に対する勝利や死に勝る復活の希望は中世にも受け継がれた。6世紀に編纂された最も古いキリスト教死者儀礼書である ordo defunctorum もこの基本的なテーマ「死に対する勝利、死に勝る復活の希望」に基づいて書かれている[10]。死者儀礼は次の6つの段階を経て行われるように指示されている。

　　1. 彼に死が迫っているのを見るとすぐ、たとえ彼がその日の食事を終

9　中世における死のキリスト教化については、パックストンが詳細にそのプロセスを論じている。Frederick S. Paxton, 前掲書を参照。

10　パックストンは ordo defunctorum を『ローマ・ミサ典礼書』の元型であると見なしている。中世における葬儀式文の発展を正確にたどっていくのは、多様なものが存在し、またそれに関する資料が十分でないために困難である。ordo defunctorum については、同書37-44 を参照。

えていたとしても、彼は聖餐を受けるべきである。なぜなら、聖餐は、救いの時、彼の公正な擁護者、支持者となるからである。聖餐は彼をよみがえらせるだろう。聖餐式の後、彼の魂が肉体を離れるまで、主の受難に関する福音書の記述が司祭あるいは執事によって読まれなければならない。

2. 魂が肉体を離れたすぐ後に、交唱 Subvenite, sancti dei（助けてください、神の聖人たちよ）が唱えられ、それに Suscipiat te Christus（キリストがあなたを受け取ってくださいますように）と交唱「天使の合唱」と共に詩編（In exitu Israel〔イスラエルの民エジプトを出て〕[113][11]または Dilexi quoniam〔わたしは主を愛する〕[114]）が続く。

3. その後、身体は洗われ、柩の上に置かれる。柩の上に置かれた後、家から運び出される前に、司祭は交唱 De terra formasti me〔土からあなたはわたしを造られた〕と詩編（Dominus regit me〔主は羊飼い〕[22]、Gaudete iusti〔喜び歌え〕[32]または Dominus regnavit〔主こそ王〕[92]）を唱える。

4. 身体が教会に運ばれ、詩編と交唱に伴われてそこに置かれる（例えば、交唱 Tu iussisti nasci me domine〔主よ、あなたはわたしにいのちを与え〕や詩41編 Quemadmodum〔涸れた谷に〕）。

5. そして、柩が教会に置かれると、肉体が埋められるまで、すべての人が休むことなく魂のために祈るべきである。彼らは詩編、応唱、ヨブ記のテキストを歌う。死者のために通夜祈祷は適切な時間になされるべきであるが、ハレルヤは歌わない。

6. 肉体が墓に置かれるとき、交唱 Aperite mihi portas isustitiae（正義の城門を開け）と詩編 Confitemini（感謝せよ）[117]を歌う[12]。

この典礼書に書かれているのは、高度に典礼化された死者儀礼ではなく、

---

11 ordo defunctorum で用いられている詩編の番号は、新共同訳と異なっている。新共同訳では以下のとおり。113 → 114、114 → 116、22 → 23、32 → 33、92 → 93、41 → 42、117 → 118。

12 同書39.

Ⅲ　プロテスタントにおけるキリスト教葬儀式文の変遷

死にゆく人のケアや死者に対する配慮に満ちた取り扱い方であり、遺族に対する慰めであり、また死に対する勝利への希望が表現された言葉である。来たるべき裁きの日における死者の助けとしての聖餐が機能していたことを知らせている。聖餐は、キリストが救いの権限を持っているという理解に根付いたものである。死にゆく者はキリストの受難物語を聞くことによって、死を前にしたみずからの苦しみをキリストの苦しみと同一視し、イエスが心を寄せて伴ってくれることと復活の約束の中に慰めを見いだしている。

　死の直後、交唱 Chorus angelorum は、死の床に居合わせている人々に、死者の魂が天使たちによって天国へと運ばれていく様子（ルカ16：22のラザロのように）が目に浮かぶかのように示してくれる。In exitu Israel は、神が人間を苦しみから解放してくださることを想い起こさせる。Dilexi quoniam は、詩114の言葉と共に、神が死者の魂を愛に満ちて受け止めてくださることを表している。続いて読まれる詩編においても、神への絶対的な信頼がテーマとなっている。Confitemini（詩117）によって葬儀は閉じられるが、復活への希望と神の助けへの固い信仰を強調している。

　この中世初期の葬儀式文における祈祷文や交唱文は、教会が古代の葬儀のテーマを引き継いでいることを示している。復活の希望の強調が式文全体を貫いている。そして、キリスト教葬儀は、死者の霊を神の御手にゆだねる儀式であることが明確である。

　それぞれの地方における様々な葬儀式文や風習はこの ordo defunctorum を根本として発展したものである[13]。しかし、中世において葬儀式文が変化していく過程においては、死の扱い方に対する教会的影響や葬儀テーマの変化が見いだされる。

　古代から引き継がれてきた死への勝利と復活の希望というテーマが、9世紀になると徐々に裁きや懺悔へと変化してくる。死はもはや復活へ至る道の通過点ではなく、死にゆく人や死者の天国における運命を決定する予

13　パックストンはさらに別の式文を紹介している。『ローマ・ミサ典礼書』の死者儀礼に関しては、Friedmann Merkel, Bestattung (IV Historisch), in TRE, Bd. 6, 1980, 744-746 を参照。

審として理解されるようになった。神は人間の死に際して裁き主であるとともに人間に赦しを与える神としてのイメージが徐々に強まって来ることになる。

　死者儀礼のテーマの変化は典礼にも影響を与えた。特に臨終における儀礼は徐々に変化してきた。基本的な形として、キリストの受難物語が朗読され、詩編が唱えられ、リタニー、viaticum（臨終の聖餐）と呼ばれる最後の聖餐が行われていた。ここから、さらに懺悔と赦しのモチーフが加わり、儀礼がさらに手の込んだ形式へと発展し、塗油、告解、罪の赦しなどが加えられていった。

　さらに死者儀礼を複雑化させたのが、修道士の影響である。修道士には修道士独特の死者儀礼があった。臨終の際に修道士は自らの罪の告白をし、塗油を受けた後で、修道士の集まるところへ運ばれ、公に罪を告白し、その罪の赦しが宣言された。その後、会衆は詩編を歌いながら、臨終の修道士のもとへと進んだ。死を間近にした修道士は cilicium（苦行衣・粗布）[14]の上に置かれ、悔い改めのしるしとして灰が振りかけられた。集まった会衆は信仰告白を語り、リタニーを唱え、応唱、詩編唱を行った。死の瞬間においては、神に魂をゆだねる祈りがなされた。

　この修道士に対してなされていた死者儀礼が、徐々に一般信徒の間でも行われるようになったため、一般的な葬儀も複雑になっていった。その一方で、癒しや回復のしるしである塗油が段々と少なくなり、罪の告白、懺悔、最後の聖餐がより重要視されるようになった。

　亡くなった場合、いくつかの commendation（死者を神にゆだねる）の祈りが詩編や応答頌歌によって唱えられた。そして、詩編と応答頌歌が歌われる中で体が洗われ、次に洗礼においてキリストをまとったことを思い起こしながら死者に服が着せられる。教会に運ばれる葬列でも詩編や応答頌

14　cilicium はらくだや馬などの毛で織られた粗布であり、旧約聖書では列王上 21：27「アハブはこれらの言葉を聞くと、衣を裂き、粗布を身にまとって断食した。彼は粗布の上に横たわり、打ちひしがれて歩いた」とあるように悔い改めの象徴であり、新約聖書では人々に悔い改めを求めたバプテスマのヨハネが身にまとっていた（マルコ 1：6）。4 世紀以降、教会の中でも特に修道士たちによって悔い改めのしるしとして身にまとわれていた。

歌が唱えられた。応答頌歌や祈りは埋葬までとぎれることなく唱えられた。墓地への葬列の際には、多くの祈りが唱えられ、さらに詩編と応答頌歌が唱えられた。遺体を運ぶ際には火がともされ、香がたかれた。墓地でも祈り、詩編、応答頌歌がなされた。墓穴には聖水がまかれ、遺体の悪臭を消すために香がたかれ、キリストにおいて死んだ人々の勝利を表すために月桂樹が置かれた。

さらに、遺族には命日と 30 日ごとに死者を記念することが勧められた。

このように様々な儀礼が発展し、複雑化すると、次第に死への恐怖に対抗するために教会が不可欠な存在へと創り上げられていくこととなった。また、最後の審判において人は永遠の命を得るか、永遠の死に至ることとなる。最後の審判に至るまでの魂の状態にある死者に対しても教会は影響力を持つものとなった。そこでは、死そのものではなく、死に方が問題なのである。伝染病、戦争、飢餓などによって死は日常生活の中で近くにあり、避けられないものであることを痛感していた時代であった。そのような状況で、恐れるべきことは死そのものではなく、死に方を誤ることである。つまり、教会の儀礼に則って死ぬことが重要であり、葬儀を厳粛に行い、「正しく」埋葬されなければならないと人々は考えたのである。それによって、宗教改革において問題となった贖宥状に象徴されるように、「正しい」死者儀礼は煉獄にいる死者に対しても影響を及ぼす力を持つものと信じられるようになった[15]。

中世において、かつてキリスト教葬儀の中心的テーマであった死に対する勝利や復活の希望は背後へ退き、死に対する恐怖や正しい死が前面に出てきた。それによって、死の意味付けと死の取り扱いにおいて、正しい死を保証する教会の権限は増大することになる。

15　中世の死生観については、ハンス・ヴェルナー・ゲッツ『中世の聖と俗——信仰と日常の交錯する空間』、津山拓也訳、八坂書房、2004 年、136–203 頁を参照。ゲッツは中世の死者儀礼において神学思想と民衆文化とを区分することが難しく、死が大きな存在感を持っていた時代に教会が大きな力を持つに至ったことを多くの中世文献を引用しながら明らかにしている。

(3) 宗教改革

中世の教会が死者儀礼を複雑化させることによって、死とあの世におけ
る裁きへの恐れを増大させる結果となった。同時に、人間はその恐怖を払
拭するふさわしい救いの方法を求めるようになる。まさにルターはこの教
会による救いへの介入を批判した。主たる議論は義認論を巡るものである
が、ルターを始めとする宗教改革者は、教会が死者を葬る際に、どのよう
な権限を誇示し、教会葬儀においてどのような期待を人間に抱かせたか、
それが福音にふさわしいものであるかどうかを問題にしている。

ルターがもっとも問題にしたのが、贖宥状が煉獄における死者の魂に救
いをもたらすという考えであった。プロテスタントとして独自の死者儀礼
を発展させたわけではなかった。ルターは1519年に著した『死への準備
についての説教』において、ルターの信仰義認論に基づいていかにカトリ
ック教会の伝統を受け継ぐことができるかを示している[16]。ルターは葬儀
に関してカトリック的・中世的なものをすべて排除したわけではなく、聖
書的な根拠を持つ告解、聖餐や塗油は、信仰義認論を背景に新しく意味づ
け、引き続き行うよう教えている[17]。

さらに、ルターは「葬儀賛美歌集の序文」(1542)において、「これらの
こと（聖書の死に関する記述）に従って、我々は死者のために行われてい
た徹夜の祈り、臨終の祈り、煉獄や他のすべてのまやかしのような教皇の
愚行を排除し、我々の教会からすべて一掃した」とカトリック教会との違

---

16 Martin Luther, Eyn Sermon von der bereytung zum sterben, WA 2, 687-697. また、次の文
献も参照。Ottfried Jordahn, Sterbebegleitung und Begräbnis bei Martin Luther, in H. Bek-
ker / D. Fugger / J. Pritzkat / K. Süss (Hg.), Liturgie im Angesicht des Todes. Neuzeit I: Re-
formatorische Traditionen, Tübingen, 2004, 2-13.

17 死の準備のために心からの告解が求められる。しかし、すべての罪を告白する必要
はなく、記憶にあるすべての罪が告白されるべきである (WA 2, 689 を参照)。その
際、司祭からの罪の赦しがなされる。ルターはそれをまさに神の約束と見なしてい
る (WA 2, 694 を参照)。キリストが死や罪、そして地獄に打ち克つ力であることを
示す聖餐は、悲しむ者を慰める（WA 2, 695 を参照）。聖餐はキリストと聖なる者と
の交わりを生み出すものである（WA 2. 694 を参照）。ヤコブ5：14において勧めら
れている塗油は、ルターにおいてサクラメントの一つと見なされていた（WA 2,
686 を参照）。

Ⅲ　プロテスタントにおけるキリスト教葬儀式文の変遷

いを述べている。しかし、ルターは葬儀そのものを軽視したわけではなく、聖書における葬儀を例に挙げ、死者や墓に対して行っていた飾りなどをこれまでと同様に執り行うことを勧めている。しかし、あくまでも葬儀の主題は死者の復活と遺族の慰め、また信仰の導きであることを強調している。この文書において具体的な葬儀の指示が記されているが、葬儀のそれぞれの場面で読まれるべき聖句を示す程度の簡略なものである。

　以上の著作から、ルターは、葬儀の中心はもはや死者や死者をどのように葬るかではなく、生きている者であると考え、教会は復活の希望を葬儀のテーマとして再び獲得したことが分かる。それは死の恐怖や正しい死に方への憂慮からの解放であった。そのため、プロテスタント教会においては、死者の死後の運命を左右するかのように受け取られる死者のためのとりなしの祈りは議論を呼ぶものとなり、もしくはまた全くゆるされないものと考えられるようになった。

　ルターは宗教改革における典礼の刷新は必要なことと考えていたが、第二義的なものにすぎなかった[18]。それゆえ特にルター派独自の葬儀式文は考案されず、中世において複雑化した死者儀礼が排除される形となり、非常に簡素なものへと変わっていった。しかし、ルターは葬儀式文こそ作らなかったが、葬儀の意義については新しい見解を示している。ルターは葬儀を洗礼の完成と見なし、中世において強調された悔い改めと赦しのテーマは退き、赦しの約束と死者の復活への希望、悲しむ者たちの慰めが強調されるようになった。葬儀説教は 16 世紀には聖書的なものであったが、17 世紀になると個人を称賛し、その略歴を語る説教へと移っていった。

2. The Book of Common Prayer[19] の葬儀式文

　この章の始めに、プロテスタントの諸教派の葬儀式文が非常に似通って

18　W. ナーゲル『キリスト教礼拝史』、松山與志雄訳、教文館、1998 年、159 頁を参照。
19　歴史的な The Book of Common Prayer は、解説と共にインターネット上で公開されている。本書で引用したものはすべて The Book of Common Prayer のホームページからダウンロードしたものである。http://justus.anglican.org/resources/bcp/england.htm

おり、同じ文言がつかわれていることに言及したが、プロテスタント教会の葬儀式文の元型を英国国教会の The Book of Common Prayer（以下BCP）に見いだすことができる。

　最初の BCP は、1549 年にトーマス・クランマーの後援のもと編纂された。その後、1552 年、1559 年、1604 年、1662 年に改訂されている。1662年に編纂された BCP は、英国国教会の中で認定され出版されたものとして、300 年間今日に至るまで使われているものである[20]。BCP は宗教改革の神学を反映したものであり、他の教会にも大きな影響を及ぼす祈祷書である。BCP の葬儀式文、特に 1662 年版において重要な改訂がなされた葬儀式文はドイツやアメリカのルター派の教会や他のプロテスタント教会の葬儀式文として採用されることになった。

(1) The Book of Common Prayer（1549）

　1549 年の第一祈祷書の葬儀式文は、イギリスでローマ典礼から派生したセーラム典礼を基礎として編纂されている。その構造は葬列・埋葬・礼拝・聖餐であり、中世のローマ・カトリック教会の順序と比較するならば、埋葬が先に行われ、その後に礼拝、聖餐が行われていることが特徴である。しかし、礼拝も埋葬の前に行う可能性についても言及されており、基本的に中世のローマ・カトリック教会の葬儀順序を踏襲したものであると考えられる。

a. 葬列

　葬列において唱えられる聖句は独立したものではなく、またその内どれかを選択するものでもない。この 3 つの聖句（ヨハネ 11：25–26、ヨブ 19：25–27、1 テモテ 6：7 とヨブ 1：21 を合わせたもの）が交唱されることによって、葬儀の基調を明らかにしている[21]。最初の 2 つの聖句（ヨハネ 11：25–

20　The Alternative Service Book (1980) とそれに代わる Common Worship (2000) は、今日においても英国国教会の標準的な祈祷書として使われている 1662 年版のオルタナティブな祈祷書である。

21　M. H. Shepherd, Jr., The Oxford American Prayer Book Commentary, New York: 1973, 324

英国国教会と日本の教会の葬儀式文の比較

英国国教会 The Book of Common Prayer				日本基督教會 信條及諸式	日本メソヂスト教会 礼文
1549	1552	1662	1689	1907	1908
葬列	葬列	葬列	葬列	先導	先導
ヨハネ11：25-26 ヨブ19：25-27 1テモテ6：7＋ヨブ1：21	ヨハネ11：25-26 ヨブ19：25-27 1テモテ6：7＋ヨブ1：21	ヨハネ11：25-26 ヨブ19：25-27 1テモテ6：7＋ヨブ1：21	ヨハネ11：25-26 ヨブ19：25-27 1テモテ6：7＋ヨブ1：21	ヨハネ11：25-26 ヨブ19：25-27 1テモテ6：7	ヨハネ11：25-26 ヨブ19：25-27 1テモテ6：7
		教会：礼拝	教会：礼拝	教会もしくは家にて	教会もしくは家にて
		詩編39 詩編90 1コリント15：20-58	詩編39 詩編90 1コリント15：20-58 寒い時：1テサロニケ4:13-18	詩編90 1コリント15：20-26、35-58	詩編90 1コリント15：20-26、35-58
埋葬	埋葬	埋葬	埋葬	墓にて	墓にて
ヨブ14：1-2	ヨブ14：1-2	ヨブ14：1-2	ヨブ14：1-2	ヨブ14：1-2	ヨブ14：1-2
応答頌歌	応答頌歌	応答頌歌	応答頌歌	式辞	式辞
1: I commende thy soule to God	1: I commende thy soul to God	1: I commende thy soul to God	1: I commende thy soul to God	讃美歌	讃美歌
2: I hearde a voyce from	2: I hearde a voice from	2: I hearde a voice from	2: I hearde a voice from	黙示録14：13	黙示録14：13
祈祷 1: 遺族のために 2: 死者のために					
教会：礼拝					
詩編116 詩編139 詩編146 1コリント15:20-58	1コリント15:20-58				
キリエ	キリエ	キリエ	キリエ	キリエ交唱	キリエ交唱
主の祈り		主の祈り	主の祈り		
祈祷	祈祷（司祭）	祈祷（司祭）	祈祷（司祭）	祈祷a	祈祷a
聖餐	祈祷	祈祷	祈祷	祈祷b	祈祷b
詩編42		祝祷	祝祷	主の祈り	主の祈り
祈祷				祝祷	祝祷
1テサロニケ4：13-18					
ヨハネ6：37-40					

103

26、ヨブ 19：25–27）はセーラム典礼から引き継いだものであるが、第 3 の聖句（1 テモテ 6：7 とヨブ 1：21）は中世には見られないものである[22]。

ヨハネ 11：25–26「わたしは復活であり、命である。わたしを信じる者は、死んでも生きる。生きていてわたしを信じる者はだれも、決して死ぬことはない。このことを信じるか」は、新約聖書における復活と永遠のいのちの教えを要約するものであり、イエスの復活の力を強調し、それを信じる者が復活のいのちにあずかることの告白と共に、それを信じるかどうかの決断を迫っている。そして、その応答としてヨブ 19：25–27「わたしは知っている／わたしを贖う方は生きておられ／ついには塵の上に立たれるであろう」の言葉をもって復活の主に対する信仰が言い表される。そして第 3 に、新約の 1 テモテ 6：7「わたしたちは、何も持たずに世に生まれ、世を去るときは何も持って行くことができないからです」と、旧約のヨブ 1：21「わたしは裸で母の胎を出た。裸でそこに帰ろう。主は与え、主は奪う。主の御名はほめたたえられよ」の言葉が合わされて、この世界で人間の生命のはかなさと、地上でのいのちの主が神であるという告白が「わたしたち」（1 テモテ 6：7）の言葉として語られている。

ここには、中世のローマ・カトリック教会の葬儀のテーマであった悔い改めや罪の告白を迫る言葉はなく、葬儀の最初において復活の希望が語られている。さらに、葬儀の中心にあるのは死者ではなく、そこに参列した会衆であり、死者の魂の救いよりも葬儀に参列した会衆自身のキリストの復活への信仰が問われる内容になっている。

b. 埋葬

埋葬に際しては、まずヨブ 14：1–2 が読まれる。

人は女から生まれ、人生は短く／苦しみは絶えない。花のように咲き出ては、しおれ／影のように移ろい、永らえることはない。

これはセーラム典礼の死についての朝祷より引用したものである。

この聖書の言葉に続いて、セーラム典礼のレントの第 3 から第 5 主日に

を参照。

22　Marion J. Hatchett, Commentary on the American Prayer Book, New York, 1995, 479 を参照。

Ⅲ　プロテスタントにおけるキリスト教葬儀式文の変遷

おける終祷から引用した祈りが読まれる[23]。

> In the myddest of lyfe we be in death, of whom may we seke for succour but
> of thee, O Lorde, whiche for our synnes justly art moved? yet, O Lord God
> moste holy, O Lord moste mighty, O holy and moste merciful Saviour,
> delyver us not into the bitter paines of eternal death. Thou knowest, Lord, the
> secretes of our hartes : shutte not up thy mercifull iyes to our praiers : but
> spare us, Lord most holy, o God moste mighty, o holy and mercifull saviour,
> thou moste worthy judge eternal, suffre us not at our last houre, for any
> paines of death, to fal from the.

この祈祷文はスイスのザンクト・ガレンの修道士 Notker の作であるとい
われており、ギリシャ典礼の Trisagion（三聖唱）[24] を思わせるものである[25]。
その内容は、死への恐れや不安、罪に対する裁きとしての死が語られなが
らも、救い主であり審判者であるイエス・キリストの恵みによってのみ死
からの解放があることが述べられている。

司祭は、墓の中に納められた遺体に土を掛けながら、次の言葉を語る。

> I commende thy soule to God the father almighty, and thy body to the
> grounde, earth to earth, asshes to asshes, dust to dust, in sure and certayne
> hope of resurreccion to eternall lyfe, through our Lord Jesus Christ,

この言葉はセーラム典礼から用いられたものであり、この言葉に続くよう
にして、フィリピ 3 : 21 の言葉が述べられる。

> キリストは、万物を支配下に置くことさえできる力によって、わたし
> たちの卑しい体を、御自分の栄光ある体と同じ形に変えてくださるの
> です。

この 2 つの言葉が合わせられ、肉体は滅び行くものであり、土の塵から
作られた体はその本質から土に返るものであるが、キリストの恵みを受け
てその滅び行く人間が栄光の姿へと変えられて行く確信が述べられている。
中世では悔い改めや禁欲生活、また資力のある者は神の御心に適うことと

23　M. H. Shepherd, Jr., The Oxford American Prayer Book Commentary, 332 を参照。

24　"Holy God, Holy [and] Mighty, Holy [and] Immortal, have mercy on us."

25　M. H. Shepherd, Jr., The Oxford American Prayer Book Commentary, 333 を参照。

105

して教会への寄進によってキリストの救いにあずかることができると信じられた[26]。それに対して、宗教改革によれば人間の業によってではなく、キリストの恵みによってのみ救いにあずかることが強調されている。しかし、この言葉の中で "I commende thy soule to God the father almighty（わたしはあなたの魂を全能の父なる神にゆだねる）" と司祭が死者のために祈ることは、あたかも教会が死者の魂の行き先に影響を与えるかのような表現であり、煉獄思想とそれに関与する教会の姿を残しているものである。

この祈りの言葉に続き、黙示録 14：13 が読まれ、

また、わたしは天からこう告げる声を聞いた。「書き記せ。『今から後、主に結ばれて死ぬ人は幸いである』と。」"霊" も言う。「然り。彼らは労苦を解かれて、安らぎを得る。その行いが報われるからである。」

死者がイエス・キリストに結ばれて安らぎを得ていることが宣言される。

次に、遺族と個人のための祈りがささげられる。その中には聖書の言葉が組み込まれている（下線は聖句、引用箇所を記したものである）。

〈祈祷 1 遺族のために〉

WE commende into thy handes of mercy（moste mercifull father）the soule of this our brother departed, *N*. And his body we commit to the earth, besechyng thyne infinite goodnesse, to geve us grace to lyve in thy feare and love, and to dye in thy favoure: that when the judgmente shall come which thou haste commytted to thy welbeloved sonne（ヨハネ 5：22）, both this our brother, and we, may be found acceptable in thy sight, and receive that blessing, whiche thy welbeloved sonne shall then pronounce to all that love and feare thee, saying: Come ye blessed children of my Father: Receyve the kingdome prepared for you before the beginning of the worlde.（マタイ 25：34）Graunt this, mercifull father, for the honour of Jesu Christe our onely savior, mediator, and advocate. Amen.

〈祈祷 2 故人のために〉

ALMIGHTIE God, we geve thee hertie thankes for this thy servaunte, whom

---

26 ハンス・ヴェルナー・ゲッツ、前掲書、149 頁。

Ⅲ　プロテスタントにおけるキリスト教葬儀式文の変遷

thou haste delyvered from the miseries of this wretched world, from the body of death（ローマ 7：24）and all temptacion. And, as we trust, hast brought his soule whiche he committed into thy holye handes（詩 31：6）, into sure consolacion and reste: Graunte, we beseche thee, that at the daye of judgement his soule and all the soules of thy electe, departed out of this lyfe, may with us and we with them, fully receive thy promisses, and be made perfite altogether（ヘブライ 11：39–40、12：23）thorow the glorious resurreccion of thy sonne Jesus Christ our Lorde.

　第 1 の遺族のための祈祷はセーラム典礼によるものであり、第 2 の故人のための祈祷はブツァーの著作によるものである[27]。

　しかしながらここでも司祭がささげる故人のためのとりなしの祈りは煉獄思想を思わせるものである。その内容ではなく、死者のために祈ること自身が神の一方的な恵みによってのみ救われるという神学を損なうものであると考えられる。

c. 教会における礼拝

　式文の順序としては埋葬のあとに置かれているが、注意書きには、埋葬の前もしくは埋葬後に行うよう指示されており、中世のようにまず教会への葬列が行われ、そこで礼拝が行われた後、埋葬されたことも考えられる。

　礼拝においては、詩 116、146、139、1 コリント 15：20–58 が読まれた後、キリエ交唱、主の祈りが祈られる。

　その後、セーラム典礼から引用された次の祈祷が唱えられた[28]。

O LORDE, with whome dooe lyve the spirites of them that be dead: and in whome the soules of them that bee elected, after they be delivered from the burden of the fleshe, be in joy and felicitie: Graunte unto us thy servaunte, that the sinnes whiche he committed in this world be not imputed unto him, but that he, escaping the gates of hell and paynes of eternall derkenesse: may ever dwel in the region of highte, with Abraham, Isaac, and Jacob, in the place where is no wepyng, sorowe, nor heavinesse: and when that dredeful

---

27　Marion J. Hatchett, 前掲書 480 を参照。
28　同書 480 を参照。

day of the generall resurreccion shall come, make him to ryse also with the just and righteous, and receive this bodie agayn to glory, then made pure and incorruptible, set him on the right hand of thy sonne Jesus Christ, emong thy holy and elect, that then he may heare with them these most swete and coumfortable wordes: Come to me ye blessed of my father, possesse the kingdome whiche hath bene prepared for you from the beginning of the worlde: Graunte thys we beseche thee, o mercifull father: through Jesus Christe our mediatour and redemer. Amen.

　その後、中世に行われていたように聖餐が守られた。ローマ・カトリック教会では、臨終において死を迎えようとしている人に最後に聖餐が与えられたが、BCP（1549）では礼拝の中で葬儀の参列者が聖餐にあずかっている。さらに、聖餐式が埋葬後になされることはローマ・カトリック教会の臨終の聖餐とは全く違った意味を持っている。

　聖餐式では、詩 42 が読まれ、復活のいのちにあずかる希望がテーマとなった祈りが唱えられた。

O MERCIFULL god the father of oure lorde Jesu Christ, who is the resurreccion and the life: In whom whosoever beleveth shall live thoughe he dye: And whosoever liveth, and beleveth in hym, shal not dye eternallye（ヨハネ 11：25–26）: who also hath taughte us（by his holye Apostle Paule）not to bee sory as men without hope for them that slepe in him（1 テサロニケ 4：13）: We mekely beseche thee（o father）to raise us from the death of sin, unto the life of righteousnes, that when we shall departe this hyfe, we maye slepe in him（as our hope is this our brother doeth）（1 テサロニケ 4：14）, and at the general resurreccion in the laste daie, bothe we and this oure brother departed, receivyng agayne oure bodies, and rising againe in thy moste gracious favoure: maye with all thine elect Saynctes, obteine eternall joye. Graunte this, o Lorde god, by the meanes of our advocate Jesus Christ: which with thee and the holy ghoste, liveth and reigneth one God for ever. Amen.

　その後、使徒書から 1 テサロニケ 4：13–18、福音書からヨハネ 6：37–

40 が読まれた。前者はセーラム典礼のレクイエム、後者はセーラム典礼で木曜日の死者のための祈祷に使われているものである[29]。

　BCP（1549）の中には煉獄思想の影響はわずかに残りつつも、故人がキリストによって受け入れられたことへの信頼と復活の確信が強調されている。葬儀の全体的なメッセージは、中世の懺悔と罪の赦しから、生きている人々への慰めへと変わってきている。

　葬儀式文を比較した一覧表（103 頁）でも分かるように、BCP（1549）の葬儀式文はプロテスタント教会の葬儀式文の基礎であり、日本の葬儀式文にまで影響を与えるものである。

(2) The Book of Common Prayer（1552）の葬儀式文

　BCP（1549）が若干ローマ・カトリック教会の影響を残し、煉獄思想における教会の死者への関与を思わせるものがあるのに対して、第二祈祷書といわれる BCP（1552）はそれらを払拭するものである。BCP（1549）がルター派教会の特徴を示すものであったが、BCP（1552）はカルヴァンの思想が優位を占め、古めかしいものが取り除かれ、徹底した非カトリック化が行われた[30]。

　注目すべきことは BCP（1549）の "I commende thy soule to God the father almighty" という司祭によって死者の魂を神にゆだねる言葉が "Forasmuch as it hath pleased Almighty God of his great mercy to take unto himself the soul of our dear brother here departed: we therefore commit his body to the ground" と書き換えられている[31]。煉獄思想を背景に持つ死者のためのとりなしから、神の御心が主題となっている。「恵み深い神が死者の魂を受け入れてくださる」ことが根拠となり、遺体を地にゆだねることが述べられている。

　その他、聖餐式が削除され、そこでなされていた死者のためのとりなしの祈りも同時に削除されている。

29　同書 480 を参照。
30　W. ナーゲル、前掲書、186–187 頁を参照。
31　Marion J. Hatchett, 前掲書 480 を参照。

（3）The Book of Common Prayer 1662/1689 の葬儀式文

　1661 年にサヴォイで開かれた英国国教会内のピューリタンの会議で BCP（1552）の式文の中の"resurrection"という言葉が問題視された。この小文字で書かれた"resurrection"は死者が復活するという事柄に対する確信が述べられているにすぎないという指摘がなされた。それゆえ、BCP（1662）では、"the Resurrection"と書き改められた。冠詞が付けられ、大文字で書かれることによって、一般的な復活ではなく、終末における復活であることが強調された[32]。

　その他、ピューリタンの影響を強く受けて、葬儀式文の全文に非受洗者、脱会者、自死者に対してこの式文を用いることを禁止する言葉が付与された[33]。

　BCP とアメリカのプロテスタント諸派の影響を受けて作られた日本のキリスト教葬儀式文の比較表を見るならば、若干の変化は見られるが、BCP（1662）においてそれ以前の諸要素が用いられ、その後の葬儀式文の構成が確定したことが分かる。また、ルター派の教会も BCP（1552）を取り入れており、プロテスタント教会の葬儀式文の基本的な構造は英国国教会において形成されたことが明白である。

（4）死者のための祈りの復活

　以上、葬儀式文の基本的な構造が BCP において確定したことを見てき

32　BCP（1552）: FORASMUCHE as it hathe pleased almightie God of his great mercy to take unto himselfe the soule of our dere brother here departed: we therefore commit his body to the ground, earth to earth, asshes to asshes, dust to dust, in sure and certayne hope of resurreccion to eternal lyfe, through our Lord Jesus Christ, who shal chaunge our vyle bodye, that it maye bee lyke to his glorious bodye, according to the mightie working wherby he is hable to subdue all things to himselfe.

　　BCP（1662）: FORASMUCH as it hath pleased Almighty God of his great mercy to take unto himself the soul of our dear brother here departed, we therefore commit his body to the ground; earth to earth, ashes to ashes, dust to dust; in sure and certain hope of the Resurrection to eternal life, through our Lord Jesus Christ; who shall change our vile body, that it may be like unto his glorious body, according to the mighty working, whereby he is able to subdue all things to himself.

33　この言葉は、1928 年の祈祷書まで書かれていた。

た。BCP において死者のためのとりなしの言葉や祈りが特に問題視され、排除されてきたが、近年の葬儀式文において死者のための祈りが復活していることを言及しなければならない。

その背後には、リタージカルムーブメントまたエキュメニカル運動の発展によって各教派と交流が深まるとともに礼拝の要素を交換するようになったという事実がある。古い礼拝の伝統への関心の高まりやカトリックの信仰復興運動もあり、プロテスタント教会の中にも死者のための祈りが取り入れられるようになった。

また、第一次世界大戦によって多くの死者を出し、死者は間違いなく天国の至福の中にいることを語ることへのためらいがありつつも、死者に関して何か語りたいという感情によって死者に関する祈りが葬儀の中に取り入れられるようになったといわれている。

また、葬儀の神学的意味が議論され、それによって葬儀式文の言葉が規定されるというよりも、むしろ実際に行われている事柄が取り込まれていく形になる。それだけ、教会と社会との関係が隔たり、教会の神学が社会の思想を導くのではなく、社会や民衆の必要に教会が対応する形で葬儀式文が作られていったのが実情であろう[34]。

3. まとめ

現代のプロテスタント教会の葬儀式文の原型となるものは BCP（1549）の葬儀式文である。その中に織り込まれた要素は、セーラム典礼やブツァーの式文からの引用であるが、宗教改革の精神に則り、葬儀式文全体を整えたのは、BCP（1549）であった。その後、さらに煉獄思想への批判、非カトリック化が突き詰められ、ピューリタンの影響を受けて変化してくるが、葬儀式文の基礎となる構造と聖書や祈りの言葉は、BCP（1549）において見いだすことができる。

BCP（1549）から発展した葬儀式文を各プロテスタント教派が自身の式

34　現代のキリスト教葬儀の傾向については J. F. ホワイト『キリスト教の礼拝』、越川弘英訳、日本基督教団出版局、2000 年、433–439 頁を参照。

文にとりこんでいったことが分かる。そして、葬儀式文はそれぞれの時代の神学的な特徴を反映しつつ、社会状況の中で変化してきた。しかし、その過程で神学的議論が優先されると、死によって愛する者を失った人間の悲しみが二義的なものとして低く見られてしまうのではないだろうか。例えば、自死者や未受洗者には葬儀式文が用いられてはならないという規定は、現代から見るならば非常に冷酷な判断であると言わざるをえない。またそのような規定自身が、キリスト教化された死に対する教会の権威を高め、あたかも教会が死者の死後の運命を握っているかのような錯覚を与えかねない。

　葬儀式文とその背後にある葬儀に関する神学思想の変遷をたどることによって、現代の葬儀に関する神学的な理解を批判的に検証する助けとなる。初期キリスト教会では死に打ち勝ち希望を与える葬儀であったのに対して、中世では懺悔と罪の赦しが葬儀のテーマとなり、非常に手の込んだキリスト教葬儀が発達した。中世の行きすぎた葬儀の発達に対する批判から生まれた宗教改革は、葬儀において復活の希望と共に死者ではなく葬儀に参列する人間の慰めと信仰を問題にするようになった。プロテスタント教会の葬儀は遺族の慰めを語りつつも、簡素化されたことによって、遺族がグリーフワークとして悲しむ場と時としての儀礼を失ってきたのではないだろうか。それを補完する役割として、ホスピスやターミナルケアが必要と見なされている。現代において何を葬儀式文のテーマとし、どのようなキリスト教死者儀礼を再構築するのかということが問われねばならない。

　すべての人は、例外なく死ななければならない。すべての人が死を経験しなければならない。ただ、死者は語ることも書くこともできないので、誰も、死とは何なのか、死後わたしたちはどうなるのかを生きている者に伝えることができない。そのため、死は宗教によって定義されている。言い換えれば、宗教はその死の定義によって特徴付けられるものである。

　キリスト教においては、厳格な審判に関する教えと楽園としての天国に関する教えとの間に「一つの広い解釈の場」[35] がある。死と死ぬことは復

35　Christian Grethlein, 前掲書 274.

Ⅲ　プロテスタントにおけるキリスト教葬儀式文の変遷

活の希望によってその力を失っている。しかし、第2の死としての審判は
復活への道を閉鎖するものである。人間の手の届かない世界において行わ
れる永遠の裁きに対する恐れは、中世には死ぬことへの不安と結びついて
死を定義していた。ルターは、死と死ぬこととを復活の希望によって新し
くとらえなおすことによって、この恐れを無力化した。BCPはこの死の
新しい定義に典礼的な姿を与えたのである。

　このような死の定義の変遷とその定義に基づいて儀礼化された葬儀は、
ただ神学的な影響だけではなく、同様に社会的な影響をも受けるものであ
った。文化の変化、予期せぬ疫病の流行や戦争の勃発が、死の理解を変化
させ、それに応じて儀礼をも変えていった。

　宣教はこの死の理解とその儀礼の変化における一つの大きな挑戦である。
宣教の結果として、欧米社会の中で長年培われ、その社会の中で確固たる
位置を占めていた死の理解と儀礼が全く違った死の理解と儀礼を持った社
会と出会うことになった。キリスト教が、いかにこの全く違う文化や宗教
と対話的に接し、自身の自己理解を失うことなく、宣教を展開できるかは、
キリスト教の葬儀式文のインカルチュレーションの決定的なテーマである。

IV
日本におけるキリスト教葬儀式文の
インカルチュレーション

　日本のプロテスタント教会は、主としてアメリカの教会から礼拝式文を学び、それを日本語に翻訳して用いてきた。各教派・教会において独自な発展はあったものの、宣教教会の影響を強く受けて礼拝が行われていた。1941年にプロテスタント諸教会が合同して日本基督教団が形成され、かつての宣教教会から自立し、1949年には独自の式文集を発行するに至った。ただ、独自の式文といってもこれまでのアメリカの諸教会の影響を色濃く受けたものであり、必ずしも日本独自の式文というわけではない。この式文集は、今日に至るまで、6回にわたって編纂・改訂され、1990年、2006年には試用版ではあるが日本基督教団の新しい式文が刊行されている。

　葬儀式文も、最初はアメリカの教会の式文から引き継ぎ、それを元に発展してきたが、明治以降の様々な葬儀に関する記録を見る限り、教会の実践においては、アメリカの教会の式文に縛られずに葬儀が行われていたことがうかがえる。その際、明治時代から日本基督教団が独自の葬儀式文を編纂するまでに、すでに多くの日本的要素が教会の現場においてキリスト教葬儀の中に入り込み、式文には記されておらず、アメリカの教会の伝統にない様々な諸式が執り行われてきた。この矛盾した状況を解決するために、日本基督教団は新しい葬儀式文を作成しなければならなかった。

　2006年に日本基督教団が試用版として出版した最も新しい式文とアメリカの教会の式文とを比べるならば大きな変化を見いだすことができる。この傾向は何も日本基督教団に留まるものではなく、第二次世界大戦後に日本基督教団から脱退した他のプロテスタント教会の式文においても、日本基督教団の葬儀式文の影響が色濃く見いだされる。

　この章においては、日本基督教団の葬儀式文の成立とその発展のプロセスをたどりつつ、葬儀式文の中にどのようなインカルチュレーションを見

IV　日本におけるキリスト教葬儀式文のインカルチュレーション

表1　日本基督教団における式文の変遷

日本基督教会	日本メソヂスト教会	日本組合基督教会
1880–1888『基督教礼拝式』		
1900『日本基督教會信條及諸式』		
1907『日本基督教會信條及諸式』		
	1908『日本メソヂスト教会礼文』	
1912『日本基督教會信條及諸式』		
	1925『日本メソヂスト教会礼文』	
1929『日本基督教會諸式文』		1929『日本組合基督教会諸式案内』
	1938『日本メソヂスト教会礼文』	
1941　日本基督教団成立		
1949　日本基督教団式文　第1版		
1952　日本基督教団式文　第2版		
1957　日本基督教団式文　第3版		
1959　日本基督教団口語式文		
1970　日本基督教団口語式文　第9版「任職式・就任式」の変更		
1988　日本基督教団口語式文　第20版「結婚式」の変更		
1990　日本基督教団信仰職制委員会編『新しい式文——試案と解説』		
2006　日本基督教団信仰職制委員会編『日本基督教団式文（試用版）』　主日礼拝・結婚式・葬儀諸式		
2009　日本基督教団信仰職制委員会編『日本基督教団式文（試用版Ⅱ）』　洗礼式、按手礼式等		

いだすことができるのかを検証したい。

1. 礼拝のインカルチュレーション

　これから日本基督教団が設立される以前の諸教会の式文について検討するが、その式文は特に典礼的に特徴があるというわけではなく、聖書、讃美歌、祈りの組み合わせにすぎず、特にその内容も礼拝学的に日本的な特

徴が顕著に表れているものではない。大筋においてはアメリカの教会の式文を翻訳したものである。

しかしながら、改訂ごとに新しく選ばれた聖書、新しく書き換えられた祈りの言葉といった小さな変化に注目するならば、単にアメリカの式文を翻訳しただけではなく、そこに式文のインカルチュレーションを見いだすことができる。特に変化の著しい葬儀式文をたどっていくと、欧米の形式やその式文が日本の文化や社会と出会う様を垣間見ることができる。式文そのものはモノローグ的であるが、それが実践される礼拝や教会における諸式・儀礼においては、福音が語られなければならず、しかもそれがその礼拝や諸式に参加する人々に理解され、受け入れられるものでなければならない。そこでおのずと文化との対話が行われる。この対話がうまくいかなければ、特にキリスト教葬儀などは人々から受け入れられず、拒絶されるものとなる。その意味において、実際に行われている礼拝や諸式はダイアローグ的である。まさに礼拝はインカルチュレーションの場であり、そこでキリスト教の信仰がある一つの文化圏において理解されるものとして表現され、そこで儀礼化されていくものである。

カトリックの礼拝学者チュパンコは礼拝のインカルチュレーションのプロセスが翻訳、改編、刷新という3つの段階を経て発展していくことを指摘している[1]。

まず、外国からもたらされた式文はその国の言葉に「翻訳」される。その際、単に文法に忠実に言葉を置き換えていくだけではなく、むしろ見知らぬ文化の中でエンコード（暗号化）された情報や概念を自身の文化の中で理解される言葉や概念を用いて表現することになる。

式文の言葉というものは、それが成立した文化圏から生み出されたものであって、その宗教的伝統やその式文が編纂された時代の影響を受けたものである。それが、他の文化的・社会的状況の中にもたらされたとき、その式文は「改編」されなければならない。その際、式文には、その時代の人々に理解され、受け入れられるものとして新しい表現や要素が取り入れ

1　Anscar J. Chupungco, Inculturation, in Paul Bradshaw (Ed.), The New SCM Dictionary of Liturgy and Worship, London, 2002, 244–251 を参照。

IV　日本におけるキリスト教葬儀式文のインカルチュレーション

られることになる。そうしなければ、その式文は化石化してしまい、もは
や生き生きとした力が感じられなくなってしまう。

　新しい文化圏において、礼拝が祝われ、キリスト教信仰が表現されよう
とするとき、言葉や式文、礼拝構成などが創造的に「刷新」される必要が
ある。伝統的な式文も、それが成立した段階においては、新しく創造的な
ものであり、当時の礼拝に画期的な変化をもたらしたものであった。キリ
スト教信仰や福音を祈りの言葉や礼拝として表現しようとする努力は、福
音が自身をインカルチュレートしようとするダイナミックな力を内包して
いる。宣教が直面する文化との対話や福音と文化との出会いと相互に影響
し合うことがないところでは、新しい式文や礼拝は生まれてこない。

　この、翻訳・改編・刷新という3段階のプロセスを日本における葬儀式
文のインカルチュレーションとしてたどっていきたいと思っている。その
プロセスにおいて、どのような変化が見られるのか、またそこにはどのよ
うな宣教論的な課題が含まれており、またさらにどのようなインカルチュ
レーションの展開が期待されるのかに注目していきたい。

2. 日本基督教会の葬儀式文の成立とその背景

　日本基督教会の礼拝式文である『日本基督教會信條及諸式』は1907（明
治40）年に発行され、1912（明治45）年に改訂されている。この式文集に
含まれている「葬式模範」[2]と題する葬儀式文は、1900（明治33）年の日本
基督教会第14回大会において採択されたものである。1929（昭和4）年に
は、『日本基督教會諸式文』[3]が発行され、葬儀式文もさらに改訂され、「第
十八節　葬儀」「第十九節　埋葬式」[4]と二つの式に明確に分けられている。

　日本メソジスト教会の『礼文』は1908年に編纂されたので、1900年の

2　以下、大会で採択されたものを「葬式模範」（1900）、1907年、1912年に改訂され
　　たものを「葬式模範」（1907）、「葬式模範」（1912）と記す。
3　日本基督教会編『日本基督教会諸式文』、日本基督教会伝道局事務所、1929年。
4　以下、「葬儀」（1929）、「埋葬式」（1929）と記す。

「葬式模範」がプロテスタントにおいて最も古い日本語の葬儀式文である
といえる。ただし、それ以前に『基督教礼拝式』[5]という式文集が存在し、
その中に「埋葬式」と題された式文がある。この葬儀式文が当時の英語の
式文のように「埋葬式」と題されていること、さらに2番目の祈祷が英国
国教会の BCP に記載されているものの訳であることから、すべて日本に
おいて創作されたものではなく、英語式文の翻訳の段階であるといえる。
この式文は、1900年の「葬式模範」よりも古いものであるが、これは日
本基督教会もしくは日本一致教会において正式に認定された式文ではなく、
また実際に教会の中で使われなかったことから、本論文においては主たる
研究の対象とはしない。しかし、この式文集が、日本の教会がアメリカの
教会から礼拝を学んだ後、独自の式文を作る橋渡し的な役割を果たし、さ
らに日本基督教会の式文編纂に影響を与えたと考えられる[6]。それゆえ、
「葬式模範」と比較することによって、「葬式模範」の特色をより明確に示
すことができる。

　したがって、本論文においては、『日本基督教會信條及諸式』（1907、
1912）ならびに『日本基督教会諸式文』（1929）の葬儀式文を、関連する
式文との比較を通して、その特徴を明らかにし、インカルチュレーション
の視点から分析を試みたい。

(1)『基督教礼拝式』における「埋葬式」[7]

　『基督教礼拝式』は、著者名も出版年、また出版の母体となった教会名
も記されていない。1882年にオランダ改革派宣教師のエドワード・アル・
ミロルによって編纂されたものであるという説もあるが確かではない[8]。本

5　日本基督教会歴史編纂委員会編『基督教礼拝式』（日本基督教会歴史資料集5）、
　　1978年。
6　同書、276–277頁を参照。
7　同書、256–273頁。
8　同書、275頁を参照。『基督教礼拝式』の解説を書いている五十嵐喜和は、この式
　　文の訳者であるといわれる篠崎桂之介がすでに1879年に死去し、編者であると推
　　定されるエドワード・アル・ミロルも1881年まで日本を離れていることからこの
　　説を否定している。また、由木康は1885年にエドワード・アル・ミロルによって

表2 英国聖公会の葬儀式文と日本基督教会（日本基督教団創立以前）の葬儀式文の比較

The Anglican Church of England The Book of Common Prayer 1789/1892	基督教礼拝式 1880–1888	日本基督教會 信條及諸式 1900,1907,1912	日本基督教会 諸式文 1929
Burial	埋葬式	葬式模範	葬儀
		甲 会堂もしくは喪家に於ける式	
先導 ヨハネ 11：25–26 ヨブ 19：25–27 1 テモテ 6：7+ ヨブ 1：21 聖書朗読 詩編 39 詩編 90 1 コリント 15：20–58 讃美歌 (信仰告白) (祈祷)	先導 ヨハネ 11：25–26 ローマ 14：7–9 1 テモテ 6：7 ヨブ 1：21 聖書朗読 詩編 90 1 コリント 15：35–58 祈祷 1 主の祈り 告示 祈祷 2 祈祷 3 祈祷 4	先導 ヨハネ 11：25–26 1 テモテ 6：7 ヨブ 19：25–26 ヨブ 1：21 讃美歌 聖書朗読 詩編 39 詩編 90 詩編 103 ヨハネ 14 1 コリント 15 2 コリント 5 ヘブライ 4 祈祷 祈祷1号 讃美歌 履歴 説教もしくは吊詞 祈祷 祈祷2号 讃美歌（愛唱） 祝祷	奏楽 頌栄又は讃美歌 聖書 詩編 90：1–12 ヨブ 1：21 1 コリント 15：35–58 ヨハネ 14 2 コリント 5：1–10 黙示録 21：1–5 祈祷 讃美歌 葬儀の辞（並びに履歴） 讃美歌 祈祷 頌栄並に祝祷 奏楽
ヨブ 14：1–2 式辞 ヨハネ黙示録 14：13 リタニー 主の祈り 祈祷 1 祈祷 2 祝祷 祈祷集 1,2,3		出棺	(出棺)
		葬列	
	埋葬地において	乙 墓地に於ける式	埋葬式
	式辞 ヨブ 19：25–27 1 テサロニケ 4：13–14	讃美歌 聖書口誦もしくは朗読 1 テサロニケ 4：13–17 1 テサロニケ 5：1–11 ヘブライ 12：18–29 2 ペトロ 3：10–14 1 ヨハネ 3：1–3 黙示録 7：9–17 柩を下ろす	聖書 ヨブ 1：21 ヨブ 19：25–27 ヨハネ 11：25–26 ルカ 24：5–6 ローマ 14：7–9
	祈祷 5 祈祷 6 祝祷	祈祷（祈祷第3号） （火葬の場合、ここで祝祷をもって式を終わる） 柩を埋む 讃美歌 祝祷 遺族挨拶	祈祷 讃美歌（柩を埋める） 頌栄並に祝祷

文中に 1888 年には発行されていたと思われる日本一致教会の『教会政治』
への言及があること[9]、聖書の引用が新約聖書に関しては 1880 年に出版さ
れた『引照新約全書』からのものであること、しかしながら旧約聖書から
の引用は 1888 年に出版された『引照旧約聖書』と異なっていることから、
1880 年以降 1888 年までの期間に出版されたものであると推定される[10]。

　前述のように、『基督教礼拝式』の「埋葬式」は、表 2（119 頁）から分
かるように、欧米諸教会の葬儀式文の基礎となっていた BCP とほぼ変わ
らないが、リタージカルな要素を省き、簡素化したものである。この式文
が実際の葬儀で使われたという確証はないが、明治初期のキリスト教葬儀
が埋葬式を中心としたものであったことを考えるならば、十分に実用に耐
えるものであったと言える。

　この式文の特徴は、6 つの祈祷例が掲載されていることである。そのう
ち「祈祷 2」は BCP（1892）に掲載されている埋葬式における祈祷文の翻
訳である。他の 5 つの祈祷文の出典は明らかではない。BCP（1892）には
部分的に共通する表現を見いだすことはできるが、まったく同一視できる
ものは存在しない。その中で特徴的な祈りとして、「御僕なる此の喪家の
存亡を眷顧給へ」[11]という表現を伴った遺族の慰め（祈祷 1）、教会に属する
ことへの感謝と勧め（祈祷 3、4）が挙げられる[12]。この式文は、外見上はイ
ンカルチュレーションの初期の段階である「翻訳」に当たるものであるが、
その内容においてはこれ以降の葬儀式文に見られる「遺族の慰め」「死を
通しての信仰教育」というモチーフをすでに見いだすことができる。

　　編纂されたと述べているが、その根拠が示されていない（由木康『礼拝学概論』、
　　新教出版社、1961 年、210 頁を参照）。
9　『基督教礼拝式』、190 頁を参照。
10　同書、276 頁を参照。
11　同書、265 頁。
12　祈祷文の中に「我祖先に列せられんためなり」（同書、269 頁）という言葉がある。
　　この「我祖先」が何を指すのかが問題である。これがすでに亡くなったキリスト信
　　者を指すのか、日本的な意味で自分の家族の先祖を指しているのかは明らかではな
　　い。いずれにせよ、教会員となり、信仰を保つことによって、死後天国の交わりに
　　自分も加えられるという希望と教会に連なり続けることへの勧めが語られている。
　　また、それが信仰生活の目標であるように語られている。

(2) 日本基督教会第 14 回大会「葬式模範」

　「葬式模範」が作成される経緯は明らかではないが、1899（明治 32）年
第 13 回大会において、婚礼葬式儀式起草委員（稲垣信、石原保太郎、星野
光多）によって「結婚式模範」と共にその草案が提出された。この時には、
大会以前に作られていた草案と今大会のために訂正された草案の 2 つが提
出された。まず、葬式結婚式文調査委員会（委員長：瀬川淺）がこの 2 つ
の草案を審査し、改訂された式文に若干の修正を加えて大会に推薦した[13]。
しかしながら、植村正久の動議により、第 13 回大会においては両式文を
未定稿として、1 年後の第 14 回大会において採択することが決議された[14]。
そして、1900（明治 33）年第 14 回大会においてさらに修正[15] が加えられた
後、正式な式文として採択された。

　「葬式模範」は特に典礼的に画期的な式文であるというわけではなく、
聖書と祈祷と説教を合わせたものである。しかしながら、「葬式模範」の
3 つの祈祷文はおそらく日本人によって作られたものであり、この式文以
降の日本のキリスト教葬儀に受け継がれ、日本の葬儀式文を方向づける重
要な祈祷文である[16]。

13　山本秀煌編『日本基督教会第 13 回大会記録』1900 年、59–60 頁を参照。

14　同書、60 頁を参照。

15　草案の「棺、喪家を出でて会堂に着せし時、司式者並に会吏、出でて之を迎へ」と
　　いう文の「会吏」を「役員」と修正し、埋葬式の最後の「右終りて親戚中より会葬
　　者に向ひ、会葬を謝する旨の挨拶ありて散会」という一文を削除することが決議さ
　　れた。『福音新報』279 号、1900 年 10 月 31 日発行、10 頁を参照。ただし、実際に
　　はその後正式に発行された『日本基督教會信條及諸式』（1907）において、最後の
　　一文は削除されないままである。

16　1925 年に発行された『日本メソヂスト教会礼文』には「葬式模範」の祈祷第 1 号・
　　2 号が若干の訂正が加えられて取り入れられている。さらに、1949 年に発行された
　　『日本基督教団式文』「第 22 節 葬式」の祈祷文は「葬式模範」の祈祷文に比べると
　　簡素化されているが、その影響が見られる。現行の『日本キリスト教会 式文（2000
　　年改訂）』（日本キリスト教会大会信仰と制度に関する委員会編、日本キリスト教会
　　大会事務所、2000 年）も「葬式模範」から葬儀式文の構成や祈祷文の基本的内容
　　を受け継いでいる。

（3）日本基督教会の葬儀式文の変遷

　日本基督教会の葬儀式文の中には、リタージカルに特徴的な変化を見い
だすことはできない。ピューリタン的な影響を受けて、実際には簡素化さ
れた葬儀式文となっているが、小さいながらも以下の点に変化を見いだす
ことができる。

　第1に、「先導」のときに読まれる聖書箇所、第2に葬儀の中で読まれ
るよう推奨されている聖書箇所、第3におそらく日本人によって作られた
と思われる2つの祈祷文である。そこに現れた小さな変化を分析すること
を通して、葬儀式文のインカルチュレーションの第2段階である「改訂」
に現れた特徴を明らかにする。

a. 先導

　表2（119頁）の英国国教会の式文と日本基督教会の式文との比較でも分
かるように、先導とその聖句は英国国教会のBCPに遡るものであり、プ
ロテスタント各教派の葬儀式文において取り入れられている。前章で述べ
たように、BCPの先導において唱えられる聖句は3つの独立したものでは
なく、この3つが交唱されることによって葬儀の基調が明らかにされる[17]。

　再度確認するならば、ヨハネ11：25-26は、新約聖書における復活と永
遠のいのちの教えを要約するものであり、イエスの復活の力を強調し、そ
れを信じる者が復活のいのちにあずかることが表明される。そしてこの言
葉を聞く者に、それを信じるのかどうかの決断を迫るものである。その応
答として、ヨブ19：25-27が唱えられ、「わたしは知っている／わたしを
贖う方は生きておられ／ついには塵の上に立たれるであろう」（ヨブ19：
25）と復活の主に対する信仰が言い表される。そして最後に、1テモテ6：
7とヨブ1：21の聖句が合わされて、人間のこの世界での生命のはかなさ
とその地上でのいのちの主が神であることの信仰が「わたしたち」（1テモ
テ6：7）の言葉として語られる。

　このキリスト教葬儀の基調となる聖句の組み合わせは『基督教礼拝式』
の「埋葬式」ではかろうじて保たれているが、ところが日本基督教会の

17　M. H. Shepherd, Jr., The Oxford American Prayer Book Commentary, 324 を参照。

IV　日本におけるキリスト教葬儀式文のインカルチュレーション

「葬式模範」においては、損なわれている。1 テモテとヨブの言葉も切り離され、新約聖書と旧約聖書の言葉として並び替えられている。「葬儀」(1929) では、ヨブ 1：21 だけが聖書朗読の箇所に残され、「埋葬式」(1929) における聖書朗読の中にヨブ 1：21、ヨブ 19：25–27、ヨハネ 11：25–26 が組み込まれている。

　おそらく、上記のような英国国教会でなされていた「先導」のあり方が正確に伝えられなかったこと、さらにピューリタン的な影響を受けリタージカルなものが排除されたのと同時に、非キリスト者が多く参列する日本の葬儀には受け入れられなかったことによって、「先導」における聖句の組み合わせが崩されていったのであろう。また、葬式のあり方として、遺族の家と教会との距離や地域共同体の変化に伴って、葬列自体がなくなってきたのではないだろうか。「葬式模範」の前文においても、先導を伴う柩の入堂を想定しているが、それとともに喪家や教会にすでに遺体が安置されている状況が考えられている[18]。おそらく、柩が入堂しそれを牧師が先導することが次第になくなり、むしろ礼拝前に柩が礼拝堂正面に安置された状態が日本のキリスト教葬儀において一般的になってきたのではないだろうか[19]。しかし、このような外面的な変化だけではなく、3 つの聖書が互いに呼応しあって伝えていた葬儀全体のモチーフ「復活の主に対する信仰」が弱められ、他のモチーフが前面に出てきたことが、以下の聖書箇所の選定に表れている。

b. 聖書

　聖書の箇所がどのような基準で選ばれたのかは定かではない。しかし、

18　「但し、柩、前以て堂内に遷され居るか、或は、葬式喪家に於て執行せらるる時は、司式者講壇（喪家なれば柩の傍）に立ち、聖句を朗読若しくは口唱して、式を始む」。

19　「葬儀」(1929) においてはこの先導が省略されており、その中で唱えられていた聖句も聖書朗読の中に組み込まれている。『日本組合基督教會諸式案内』「七　葬式執行順序」の但し書きにおいても、「柩は初めの奏楽中又は其前に会堂に運び講壇の前に安置する」と記されている。筆者の経験としては、20 年ほど前に数回柩の入堂の先導を経験したことがある。その際、「わたしは復活であり、命である。わたしを信じる者は、死んでも生きる。生きていてわたしを信じる者はだれも、決して死ぬことはない。このことを信じるか」（ヨハネ 11：25–26）という言葉を唱えつつ、柩の入堂を先導した。

123

天国での再会——日本におけるキリスト教葬儀式文のインカルチュレーション

「葬式模範」(1907、1912) と「葬儀」(1929) ならびに「埋葬式」(1929) を見ると、葬儀や埋葬式で読まれるよう指定されている聖書は一つの傾向を持ち始めていることが分かる。「葬式模範」は英国国教会の式文から、詩39、詩90、1コリント15を受け継いでいる。詩39も詩90も苦難の日々の中で神への信頼とそれに基づいた希望を語っている。人間に与えられた時間は「僅か、手の幅ほどのもの」(詩39：6) であり、「夜の一時」や朝には花を咲かせるが夕にはしおれる「草」のごとく (詩90：4-6)、限界があり、はかないものである。70年もしくは80年の生涯は労苦と災いに満ち、その時が瞬時のごとく過ぎていくことを訴えている。しかし、ここで人間のいのちのはかなさを単に叙情的に述べているのではなく、その原因や死そのものは人間の罪に起因するものであることが強調されている (詩39：12、90：7-8)。しかしながら、その罪の力がすべてではなく、その罪の力に勝る神の力と慈しみに信頼を置くことが歌われている。死が罪の結果であることは、「死のとげは罪であり」(1コリント15：56) とあるように1コリント15にも明確に述べられている。さらに1コリント15では、イエスの復活が死の力への決定的な勝利であり、その復活にあずかることの希望が語られている[20]。もちろんこれらの聖書がすべて葬儀の中で読まれるわけではないが、これらの聖書は聴衆に、「罪の結果としての人間のいのちのはかなさ」と「その罪や死に勝る神の力とイエスの復活のいのちへの信頼」というメッセージを伝えている。

　一方、日本基督教会で新たに葬儀のために選定された聖書には、人間の生のはかなさと罪の問題とは違ったモチーフがある。終わりの日と死、神の支配として描かれている天国と死後の世界とが同一視され、黙示録7：9-17や詩103、1テサロニケ4：13-17では死後の世界における、罪のゆるし、平安、栄光が強調されている。また、「わたしたちの地上の住みかである幕屋が滅びても、神によって建物が備えられていることを、わたしたちは知っています。人の手で造られたものではない天にある永遠の住みかです」(2コリント5：1)、「わたしの父の家には住む所がたくさんある。

20　英国国教会の葬儀式文の聖書の分析に関しては、M. H. Shepherd, Jr., The Oxford American Prayer Book Commentary, 324-332 を参照。

もしなければ、あなたがたのために場所を用意しに行くと言ったであろう
か」（ヨハネ 14：2）は天国が神の力の支配というよりも、キリスト者が死
後の平安を得ることのできる場所としての空間的なイメージを強めている。
さらに、「なぜなら、わたしたちは皆、キリストの裁きの座の前に立ち、
善であれ悪であれ、めいめい体を住みかとしていたときに行ったことに応
じて、報いを受けねばならないからです」（2 コリント 5：10）、「神の言葉
は生きており、力を発揮し、どんな両刃の剣よりも鋭く、精神と霊、関節
と骨髄とを切り離すほどに刺し通して、心の思いや考えを見分けることが
できるからです」（ヘブライ 4：12）などの言葉は、その天国に入るために
は神の裁きを受けなければならないことを語っている。黙示録 21：1–22：
5 やヘブライ 12：18–29 は「聖なる都、新しいエルサレム」「天のエルサ
レム」の具体的なイメージと不信仰なものへの終末における裁きを語って
いるが、これが葬儀で語られることにより、死後の世界としての天国とそ
こへ入るための裁きのイメージを与えるものとなっている。聴衆に対して
は突然襲ってくる死を覚えて、「このように、すべてのものは滅び去るの
ですから、あなたがたは聖なる信心深い生活を送らなければなりません」
（2 ペトロ 3：11）、「ほかの人々のように眠っていないで、目を覚まし、身
を慎んでいましょう」（1 テサロニケ 5：6）などの信仰の成長を促す教訓的
な言葉が選ばれている。

　「死後の世界としての天国」、「天国での平安の約束」、死を意識すること
を信仰の成長の機会としてとらえ、その「約束にあずかるための教訓的促
し」というモチーフは後述する祈祷文の変化にも見いだすことができる。
ここで選ばれた聖書が、日本キリスト教会の葬儀式文にも、また日本基督
教団の葬儀式文にも引き継がれ、日本のキリスト教葬儀における死の理解、
葬儀において語られるメッセージに大きな影響を与えている[21]。

---

21 『日本キリスト教会 式文（2000 年改訂）』の葬儀式文に「葬式模範」「葬儀」（1929）
　に選ばれた聖書のうちから、ヨハネ 14、11：25–26、2 コリント 5、1 テサロニケ 4：
　13–17、ローマ 14：7–9、黙示録 21：1–4 が引き継がれ、『日本基督教団 口語式文』
　（日本基督教団信仰職制委員会編、日本基督教団出版局、1959 年）でも、ほぼ同様
　の聖書が用いられている。

c. 祈祷文

　改訂において、3つの事柄が顕著に変化している。第1に、「葬式模範」（1900/1907）では神に対して、「爾^{なんじ}」と呼びかけているのに対して、「葬式模範」（1912）においてはそれが「神」「主」という言葉に置き換えられていることである。第2に、復活に関する言及が削除されて、その代わりに遺族に対する慰めの言葉が加えられていることである。

d.「爾」――神・天国との同化

　第13回大会に提出された「葬式模範」の祈祷第1号・第3号の中で注目すべきことは、神に対して「爾」という言葉が使われている点である。しかしながら、後述するように、第14回大会において特にこの「爾」という言葉の修正が提案された。どういうわけか「葬式模範」（1907）ではその決議は反映されていないが、表3のように「葬式模範」（1912）ではいくつかの箇所で「爾」が「神」に改められている[22]。

　英語でもドイツ語でも、祈りの中における神への呼びかけは、二人称の親称が使われている。英語では thou, thy は目上から目下の者へ、社会的地位が等しいか親しい者同士、家族同士で、あるいは神への呼びかけとして用いられた。ドイツ語には、現代も Sie と du の違いとして残されており、thou と同様に du が親しい者また神に対する呼びかけとして使われている。

　当然その thou が使われている英語の式文が日本にもたらされて、それを日本語に訳することから日本の式文が作られていった。その際に thou の訳語として当てられたのが、自分と同等もしくは目下の者に対して使われていた「爾」であった。

22　「葬式・埋葬式」（1929）では再び「汝」という言葉が使われているが、文脈上「神」「主」という三人称で語るよりも「汝」という二人称で語る方がふさわしいものであると思われる。祈祷文全体では神との関係を上下関係でとらえ、尊敬語で語りかけている。また本論文では取り上げていないが「葬式模範」の幼児のための祈りでも同様の言い換えが行われている。

IV　日本におけるキリスト教葬儀式文のインカルチュレーション

表3「葬式模範」（1900/1907、1912）
「葬儀・埋葬式」（1929）における祈祷文の変化 [23]

	葬式模範　1900/1907	葬式模範　1912	葬儀　1929
祈祷第1号	永遠より永遠に至るまで変る事なき全能の父よ。 我等今此所に集ひ、爾の測り知るべからざる聖旨により、頃日我等の中より取り去られし兄弟（若くは姉妹）のため、その遺骸を葬るの式を営まんとす。神よ、我等は先づこの兄弟（姉妹）が世に在りし間、爾、その全能の力を以て之を守り、その慈愛の御手を以て之を導き、加之、生命の光を彼が上に照らし、キリストの救を受けて、永遠の嗣業を享くべき者とならしめ、又その世を去らんとする時聖霊の不思議なる御働きを以て、彼を慰め、死の蔭の谷をさへ懼れなく通らせしめ玉ひ、今終にその到るべき所に到りて、爾に事ふる事を得しめ玉ふを感謝す。 　願くは、我等の救主なる憫み深き神よ、今我等、彼が為め此所に営む葬儀をして凡て聖旨に協はしめ、之によりて彼が遺族のもの大なる慰を得るのみならず、此所に在る我等一同をして、この厳かなる事実により、最も貴重なる教訓を学び、その罪を悔ゆる心と、主を	永遠より、永遠に至るまで、変る事なき全能の父よ。 我等今此所に集ひ、神の測り知るべからざる聖旨により、頃日我等の中より取り去られし兄弟（若くは姉妹）のため、その遺骸を葬るの式を営まんとす。神よ、我等は先づ、この兄弟（姉妹）が世に在りし間、爾、その全能の力を以て之を守り、その慈愛の御手を以て之を導き、加之、生命の光を彼が上に照らし、基督の救を受けて、永遠の嗣業を享くべき者とならしめ、又その世を去らんとする時、聖霊の奇しき啓示により、之を慰め死の蔭の谷をさへ、懼れなく通過せしめ玉ひ、今終にその到るべき所に到りて、神に事へしめ玉ふを感謝す。 　願くは、我等の救主なる憫み深き神よ、今我等、彼が為め、此所に営む葬儀を凡て聖旨に合はしめ、之によりてその遺族のもの、大なる慰めを得るのみならず、此所に在る我等一同をして、この厳かなる事実により、最も貴重なる教訓を学び、その罪を悔ゆる事と、主を	永遠に変ることなき全能の神よ。 我ら今此処に集ひ汝の摂理によりて世を去りし兄弟（姉妹或は幼児）の葬儀を行はんとす。 願わくは我らが執り行ふ凡てを聖旨に適はしめ、汝の賜ふ平安と慰藉とを受くることを得しめ給へ。

23　下線部は「葬式模範」（1900/1907、1912）において特徴的な変更があった部分を表している。

127

	信ずる念をいよいよ深からしめ、又主イエスの慈を感じ、永生を望む心をますます厚からしめ玉へ、 鳴呼神よ願くは今我等が聖前に在りて、執り行う処、悉く主イエス・キリストの慈によりて、聖旨に協はしめ玉へ、アーメン	信ずる事とを愈々深からしめ、又た主耶蘇の慈に感じ、永生を望む心をますます熱からしめ玉へ。 鳴呼神よ、願くは、今我等が聖前に在て、執り行う処、悉く主耶蘇基督の名によりて、聖旨に協はしめ玉へ。アーメン	主イエス・キリストの御名によりて願ひ奉る。 アーメン
祈祷第2号	義く且つ憫み深き天の父よ、我等今此兄弟（若くは姉妹）の死により、最も貴き様々の教訓を与へられしを感謝。殊に此に遺骸を留めたる兄弟（姉妹）が我等と共に世に在りし間、始終御慈みと御助とを与へて、凡てその親戚朋友の間に在りて、人生に属する多くの慰めを得しめ玉ふのみならず、主イエスの福音に与りて、永生の望を懐き、世をば安らかに去らしめ玉ひし事を感謝。 鳴呼主よ、我等は彼が世に在りし間、御名によりて、人々が彼になしたりし善事と、彼が御名によりて、人々になしたりし凡ての善事の故を以て、今恭しく爾を讃美し奉る。願くは彼が播きつけたる善き種を祝し玉ひて、多くの果を結ばしめ、又彼が遺し置きたりし正しき事業をして、爾の摂理によりて其功を遂げしめ玉へ。 慈悲深き神よ、今彼が世を去りしにより、慰むる者助	義く且つ憫み深き天の父よ、我等、今此兄弟（若くは姉妹）の死により、最も貴き様々の教訓を与へられしを感謝す。殊に、此に遺骸を留めたる兄弟（姉妹）が、我等と共に世に在りし間、始終御慈みと御助とを与へて、凡てその親戚朋友の間に在りて、人生に属する多くの慰めを得しめ玉ふのみならず、主耶蘇の福音に与りて、永生の望を懐き、世をば安らかに去らしめ玉ひし事を感謝す。 鳴呼主よ、我等は此友が世に在りし間、御名によりて、人々が此友になしたりし善事と、此友が御名によりて、人々になしたりし凡ての善事の故を以て、今恭しく感謝し奉る。願くは、彼が蒔ける道の種を祝し玉ひて、多くの果を結ばしめ、又彼が遺し置きたりし正しき事業をして、愛の摂理によりて其功を遂げしめ玉へ。 慈悲深き神よ、今此友が世を去りしにより、慰むる者助くる者を失ひし遺族を失	全能の父、恩恵の主よ。汝は主イエスによりて復活と永遠の生命とを約束し給へり。我らの兄弟（姉妹或は幼児）が今主によりて罪の死の体を離れて義の生命を得、この暫くの世を去りて永遠の御国に遷りしを感謝し奉る。

IV　日本におけるキリスト教葬儀式文のインカルチュレーション

くる者を失ひしいと憫むべきその遺族が失望の余り爾の慈を疑ふこと勿らしめ玉へ。今彼等は彼を失ふによりて悲みあり、且つ此世の旅路は幾何の艱難をますも、彼の去りにし者の後影を望むにより引き起さるる天の望みと永生の喜は、砂漠の中にある清泉の如く、暗黒の中にある燈火の如く、彼等の世渡りを慰め、又励まさせ玉へ。 鳴呼、救い主なる神、昔者、ラザロの墓側に泣きナインの嫠婦を憫み玉へる主よ。願はくは、この堪へ難き試みの中にありて、彼等が心を照し玉へ。又之を導き諭し玉ひて、その失望の涙を慈愛に感ずる涙とならしめ玉へ。願くは聖霊言ひ難きなげきを以て、我等のために祈り、我等此所に集まれる凡てのものをして一層深く自らの終りを考へ、主の日のために備へしめ玉へ。 願くは、主イエスの名により此の祈祷を聴き玉はんことを、アーメン	望に至らしめ給ふ勿れ。今彼等は此人を失うによりて悲みあり、且つ此世の旅路は幾何の艱難をますも、去りにし者の後影を望むにより引き起さるる天の栄と、永生の望は、砂漠の中にある清泉の如く、暗黒の中にある燈火の如く、彼等の世渡りを慰め、又励まさせ給へ。 鳴呼救主なる神、昔者、ラザロの墓側に泣き、ナインの嫠婦を憫み玉へる主よ。願くは、この堪へ難き試みの中にありてその遺族一同の心を照し玉へ。又之を導き諭し玉ひてその失望の涙を慈愛に感ずる涙と変らしめ玉へ。願わくは聖霊言ひ難きなげきを以て、我等のために祈り、我等此所に集まれる凡てのものをして、一層深く、自らの終りを考へ、主の日のために備へしめ給へ。 願くは、主耶蘇の名により、此の祈祷を聴き玉はんことを。アーメン	鳴呼、救主なる神、昔ラザロの墓の傍に泣き、ナインの娘を憫み給ひし主よ、願くは、この堪へ難き試練の中にある遺族一同の心を照らし給へ。又彼等を導き諭してその失望の涙を弥々愛を感ずる涙と変らしめ給へ。願くは、聖霊言ひ難き嘆を以て我らのために祈り、此処に集まれる凡ての者をして更に深く自らの終を考へ、主の日のために備ふる所あらしめ給へ。願はくは遺族及我ら一同をして益々汝に信頼し、感謝し、聖名を讃美して聖霊の賜ふ恩藉に与からしめ給へ。 主イエス・キリストの御名によりて願ひ奉る。アーメン
墓地に於ける式		埋葬式　1929
アブラハムの神イサクの神ヤコブの神、活ける者と死せるものとを審判し玉ふ活ける全能の神よ、 我等今、爾の聖き僕にして、我等と共に御子イエスの血により、罪と亡の中より救	アブラハムの神、イサクの神、ヤコブの神、活ける者と死せるものとを審判し玉ふ活ける全能の神よ。 我等今、我等と共に御子耶蘇の血により、罪と亡の中より救はれ、御国に遷され	全能の神、恩恵と憐憫とに富み給ふ主よ。 汝は主イエス・キリストの甦り給ひし時「何ぞ死にし者どもの中に生ける者を尋

天国での再会——日本におけるキリスト教葬儀式文のインカルチュレーション

祈祷第3号

（右列）

ぬるか」と御使によりて告げ給へり。今我らは此兄弟（姉妹或は幼児）の遺骸を葬るに当りて、彼が主の御国に甦るべきを信じ、愛しみ深き御手に委ね奉る。願くは我らをして主により永遠の御国に相見る日を望ましめ給へ。

主イエス・キリストの御名によりて願ひ奉る。アーメン

（中列）

し、我等の愛する兄弟（姉妹）の遺骸を此所に葬らんとす。土より出でしものの、土に飯ることは神の定め玉ふ所なり。

嗚呼神よ、我等の友は、既にその信仰の戦をたたかひその馳るべき途程を盡し、今やその労作を息めて主の喜に入れり。斯くてその霊は天に在りて、諸々の聖徒と共に聖名を頌賛し奉るのみならず、我等地上に遺れる者のため、又その親戚朋友のため、神の慈愛と佑助とを祈り求めんとす。

嗚呼神よ、希くは、我等茲に立つ者をして、各々その終りの日の近きを悟らしめ玉へ。又我等が愛し親めるものの、天に遷さるるを視る毎に、我等の眼を明かにし、永遠の御国を慕う心をいよいよ盛ならしめ、天に在る者に心を繋ぐこと一層強からしめ玉へ。

嗚呼愛み豊かなる神よ、爾その聖論を以て、我等を導き後又我等を受て栄の中に入れ玉ふ。我等は爾に依る旅人、すべて我が列祖の如く、宿れるものなり。願わくは、我等がここを去りてうせざる先、爾の面をそむけて、我等を爽快ならしめ玉へ。

願わくは、主耶蘇基督の御名によりて、此祈祷を聴き玉へ。アーメン

はれ、御国に遷されし、我等の愛する兄弟（姉妹）の遺骸を此所に葬らんとす。土より出でしものの、土に飯ることは、爾の定め玉ふ所なり。

嗚呼神よ、我等の友は、既にその信仰の戦をたたかひその馳るべき途程を盡し、今やその労作を息めて爾の喜に入れり。斯くて彼が霊は天に在りて、諸々の聖徒と共に聖名を頌賛し奉るのみならず、キリストの慈の証印を受けたる彼が肉体は其復活の望を懐きと安らかに此所に眠らんとす。

嗚呼神よ希くは我等茲に立つものをして、各々その終りの日の近きを悟らしめ玉へ。又我等が愛し親めるものの、天に遷さるるを視る毎に、我等の眼を明らかにし永遠の御国を慕う心をいよいよ盛ならしめ、天に在る者に心を繋ぐこと一層強からしめ玉へ。

嗚呼愛み豊かなる神よ、爾その聖論を以て我を導き後又我を受けて栄の中に入れ玉ふ。我等は爾に依る旅人すべて我が列祖の如く、宿れるものなり。願くは我等がここを去りてうせざる先爾の面をそむけて、我等を爽快ならしめ玉へ。

願くは、主イエスキリストの御名によりて此祈祷を聴き玉へ、アーメン

IV 日本におけるキリスト教葬儀式文のインカルチュレーション

　聖書の翻訳委員会は欽定訳聖書を参考にしつつ、その典拠となったギリシャ語原文を底本としていたようであるが、その訳語に大きな影響を与えたのが1885（明治18）年に日本で発行された米国聖書協会訳・漢訳『新約全書』であった[24]。「主の祈り」（マタイ6:9-15）を参考にしつつ、thou, thy の訳語を見るならば、漢訳『新約全書』では「願ッハ爾ノ名聖」とされており、thy name が「爾ノ名」と訳されていることが分かる。日本の翻訳委員会は、漢訳『新約全書』の影響を受けて、「願わくは爾名をあがめさせたまえ」と表記しているが、「爾名」に「みな」と読み仮名を振り、神に対して「爾」という言葉を使うことをさけている[25]。

　ところが、第13回大会に提出された「葬式模範」（1900）の祈祷第1号・第3号の中では、神に対して「爾」と呼びかける表現が用いられている。これらの祈祷文が日本人独自のものであるのか、それとも英語式文の祈祷文を訳したものであるのかは明らかではないが、その内容から日本独自のものであると想像される。しかしながら、神に対して「爾」と呼びかけることに抵抗感があり、第13回大会における葬儀式文の審議において、「祈祷文及ビ礼拝文ノ中ニ汝ト云フ語アリ是大ニ考フベキナリ汝ト云フ語ハ文字ニ於テハ可ナレドモ言葉ニ於テハ下品ナルガ故ニ成ルベク汝ト云フ文字ヲ除キ主ト改メタリ」[26] という一文が付されている。これは、特に神学的な議論がここでなされたというわけではなく、当時の日本人の感覚的

24　海老澤有道『日本の聖書——聖書和訳の歴史』、日本基督教団出版局、1981年、216-219頁を参照。

25　当時は日本語自体の文体が定まっておらず、翻訳委員会の中では漢文を本文とするかふりがなを本文とするかという議論がなされ、ふりがなを本文とすることが決められた（同書、218頁を参照）。これを受けて、実際は「爾名」と書かれていながらも、「みな」と読み、次第に読みに合わせて「御名」と表記されるようになった。「主の祈り」の日本語訳はすでに1591年の加津佐版『どちりいな・きりしたん』では「御名」が使われており、ウィリアムズ訳（1850年）「アナタノオンナ」、加藤九郎訳（1875年）「汝ノ名」もしくはニコライ訳（1877年？・1901年）「爾の名」以外はほとんど「御名」「みな」「聖名」「爾名」もしくは「聖名」が使われている。1978年になって『新約聖書共同訳』では「あなたの名」と訳されているが、『新共同訳』では「御名」に変更されている。もちろん、「御国」「御心」も同様である。同書、398-412頁に日本語の「主の祈り」が年代順に紹介されている。

26　『日本基督教会第13回大会記録』、60頁。

な判断によって決められたものであろう[27]。日本におけるキリスト教受容のプロセスを考えるならば、当時のキリスト教指導者の多くがかつての武士階級に属していた者であったことから、神との関係を封建的な上下関係において理解していたことが想像される。

　また、祈りの中で、「爾」という人称代名詞ではなく、代名詞相当語である「神」「主」を用いることによって、自他との関係において神に対峙するのではなく、神と自分との同化を求めているのではないだろうか。「爾」と呼びかけて神に自分の考えを主張するのではなく、神の考えに自分の祈りを調和させていくことによって、神と自分との区別の超克が無意識に求められている。ここに、自己主張を二次的なものとし、神の考えに自己を同化させていこうとする信仰を見ることができるが、しかし同時に神に対する依存性も見いだされる[28]。さらにこのことは、先にも述べたように、天国をキリスト者が死後の平安を得ることのできる空間的なイメージとしてとらえ、神の前に一人で立ち、裁きを受けるのではなく、天国という総体に同化されることに希望を見いだしていることに反映しているのではないだろうか。

27　日本語には本来的に人称や代名詞という概念がなかった。江戸時代にオランダ語の医学書を初めてその文法に則って日本語に翻訳し、オランダ語の入門書を記した宇田川槐園がオランダ語の文法を理解するのに最もとまどいを覚えたのが、人称代名詞であったといわれている。自己を自然や集団の中で、そこに融合する存在、またそこでの役割において考えていたのに対して、人称について考えるとき、自然や天地や他者と対峙する主体として自己を認識しなければならない。さらに、これまで自分に対する相手の人を自分との上下関係でとらえ、代名詞相当語（たとえば、お母さん、先生などの呼び名）ではなく、第二人称で呼ぶことは大きな発見であり、とまどいであった。杉本つとむ「〈人称〉の発見ととまどい――ヨーロッパの個人主義を翻訳する」、『日本翻訳語史の研究』（杉本つとむ著作選集第4巻）、八坂書房、1998年、232–242頁を参照。ヨーロッパ言語と日本語における人称概念の違いについては、鈴木孝夫『ことばと文化』、岩波書店、1973年、129–206頁を参照。

28　鈴木孝夫は、「日本語が対象依存の自己規定の特質を持っており、日本の文化、日本人の心情が自己を対象に没入させ、自他の区別の超克をはかる傾向が強いことはしばしば指摘されるところだが、日本語の構造の中に、これを裏付けする要素がある」（鈴木孝夫、前掲書、200–201頁）ことを指摘している。

IV　日本におけるキリスト教葬儀式文のインカルチュレーション

e. 遺族の慰めの強調

「葬式模範」と欧米の葬儀式文との違いで最も特徴的なことは、復活に関する言及が少ないということである。さらに、「葬式模範」(1907)の祈祷第3号で復活の希望を語っている「基督の慈の証印を受けたる彼が肉体は其復活の望を懐き、いと安らかに此所に眠らんとす」という言葉が、「葬式模範」(1912)では削除され、「我ら地上に遺れる者のため、又その親戚朋友のため、神の慈愛と佑助とを祈り求めんとす」という遺族のとりなしの祈りへと書き換えられていることは、葬儀において復活の希望というモチーフが弱められ、遺族の慰めが前面に出ていることを表している。「葬儀・埋葬式」(1929)の祈祷文は「葬式模範」と比べて非常に簡略化されているが[29]、それだけにいっそう他のモチーフが弱くなり、遺族の慰めがさらに強調されている。復活への希望に関する直接的な言葉も見いだすことができず、「彼が主の御国に甦るべきを信じ、(中略)願くは我らをして主により永遠の御国に相見る日を望ましめ給へ」[30]と、復活を天国における生と見なし、そこでの再会に希望と慰めを見いだしている。

f. 葬儀式文の「改訂」とそのモチーフ

「葬式模範」の変遷をたどると、日本独自の「創作」とまではいかないが、欧米の葬儀式文を「改訂」し、意識的であれまた無意識的であれ日本の教会の状況や文化的背景に適応させ、キリスト教の受容を目指したものがうかがえる。

「遺族の慰め」が葬儀の中心的モチーフとなっている。この世に残された家族に対する直接的な助けを求める祈りもなされているが、死者が空間的なイメージを持った「天国での平安の約束」、そして、その死者とこの世にある者とが死において分断されてしまうのではなく、神において繋がりを持ち続けているという希望が語られている。そこには、「神・天国との同化」という信仰の特質が見られる。

さらに、「死を通しての信仰教育」が語られ、自らの終わり＝死が近い

29　表3においても明らかなように「葬式模範」で提示された祈祷文は、実用的には長すぎるものであるので、簡略化されたのではないだろうか。

30　『日本基督教会諸式文』、117–118頁。

ことを知り、神に悔い改めることが強く勧められ、葬儀を一つの教育と伝道の機会としようとしている。信仰を全うしたことへの感謝やそのような信仰生活を送ることへの勧めは、キリスト者になり教会に連なることが一般的ではない日本の社会における教会の状況を反映している。

3. 日本メソヂスト教会礼文の編纂と葬儀式文

1908 年に発行された『日本メソヂスト教會禮文』[31]（以下『礼文』（1908）と記す）が日本メソヂスト教会の最初の礼拝式文集である。これは 1907 年の日本における米国メソヂスト監督教会、米国南メソヂスト監督教会とカナダメソヂスト教会の合同を機に制定された『日本メソヂスト教會教義及條例』に基づいて作成されたものである。この條例の編纂には日本人 4 名と外国人 4 名が編纂出版委員として委任され、まず英文條例出版委員より提出された英語の條例を、邦文條例出版委員が検討し[32]、日本語に訳す形で作業が進められた。その後、1925 年に新たに『日本メソヂスト教會礼文』[33]（以下『礼文』（1925）と記す）が制定され、さらに 1938 年 7 月に改定増補された。これが日本メソヂスト教会最後の『日本メソヂスト教會禮文』（以下『礼文』（1938）と記す）となった。

上記 3 つの『礼文』の中には、本論文が取り上げる葬儀式文が掲載されており、それらを比較検討することによって、日本メソヂスト教会における葬儀式文の変遷をたどる。

（1）『礼文』（1908）における葬儀式文

『礼文』（1908）は外国人宣教師によって編纂された英文の式文を日本語に翻訳したものである。日本メソヂスト教会の母体となった The Meth-

---

31　『日本メソヂスト教会礼文』、1925 年。

32　邦文條例編纂出版委員が英文の條例の中の矛盾を指摘し、英文條例の該当箇所を訂正することとなった。『日本メソヂスト教會教義及條例』、1908 年、3 頁を参照。

33　1928 年には宣教師用としてローマ字の礼文 Nihon Mesojisuto Kyokwai Reibun Ritual of the Japan Methodist Church が出版されている。

IV 日本におけるキリスト教葬儀式文のインカルチュレーション

odist Church、The Methodist Episcopal Church, South と The Methodist Episcopal Church のそれぞれの式文は若干の相違があるもののおおよそ同じ内容である[34]。この式文はアメリカの教会生活や地域における教会の立地状況を基盤としているものであり、柩が教会に運び込まれた後、教会に隣接する墓地に運ばれるか、もしくは直接墓地に運ばれた後、そこで行われる埋葬式を中心としたものである。上記の3教会と日本メソヂスト教会の葬儀式文を比較した、表4「『日本メソヂスト教會禮文』(1908) の葬儀式文と基となった英語式文との比較」(136頁) が示すように、日本メソヂスト教会礼文の作成にあたっては、3教会の要素を集約したようなものである。式文も「埋葬式」と名付けられ、基本的にアメリカのものをそのまま日本語に翻訳したにすぎない。

　アメリカの宣教団が圧倒的な力を持っており、日本の教会の中でまだ十分に神学が発展していなかった時代において、日本の教会がアメリカの式文をそのまま翻訳する形で受容したことはごく当然のことと言える。しかし、現実問題として、全く文化的背景の違う日本の中で日本人キリスト者が異質なアメリカの葬儀式文をどのように受け入れたのか、また非キリスト者の積極的な参加が余儀なくされる葬儀において外来の葬儀文化をそのままで理解することができたかは疑問である。

(2)『礼文』(1925) と『礼文』(1938) における葬儀式文

　『礼文』(1908) と17年後に編纂された『礼文』(1925) や後の『礼文』(1938) を比較すると、若干の変化を見ることができる。この3つの『礼文』の葬儀式文を比較した表5 (138頁) に表したように、『礼文』(1925) における葬儀式文は、『礼文』(1908) の「埋葬式」の聖書や祈りを踏襲しながら、葬式の順序が整えられ、それがはっきりと明記されている。これは、アメリカのメソジスト教会の式文には見られないことである。

　『礼文』(1925) において葬式の礼拝順序が明記されたが、それは礼拝学的に特に新しいものであるとは言えない。由木康が指摘しているように、

34　アメリカのメソジスト教会の葬儀に関しては、Karen B. Westerfield Tucker, Ameican Methodist Worship, New York, 2000, 199-223 を参照。

天国での再会――日本におけるキリスト教葬儀式文のインカルチュレーション

表4『日本メソヂスト教会礼文』（1908）の葬儀式文と基となった英語式文との比較

The Methodist Church 1902	Methodist Episcopal Church, South　1886	Methodist Episcopal Church　1888	日本メソヂスト教会 1907
The order of the Burial of the dead	The order of the Burial of the dead	The order of the Burial of the dead	埋葬式
先導	先導	先導	先導
ヨハネ11：25-26 ヨブ19：25-27 1テモテ6：7；ヨブ1：21	ヨハネ11：25-26 ヨブ19：25-27 1テモテ6：7；ヨブ1：21	ヨハネ11：25-26 ヨブ19：25-27 1テモテ6：7；ヨブ1：21	ヨハネ11：25-26 ヨブ19：25-27 1テモテ6：7；ヨブ1：21
	教会もしくは家にて	教会もしくは家にて	教会もしくは家にて
	詩90編 1コリント15：20-58	詩39編、 詩90編 1コリント15：41-58	詩90編 1コリント15：20-26、35-58
	讃美歌、説教、自由祈祷を入れてもよい		
墓にて	墓にて	墓にて	墓にて
ヨブ14：1-2 土を入れる時 式辞 [36] 讃美歌 黙示録14：13 キリエ交唱	ヨブ14：1-2 式辞 黙示録14：13 讃美歌 祈祷a	ヨブ14：1-2 土を入れる時 式辞 黙示録14：13 キリエ交唱 祈祷a [37] 祈祷b [38]	ヨブ14：1-2 土を入れる時 式辞 [39] 讃美歌 黙示録14：13 キリエ交唱 祈祷a [40] 祈祷b [41]
主の祈り 祈祷b 祝祷	主の祈り 祈祷b 祝祷	主の祈り 祝祷	主の祈り 祝祷

　当時の教会がピューリタン的な影響を受けてリタージーを軽視し、それほど積極的な礼拝への取り組みもなく [35]、聖書と祈祷と説教を合わせたものである。

35　由木康、前掲書、212-213頁、219頁を参照。

36　"Forasmuch as it hath pleased Almighty God, in his wise providence to take out of this world the soul of our deceased brother, we therefore commit his body to the ground, earth to earth, ashes to ashes, dust to dust; looking for the general resurrection in the last day, and the life of the world to come, through our Lord Jesus Christ; at whose second coming in glorious majesty to judge the world, the earth and the sea shall give up their dead; and the corruptible

IV　日本におけるキリスト教葬儀式文のインカルチュレーション

bodies of those who sleep in him shall be changed and made like unto his own glorious body, according to the mighty working whereby he is able to subdue all things unto himself.." The Doctrines and Discipline of the Methodist Episcopal Church, south, Nashville, South Methodist Publishing House, 1886, 267-268.

37　"Almighty God, with whom do live the spirits of those who depart hence in the Lord, and with delivered from the burden of the flesh, are in joy and felicity; we give thee hearty thanks for the good examples of all those thy servants, who, having finished their course in faith, do now rest from their labors. And we beseech thee, that we, with all those who are departed in the true faith of thy holy name, may have our perfect consummation and bliss, both in body and soul, in thy eternal and everlasting glory, though Jesus Christ our Lord. Amen." The Doctrines and Discipline of the Methodist Episcopal Church, New York, Phillips & Hunt, 1888, 302.

38　"O Merciful God, the Father of our Lord Jesus Christ, who is the resurrection and the life: in whom whosoever believeth shall live, though he die, and whosoever liveth and believeth in him shall not die eternally; We meekly beseech thee, O Father, to raise us from the death of sin unto the life of righteousness; that when we shall depart this life we may rest in him; and at the general resurrection on the last day may be found acceptable in thy sight, and receive that blessing which thy well-beloved Son shall then pronounce to all that love and fear thee, saying, Come, ye blessed children of my Father, receive the kingdom prepared for you from the beginning of the world. Grant this, we beseech thee, O Merciful Father, through Jesus Christ our Mediator and Redeemer. Amen." 同書 302-303.

39　「全能の神は其深き摂理によりて、此人の霊魂を召して世より逝らせ給へり。故にわれらその遺骸を地に埋めて、土を土に還し、灰を灰に還し、塵を塵にかへし、以てイエス・キリストに由り末日の復活と　永　生　とを得ることを望む。主キリスト世を審判かんため、其栄光ある稜威をもて再び此世に臨み給はん時、陸と海とは其呑める屍を吐かん、救主に頼りて眠りし者の壊つべき身體は変じて主の栄光ある聖體の如くならん。これ主の萬物をおのれに服従はしめ給ふ大なる能力によりてなり」。『日本メソジスト教会礼文』教文館、1908 年、59-60 頁。

40　「全能の神よ、主にありて世を去るものゝ霊魂は主と共に生き、忠信なる人の霊魂は肉の重荷より免かれたるのち、喜悦と快楽とをもて主と偕に住むものなり。主よわれらは、信仰を以て既にその馳るべき途程を盡し、今その労作を休息める主の僕等の善き模範につきて深く感謝し奉る。願くはわれらをして聖名を篤く信じて世を去りしもろもろの人々と偕に窮りなき栄光の内に肉體と霊魂と両つながら完全くして歓楽からしめ給はんことを、われらの主イエス・キリストにより願ひ奉る。アーメン」。同書、61 頁。

41　「あゝ我儕の主イエス・キリストの父なる慈悲ふかき神よ、キリストは復活なり、生命なり、すべて彼を信ずる者は死ぬるとも生くべし。又生きて彼を信ずる者は永遠も死ぬることなし。あゝ父よ、我儕へりくだりて願ひたてまつる。我儕をして罪の死を離れて、義の生命を獲しめ、また此世を逝る時主に在りて息み末日に迨び萬民の復生るとき我儕主の前に聖意に適うものとなりて我父にめぐまるゝ者よ、来りて

表5 日本メソヂスト教会礼文における葬儀式文の比較

礼文　1908	礼文　1925	礼文　1938
埋葬式	成人の葬式	成人の葬式
先導	先導	先導
ヨハネ11：25–26 ヨブ19：25–27 1テモテ6：7	ヨハネ11：25–26 ヨブ19：25–27 1テモテ6：7	ヨハネ11：25–26 ヨブ19：25–27 1テモテ6：7
教会もしくは家にて	式場	式場
詩篇90編 1コリント15：20–26、35–58	讃美歌 聖書朗読 詩編23編 詩篇90編 1コリント15：40以下 祈祷1 [42] 讃美歌 履歴 説教もしくは葬儀の辞 祈祷2 [43] 讃美歌 弔辞 告別 頌歌 　　　　　祝祷	讃美歌 聖書朗読 詩編23編 詩篇90編 1コリント15：40以下 祈祷1 讃美歌 履歴 説教もしくは葬儀の辞 祈祷2 讃美歌 弔辞 　　　告別 頌歌 祝祷
	出棺	出棺
	牧師の先導によりて行進	牧師の先導によりて行進
墓にて	墓にて	墓にて
	埋葬式	埋葬式
ヨブ14：1–2 土を入れる時 式辞 讃美歌 ヨハネ黙示録14：13 キリエ交唱 祈祷a 祈祷b 主の祈り 祝祷	讃美歌 ヨブ14：1–2 祈祷 土を入れる時 式辞 祈祷a 祈祷b 主の祈り 祝祷	讃美歌 ヨブ14：1–2 祈祷 土を入れる時 式辞 祈祷a 祈祷b 主の祈り 頌歌 祝祷

IV　日本におけるキリスト教葬儀式文のインカルチュレーション

　その中でも『礼文』（1908）にはなかった祈祷1、2が加えられていることは重要な変化である。この祈祷文は日本メソヂスト教会第4回総会（1919年開催）に出された建議「礼文事項に関する決議案：大人小児永眠者の為めに葬式場に用ひらるるもの及小児永眠者のために埋葬場および火葬場に用いらるるものとして適当なる祈祷文の作成せられんことを建議す」[44]の決議に基づいて作成されたものである。祈祷1には「其遺族の者の大なる慰めを得るのみならず……」、祈祷2には「今此兄弟（姉妹）が、世を去りしに依り、助くる者を失ひし遺族のものを顧み給へ。主よ願くは、

創世より以来爾儕の為に備られたる國を嗣げと、主を敬ひ主を愛する人々に聖子の宣ふ福祉に与らせ給へ。嗚呼慈悲深き父よ、願くは我が中保、我が救主イエス・キリストによりて此祈祷を聴召し給はんことを。アーメン」。同書、62頁。

42　「永遠より永遠に至るまで変らせ給ふ事なき全能の父よ。我儕今此所に集り、吾等の測り知り得ざる神の聖旨に依り、我等の中より取り去られし兄弟（姉妹）のため其遺骸を葬るの式を営まんとす。神よ。我等は此兄弟（姉妹）が世にありし間、全能の力に守られ、慈愛の御手にて導かれ、加之、生命の光に照らされ、基督の救を受け、永遠の嗣業を享くべき者とならしめ、聖霊に依りて御慰安を与へ給ひしを感謝し奉る。
　　願くは此葬儀をして、凡て聖旨に合はしめ、之れに依りて、其遺族の者の大なる慰めを得るのみならず、吾等一同をして、貴重なる教訓を学び、罪を悔ゆること、、主を信ずる事とを愈々深からしめ、又主イエスの慈恵に依り、永生を望む心を益々熱からしめ給へ。願くは、今吾等が執り行ふ處、悉く主イエス・キリストの名に依りて、聖旨に協はしめ給はんことを。アーメン」。『日本メソヂスト教会礼文』、1925年、49–50頁。

43　「憫み深き天の父よ。我等今此兄弟（姉妹）の死により最も貴き様々の教訓を与へ給ひしを感謝し奉る。特に此兄弟（姉妹）が、世に在りし間、御恩に依り、主イエスの福音に与りて永生を得、安らかに世をば去らしめ給ひしを感謝し奉る。願くは、彼が行ひし諸の善事を祝し、多くの果を結ぶに至らしめ給へ。慈悲深き神よ。今此兄弟（姉妹）が、世を去りしに依り、助くる者を失ひし遺族のものを顧み給へ。主よ願くは、此の堪え難き試みの中にありて、天よりの慰安と奨励とを与へ給はんことを。願くは聖霊言ひ難きのなげきを以て、我儕のために祈り、吾等をして一層深く自己の臨終を考へ、主の日のために備へしめ給はんことを。吾等の主イエス・キリストに依りて願ひ奉る。アーメン」。同書、51–52頁。

44　『日本メソヂスト教会第4回総会議事録』、1919年、180–181頁を参照。この決議案は柳原浪夫、日野原善輔、松本益吉によって出された。この決議を受けて、1924年に開かれた日本メソヂスト教会第5回総会に、聖別式礼文修正委員会（委員長：田中義弘、吉岡誠明、A. D. ベリー、波多野傳四郎、平田平三）より、『礼文』（1925）の葬儀式文に組み込まれた祈祷文が提示された。

天国での再会——日本におけるキリスト教葬儀式文のインカルチュレーション

此の堪へ難き試みの中にありて、天よりの慰安と奨励とを与へ給はんことを」とあり、これ以前の祈祷文と比べて特に遺族に対する慰めと励ましが強調されていることが特徴的である。しかしながら、これらは日本メソヂスト教会が独自に創り出した祈祷文ではなく、1900 年に開催された日本基督教会第 13 回大会に提出された「葬式模範」に記載されている祈祷文の文言を若干改めたものである。

　次に新しい要素として、「履歴」「弔辞」「告別」の時が加えられている。今泉眞幸の「基督教葬儀に就いて」[45] という小文にはこの「告別」の際に行われていたこととして、「告別として会葬者がどうどう廻りをして死者の顔を見たものだ」[46] と記されている。これらが直ちに日本的なものであるとは言えないが、今泉が指摘しているように「弔辞」の際に死者に対して二人称で呼びかけるのは日本的なものであると言える[47]。

　また、葬式の終わりに「出棺」[48] という言葉が使われている。特にそのための儀式はないが、葬式を終えて、教会もしくは自宅から墓地へと棺を運び出すことである。これは日本の仏教の葬式の中でなされる「出棺」を思わせるものである。出棺に関して各地方で様々な風習[49] があることを考えるならば、葬儀の最後に、最後の別れを告げる一つの重要な節目であったと思われる。いくつかの葬儀記事の中で出棺の時間が記されていることもその現れである[50]。

　本論文では取り扱わなかったが、アメリカのメソジスト教会の影響を受

45　今泉眞幸「基督教葬儀に就いて」、『基督教世界』2714 号、1936（昭和 11）年 3 月
　　12 日、1 頁。

46　同書、1 頁。

47　同書、1 頁。

48　「以上終りて、出棺す」、『礼文』（1925）、45 頁。

49　出棺の前に、棺の蓋をして、喪主から血縁の濃い順に釘打ちをする習慣などが挙げ
　　られる。教会の中では特徴的な儀式はないが、葬儀を終えて出棺をするときは葬儀
　　の中で重要な瞬間であるといえる。出棺に関する風習については、藤井正雄監修
　　『葬儀大事典』（第 3 版）、鎌倉新書、1995 年、564 頁を参照、また、藤井正雄・花
　　山勝友・中野東禅『仏教葬祭大事典』（第 11 版）、雄山閣出版、1998 年、314–316
　　頁を参照。

50　「……一同最後の対面を了して火葬場に送らるべく出棺す時に午後 3 時 40 分なりき」、
　　『護教』第 945 号、1909（明治 44）年 9 月 4 日、13 頁。

けて、「成人の葬式」とは別に「幼少年の葬式」のための式文が記載されたことは特筆すべきである。

　加えられたものばかりではなく、元々のメソヂスト教会の式文の中にあった埋葬式の中における「キリエ交唱」は『礼文』（1925）では省かれている。リタージカルなものが排除されたのと、キリエを交唱するような礼拝文化は多くの非キリスト者が参列する日本の葬儀に受容されなかったのであろう。

4. 日本組合基督教会

　1869（明治2）年に、アメリカンボードより派遣されたグリーン宣教師らが神戸で伝道を開始し、また新島襄がアメリカで神学を学んだ後、1874年に宣教師として日本に帰国して翌年に京都に同志社を開校し、同地で宣教活動を開始した。その結果、1886年に31の教会によって日本組合基督教会が設立された。

　組合教会はその伝統として、リベラルな神学的傾向を持ち、特に礼拝や典礼に関して大きな関心を示してはいなかった。日本の教会の中では最も遅く、1929（昭和4）年に小さな式文集『日本組合基督教会諸式案内』が出され、その中には「葬式執行順序」「納棺式順序」「出棺式順序」「埋葬場及火葬場の式順序」と簡単な指示[51]が記載されているのみである。日本組合基督教会の「自由・自治・独立」の精神により、特に祈祷文や式辞文などを定めず、式順序のみを記し、その内容はそれぞれの牧師の裁量や教会の状況にゆだねられている。

　日本組合基督教会においては、書かれた式文には大きな関心はないが[52]、

51　「柩は初めの奏楽中又は其前に会堂に運び講壇の前に安置する。柩を会堂に迎へ又は送り出す時には会衆一同起立せしむべきである。柩を運ぶ場合にはなるべく永眠者の友人の手で之を行ふ方がよい」

52　Janet H. Wootton, 7. Congregationalist – Books, Liturgical, in O. F. Bradshaw (ed), The New SCM Dictionary of Liturgy and Worship, London, 2002, 77-79 を参照。「組合教会の礼拝は本質的に書かれた式文の伝統というより口伝による伝統である」(77)。

葬式執行順序	納棺式順序	出棺式順序	埋葬場及び火葬場の式順序
奏楽	讃美歌	讃美歌	讃美歌
讃美歌	聖書朗読	聖書朗読	聖書朗読
聖書朗読[53]	祈祷	祈祷	祈祷
祈祷	讃美歌	讃美歌	讃美歌
讃美歌	所感		祝祷
履歴朗読	讃美歌		挨拶
説教及式祷	友人及近親者の感想		
讃美歌	又は祈祷		
弔辞	頌歌		
告別			
頌歌			
祝祷			
挨拶			

　葬儀式文としてはアメリカの教会の式文には見いだせない「納棺式」「出棺式」がキリスト教の葬儀の一部として式文に定められていることは、注目に値すべき点である。

5. 教団成立までのキリスト教葬儀の実状

（1）明治初期及び中期におけるキリスト教葬儀の実状

　葬儀式文はアメリカの教会のものを日本語に翻訳することで整えられたが、実際の葬儀はどのように執り行われたのであろうか。教会と地域との関係、また教会と墓地との位置関係が全く違う日本においても、アメリカの社会生活に基づいた埋葬式が、その式文を用いて行われたのであろうか。

　これを論証するために、残念ながら各教会のすべてのキリスト教葬儀の実態を知ることはできない。また地方によっても、本人やその家族の社会的立場等によっても違いが出てくることは想像に難くない。当時の葬儀の実態を知るために我々に与えられている資料の一つに、宣教開始から教団創立までに発行されたキリスト教の雑誌がある。毎週のように発行された雑誌には、すべてではないが全国から寄せられた信者や教師の葬儀の順序

53　聖書朗読の例として詩 39、90、103、ヨハネ 14、1 コリント 15、2 コリント 5、ヘブライ 4、11、黙示録 21 等が挙げられている。

IV　日本におけるキリスト教葬儀式文のインカルチュレーション

やその模様などを含む訃報記事が記載されており、当時の葬儀事情を知る
貴重な手掛かりである[54]。

　明治初期の葬儀に関する記事を見るならば、埋葬式を中心とした葬儀が
行われていたことが分かる。プロテスタント教会の中では教派による大き
な違いは認められず、一般的にキリスト教の葬儀は似通っていた。埋葬式
に関していくつかの記事があるが、次の2つを紹介する。

　「神戸公会の信者なる小松崎半兵衛氏は兼て肺病気のところ終にさる
十三日眠につかれ翌十四日安息日最寄公会の信者等打集ひ宅にてはアッ
ケン氏祈祷と講話をなし墓場にては長老の今村さんが祈をいたされ棺は
同公会の信者がかわるがわる儋われました」[55]

　「（東京麹町教会の）岡本秀齊氏の母よし子は（中略）天津御国に昇ら
れ（中略）飯倉の宅を出棺する時には教友斉しく讃美歌を唱し夫より教
師は前を進み又教友は百人も手に手に花を持ちて徐々と歩み出て中々厳
粛なる行列なれば（中略）青山の墓所に至りければ教師は礼服をつけ天
父に祈祷をささげてよし子の亡骸を埋葬せしよし見物人の中に耶蘇教に
ても斯く深切に死人を取扱ふ者かと驚きし人多くありし由」[56]

　しかし、明治中期の記事を見るならば、式文で指示されている埋葬式と
実際に行われた葬儀の間に相違が見られる。日本において南美以教会の設
立に貢献したウォルター・ラッセル・ランバスは1892（明治25）年4月
28日に神戸において逝去した。その翌日4月29日に執り行われた葬儀の
記事が『護教』に次のように記載されている。

　「（前略）葬儀は二九日午后二時三十分より神戸美以教会堂に於て執行
せり此日天偶雨り途泥濘なるに係はらず会する者邦人と洋人とを合し
て殆ど三百人。（中略）牧師タウソン氏会を司どり始めは大阪西部宣教
師ゼ、エム、ローリンス氏詩篇を朗読し次て関西学院教師デマリー氏コ

54　日本組合教会系の『七一雑報』『基督教世界』『六合雑誌』、植村正久が発刊した日
　　本基督教会系の『福音新報』、メソヂスト教会系の『護教』『教会時報』の中から、
　　約300の葬儀記事を参照した。
55　『七一雑報』、1877（明治10）年10月19日、2–3頁。
56　『七一雑報』、1878（明治11）年10月25日、3頁。

神戸での宣教師ランバスの葬儀（1892）	The Order of the Burial of the Dead（1898） 南メソヂスト監督教会
教会にて	
詩編	入堂
聖書　　　1コリント15	ヨハネ 11:25–26
祈祷	ヨブ 19:25–27
賛美歌（英語）	1テモテ 6:7 ＋ ヨブ 1:21
履歴	教会にて
説教	詩 90
弔辞	1コリント 15:20–58
賛美歌	自由選択：賛美歌、説教、自由祈祷
墓地にて	
聖書（聖書箇所不明）	ヨブ 14:1–2
	説教
	黙示録 14:13
	賛美歌
	主の祈り
	祈祷

リント前書十五章を朗読し、後に大阪東部宣教師オ、エ、デュークス氏の熱信なる祈祷あり、英語讃美歌を誦し関西学院教師ゼ、シ、シ、ニュートン氏はランバス氏の履歴及其品性に就て熱切なる言を與へられたり終て関西学院教師中村平三郎氏之れを口譯す次で牧師タウソン氏はランバス氏臨終の模様を陳し熱涙を揮って説教せられたり其間会衆の中に潜然暗涙を流せし者少なからさりし、中村氏は再び之れを口譯せり、后、当教会に働かるる鵜崎庚午郎氏は弔文を読まれたり其眞情兒子の恩父を慕ふが如く亦ランバス氏の平生を想起せしめたり終て聖歌百二十九番（ランバス氏の平生愛せられしもの）を誦して式を終ふ、直ちに会堂を出でて海岸なる居留地の墳塋に葬る棺は之を車上に載せ関西学院生徒数名之れを牽く、タウソン氏聖語を読み埋葬の儀を行う」[57]

この報告によると、『礼文』（1908）では一つの礼拝として扱われている「埋葬式」が、教会での葬式と墓地での埋葬式の二つに分けられていることが分かる。しかも、式文上では主たる儀式である埋葬式よりもむしろ教

---

57 『護教』44号、1892（明治25）年5月7日、3頁。

会における葬式の方に重きが置かれており、①詩編、②１コリント15章、③祈祷、④賛美歌、⑤履歴、⑥説教、⑦弔辞、⑧故人愛唱歌の順で葬式が行われた。そこで読まれた聖書は式文に定められたものであるが、式文ではそれほど重視されていない「祈祷、説教、故人愛唱の賛美歌」などが中心的な役割を果たすとともに、式文には含まれていない「故人履歴」「弔辞」が加えられている。この特徴は特に外国人宣教師のランバスの葬儀に限ったものではなく、『護教』を始め他のキリスト教雑誌に報告されている多くの葬儀の中にも見られる。例えば、埼玉県の女性の葬式（1893）は①賛美、②祈祷、③詩編朗読、④履歴、⑤聖書朗読、⑥説教、⑦感話、⑧賛美、⑨頌歌、⑩主の祈りの順で行われたことが報告されている[58]。

(2) 明治中期以降におけるキリスト教葬儀の実際

　小さな変化ではあるが、日本メソヂスト教会の式文の中に日本的なものが加えられてきたことを見てきた。しかし明治後期以降のキリスト教雑誌の訃報記事の中には、式文には取り入れられていない、いくつかの死者儀礼を見いだすことができる。そしてそれらは式文内の小さな変化に比べると、比較的大きな変化であると言える。さらにそれらは、後に教団で式文が編纂される際にキリスト教の死者儀礼として取り入れられることになる。

a. 納棺式

　先に紹介した今泉の「基督教葬儀に就いて」という記事には1936（昭和11）年の段階でどのような新しい要素が組み込まれてきたかが記されている。その中の一つとして、「以前になくて今日一般的に行はれているのは納棺式である」[59]とあるように、遺体を棺の中に納める式が特別に行われていたことが分かる。また、その納棺式において牧師が会衆に向かって位置するのではなく、仏教の僧侶が行うように牧師も棺に向かって座っている例が紹介されている。

　特に神式で死者を洗い清め、納棺するまでの儀式としての「納棺の

58　『護教』79号、1893（明治26）年1月7日、4頁を参照。

59　今泉眞幸、前掲書、1頁。

儀」[60] が行われている。「納棺の儀」は「通夜祭」「葬場祭」「出棺祭」など
に並ぶ重要な神葬祭の祭儀であり、納棺次第が定められている。仏教にお
いても「納棺式」を行う宗派も多く、それぞれに儀式が定められており、
葬儀の中で重要な役割を果たすものである。それに代わるものをキリスト
教葬儀においても提供する必要が生じたのであろう。

b. 出棺、出棺式

葬式を終えた後の出棺については、式文の変遷の中で述べたが、家から
教会に向かうときにも「出棺」という言葉が使われている。その際に、出
棺した時間も正確に記されていることや、出棺に際して大勢の人が家に集
まっていることから、「出棺」また「棺が自宅を出ること」が特別意味の
ある事柄として受け止められ、それがキリスト教の中でも尊重されていた
ことがうかがえる[61]。また、葬儀記事の中には「出棺式」と明記されてい
るものもある[62]。

c. 夜伽、通夜

通夜に関しても、今泉の記事に「以前から夜伽の折に信者が棺前に集会
して、讃美歌を歌ひ祈祷したことはある」[63] とあり、「通夜の会」[64]「通夜の
祈祷会」[65] と呼ばれていた集会を行っている。一般には通夜は葬儀の前の
晩から、夜を徹して経を読み、死者に変わりがないように棺のかたわらで
遺体を守っていたものであったが、それに対応するキリスト教の死者儀礼
は発達していなかった。むしろ夜を徹して遺族と共にいるということが重

60　納棺の儀に関しては、藤井正雄監修『葬儀大事典』、339–340 頁を参照。

61　「去る八日午前八時神奈川自宅にて同校教師植山寿一郎氏の祈祷にて出棺」、「故浅
　　岡僚子の葬儀」、『護教』98 号、1893（明治 26）年 5 月 20 日、5 頁。「十八日正午、
　　夫人が安く眠りませる柩は親戚、親友、知己、日本女子大学校生徒総代、桜楓会員
　　等すべて二百名計りに囲まれて、金山の故宅を出で……」、「麻生夫人逝く」、『基督
　　教世界』1298 号、1906（明治 41）年 7 月 16 日、7 頁。

62　「二七日午前十一時御影の自宅において出棺式を行ひ」、「故加藤夫人綱子葬儀」、
　　『基督教世界』1580 号、1914（大正 3）年 1 月 1 日、11 頁。

63　今泉眞幸、前掲書、1 頁。

64　「午後 11 時より渡辺春英兄の司会にて通夜の会を開きぬ」、「市川教会牧師鵜飼先生
　　の訃」、『教会時報』1887 号、1928（昭和 3）年、8 頁。

65　古橋元子「川尻夫人のお通夜にはべりて」、『教会時報』2053 号、1931（昭和 6）年
　　5 月 1 日、2–3 頁を参照。

IV　日本におけるキリスト教葬儀式文のインカルチュレーション

んじられ、弔問に来た信者によって祈祷会がなされていた。通夜の祈祷会も、大きな集会というよりも、少人数によるもので夜10時や11時に行われたという報告もある。

d. その他

今泉の報告に「焼香の代りに供花をすることが流行して来た。（中略）これは米国風の輸入ではないよし」[66] とあるように、今日のキリスト教葬儀で行われているような「献花」が昭和の初めから次第に取り入れられてきた。葬式の中に弔辞が取り入れられたが、それと共に弔電の朗読も行われていたという報告もある。また、記念会（紀年会、追悼会）が、特に定まった時ではないが50日目、1周年、5周年、10周年、13周年などを機に行われている。その内容は、人により、またその年数によって様々であるが、葬式の順序とほぼ同じものであり、その中で音楽の演奏や賛美歌独唱などがなされているものもある。

e. 江戸時代の葬儀との比較

江戸時代の仏教の葬儀の基本的構造は、通夜、納棺（湯灌）、出棺、葬列、葬式、埋葬（火葬）から成り立ち、その後に法事が行われていた[67]。遺族は葬儀において人々の弔問を受け、遺族に「弔い状」（弔意の書面）が送られてきた。これは基本的に今日の葬儀とそれほど大きく変わるものではない。

これと先に紹介したキリスト教葬儀を比較すると、2つのことが明らかになる。まず、葬列から埋葬に至る行事に関しては、外面的には両者に大きな違いを見いだせない。キリスト教葬儀の中での教会や墓地に向かう行列も、日本の葬列として見なされ、比較的受け入れられやすかったのではないだろうか。また、弔辞も弔意を書面で表す「弔い状」の朗読であり、情報伝達手段の発達によって弔電として教会葬儀に加えられることになった。葬列から埋葬にいたる死者儀礼がそれほど大きく変化していないのは、この共通性が原因ではないだろうか。キリスト教の死者儀礼でありながら、日本の死者儀礼に翻訳されて受容されたと言える。

次に、アメリカから伝えられた死者儀礼にはなかった通夜、納棺（湯灌）、

66　今泉眞幸、前掲書、1頁。
67　江馬務『江戸時代風俗史』、日本文学社、1933年、187–197頁を参照。

出棺、記念会などの儀式が、次第にキリスト教葬儀の中に取り入れられた
ことが分かる。つまり、全体的にはキリスト教葬儀は日本の中で受容され、
翻訳され、変容されてきたと言える。

6. インカルチュレーションの場としての葬儀式文と葬儀

　以上のことから、式文で定められたものと、実際に行われていた葬儀と
では若干の違いがあったこと、さらに時代を経るに従って日本的なものが
葬儀の中に入ってきたことが分かる。

　まず、ランバスの葬儀で見たように、明治20年代にはすでに『礼文』
（1907：明治40年）とは異なる順序と内容で葬儀が行われ、「埋葬式」の式
文ではそれほど強調されていない説教が大きな役割を果たしていた。これ
は日本での特徴というよりも、タッカーの American Methodist Worship に
よると、すでにアメリカの教会にも見られるものである。タッカーは、ア
メリカのメソジスト教会で説教は葬儀において非常に重要な役割を果たし
ており、罪を宣言し、確かな信仰を持たせ、死に備えるよう諭し、不信仰
な者には悔い改めを信仰深い者にはさらなる啓発を促すものであったと報
告している[68]。式文と実際の葬儀との差異は、説教を重視するアメリカの
メソジスト教会においてすでに生じていたものであろう。現実には、「埋
葬式」と一つの名前が付けられているが、教会における礼拝と、墓地での
埋葬式の二部構成になっていた。その教会における礼拝の式文は、ウェス
レーの影響を受けていくつかの聖書の箇所を列挙しただけのものである[69]。
あえて簡素なものにすることによって、それぞれの教会や家族の状況に応
じて式文には記載されていない要素を柔軟に組み込むことが可能であっ
た[70]。つまり、アメリカから伝えられた葬儀式文自体が、他の要素を受け
入れる柔軟性を有していたことがうかがえる。

　『礼文』（1925）で葬式の礼拝順序が定められたことは、キリスト教葬儀

68　Karen B. Westerfield Tucker, Ameican Methodist Worship, 209-210 を参照。

69　本章の表4（136頁）を参照。

70　Karen B. Westerfield Tucker, Ameican Methodist Worship, 205 を参照。

IV　日本におけるキリスト教葬儀式文のインカルチュレーション

に不慣れである日本人キリスト者に一定の基準を与えたが、逆に葬式に他の要素が組み込まれる柔軟性がなくなったのではないだろうか。アメリカのメソジスト教会の式文が変化しているのに対して、ランバスの葬儀以来100年を経た日本の葬儀における礼拝順序がそれほど大きく発展していないことは、日本における葬儀式文の硬直化と神学的作業の不十分さを表している。

　しかし、納棺式や通夜などの日本的な死者儀礼は教会の中に徐々に取り入れられ、また時代の流れの中で変化している。その原因については前章で述べた。宗教そのものが閉鎖的なシステムではなく、むしろ生きて変化するものであるように、キリスト教葬儀もそれが行われる文化の中で変化していくものと考える。その中でも、死者儀礼というその国々の生活、文化、宗教、人々の心情に深く関わったものと、キリスト教が出会い、それと関わろうとするとき、またその中で人々に理解されるものを提供しようとするときに、その表現方法や儀礼を取り入れざるをえない。日本人キリスト者にとっては、特に日本におけるプロテスタント教会の第1世代にとっては、葬儀における悲しみや弔意の表現は欧米の習慣よりも日本的なものを取ることが自然であったであろう。ただ、それがキリスト教葬儀の中に取り入れられ、キリスト教的な名称が付けられただけであって、宣教論的に十分に議論されてなされたわけではない。

　筆者は、これをキリスト教の異教社会における安易な妥協や、キリスト者にとって不本意な「異教的要素の混入」ではなく、むしろインカルチュレーションのプロセスと見なすことが宣教論的に重要であると考える。しかし、すでにインカルチュレーションが完成したわけではなく、あくまでもプロセスの中にある。インカルチュレーションは思想の問題ではなく、日本の文化や宗教との出会いという具体的な場において行われる。民衆の生活の中で文化と宗教が集約された場が、死者儀礼などの通過儀礼であり、その中でキリスト教葬儀を儀礼化していくプロセスがインカルチュレーションである[71]。

71　Karl Gabriel, Ritualisierung in säkularer Gesellschaft , 13 を参照。

まず、インカルチュレーションのプロセスの中でキリスト教が異文化・他宗教の死者儀礼に出会うことによって、待井が主張するように「『劣位なる現地民』が『優位なる外来者』の押し付けに、黙って耳を傾けているわけではなかった」[72]、つまり「原初的、日本的な『古層』」が「二次的、外来のキリスト教」に押しのけられるのではなく、むしろ外来のものを変容させようとする[73]。本論文では、葬儀式文で定められていない様々な死者儀礼が比較的早い時期で教会の中で行われ始めたことを見てきた。

　また、教会はその要素をキリスト教葬儀の中に取り入れキリスト教化したことは、川又の分類による「変容」に当たる。しかし、その死者儀礼への対応がキリスト教の式文を変化させている要因となっていることも否定できない[74]。このことは、日本的な葬儀がキリスト教化されて「変容」しただけでなく、キリスト教葬儀も「変容」したことを意味する。この相互「変容」もインカルチュレーションのプロセスである。

　さらに、インカルチュレーションの場としての死者儀礼を考える場合、非キリスト教的な要素を受容し、それをキリスト教的に意味づけることにとどまるだけではなく、宣教地の葬儀文化が持っている本来の慰めや癒しの構造をさらに深め、新鮮なものにしていくことが宣教学の課題となる。先に挙げた死者儀礼や葬儀式文の変遷を、たとえ小さなものであってもインカルチュレーションとしてとらえることによって、キリスト教が他宗教や異文化と出会い、対話し、そこから学ぶ中で、キリスト教自体が深められることになる。これは今後の日本における宣教学の課題となるであろう。

72　待井扶美子、前掲書、13–14 頁。

73　この構造は、ドイツ宣教学者ズンダーマイアーや丸山眞男も指摘しているところである。Theo Sundermeier, Was ist Religion?, 34-42 を参照。丸山眞男「原型・古層・執拗低音」、『丸山眞男集第 12 巻』、岩波書店、1996 年、107–156 頁を参照。

74　「実際には、葬儀の諸式のための式文の必要性、あるいはその改訂の必要性がきっかけとなって、式文全体の編集・改訂がなされてきているのである」、北村宗次「葬儀の諸式」、『新しい式文』、234 頁。

7. 日本基督教団の葬儀

　以上のような日本における葬儀式文の変遷をたどって行き、日本における葬儀式文のインカルチュレーションを検証することによって、互いに関連し合う「a. 遺族の慰め、b. 天国における平安、c. 天国における神と亡くなった家族との交わり・再会、d. 死を通しての信仰教育」という4つの特色とさらに日本的要素の混入が明確になった。

a. 遺族の慰め

　元々の欧米の葬儀式文の本質的テーマである「復活への希望」は、日本の式文においてはそれほど大きく取り扱われず、むしろ徐々に影を潜めるようになってくる。その代わりに、神が直接遺族や死に接して悲しむ者を慰めてくださるということが前面に出てくる。そしてこのことが、式文の言葉や儀礼の中に明確に表現されている葬儀の主要テーマとなっている。

b. 天国における平安

　遺族にとって、キリスト者である死者が天国に迎え入れられ、そこで神の平安の内にいるという約束が語られることによって慰めが与えられている。

c. 天国における神と亡くなった家族との交わり・再会

　天国にある平安は、内容的には神との交わり、神の民に属しているということ、そして家族との新たなる一致というイメージによって語られている。それは、亡くなった者との天国における再会を約束し、日本におけるキリスト教葬儀の大きなテーマとなっている。

d. 死を通しての信仰教育

　しかし、この希望はキリスト者だけに約束されたものであり、キリスト者だけが天国に迎えられるということが述べられる。この条件は直接的でないにしても遺族や葬儀の参列者にキリスト教信仰を求めるものとなっている。式文の言葉を見るならば、葬儀の目的が死者を弔うことだけではなく、キリスト者、またキリスト者でない参列者に向けられていることが分かる。葬儀の中で語られる死者の略歴もその人の人生の歩みや社会的な活躍だけではなく、教会生活や信仰生活において特筆すべき事柄、つまり参

列者に信仰を促すような事柄が強調される。葬儀において推奨されている聖書箇所は、死を目前にして人間のはかなさと神の偉大さを教え、参列者に罪の自覚と悔い改めを促すものである。

　これらの4つの特徴と、納棺・出棺・前夜式・献花・記念会などのもともとアメリカなどのキリスト教葬儀にはなかった日本的な要素の混入が日本基督教団の式文においてはさらにいっそう明確になってくる。

　第二次世界大戦後の日本基督教団の葬儀に関する研究や立場は、できるだけ日本の伝統的な要素をキリスト教葬儀から排除しようとするものであったが、1949年に出版された『日本基督教団式文』において初めて日本的な儀礼をキリスト教葬儀の儀礼として正式に式文の中に取り入れている。第二次世界大戦以前の葬儀に関するキリスト教関係の雑誌・新聞記事を見るならば、式文には記載されていなかったが教会の現場ではすでに実践されていた日本的な儀礼に影響を受けた諸式を簡単に無視したり、排除することができなかったことがうかがえる。1949年に出された葬儀式文も、新しくキリスト教葬儀として提案されたというよりも、教会ですでに行われていたものを式文の中に取り入れたものであった。

　日本基督教団が1949年に最初の式文集『日本基督教団式文』（以下『式文』（1949））を編纂した後、6回の改訂が試みられた。葬儀式文に関しても、いくつかの変更点は見られるものの、神学議論が尽くされて日本的なキリスト教葬儀が構築されたとは言いがたい。そもそもそれらの改訂は、誤字脱字の訂正、使用上の改善、新しく編纂された賛美歌集への適応が大きな目的であった。大きな改訂としては、1959年に出版された『日本基督教団口語式文』（以下、『式文』（1959））がある。しかし、これまで文語文であったものを、口語文に書き改めたということであり、内容的にはそれほど大きな変化は見られない[75]。

　このような小さな改訂ではあるが、先述した4つのインカルチュレーションの特徴は明確にその改訂の中に現れている。意識的であれ無意識的で

75　後述の『式文』（1949/1959）の祈祷文の中で、『式文』（1959）における顕著な変化のみ［　］を付して併記した。

IV　日本におけるキリスト教葬儀式文のインカルチュレーション

あれ動き始めたインカルチュレーションはもはや止めることは難しい。『式文』(1949) から『式文』(1959) におよぶ改訂の中にもキリスト教葬儀式文のインカルチュレーションの特徴が見られる。最も新しい『日本基督教団式文（試用版）』（以下、『試用版』(2006)）は、日本的な死者儀礼の要素が教会の中に入り込んでいることを顧み、またキリスト教葬儀の礼拝性を強調することによって、キリスト教葬儀のインカルチュレーションの動きを若干修正しようとするものである。それゆえ、以下のように、葬儀の礼拝としての性格を強調し、それを保とうする傾向が強く見られる。「キリスト教における葬儀は礼拝として行われるものであるから、その本質は教会の公同の礼拝と同じものであって、復活の主イエス・キリストを仲保者とする神と神の民の出会いと交わりの出来事であると言える」[76]、「葬式は本質的に神への公同の礼拝であって、私的・家族的な出来事にとどまるものではない」[77]。

　『試用版』(2006) がキリスト教葬儀の神学的本質を強調しても、すでに行われている日本的な死者儀礼に影響を受けた諸式を廃止することはできず、あらたに「枕頭の祈り」を加える結果となっている。さらに、上記で挙げた４つの特徴がさらに明確に式文として現れている[78]。

　日本基督教団の葬儀式文自身は典礼的には非常に単純なものであるが、４つのインカルチュレーションの特徴は明確に現れており、その一つ一つについてどのような文化的・宗教的背景があり、それがキリスト教葬儀の中でどのような役割を担っているかを分析していきたいと思う。

(1) 枕頭の祈り・臨終の祈り

　教会の牧師は、教会員やその家族の危篤・臨終に際して、また死後すぐに家族から連絡を受け、時間帯に関係なくその場に赴く。そこで枕頭の祈

76　『試用版』(2006)、132 頁を参照。
77　同書、135–136 頁。
78　『試用版』(2006) では、葬儀を主たる礼拝と考え、他の儀礼を諸式、祈祷の場として区別している。『試用版』(2006) は、葬儀の礼拝性を強調するために、信仰告白を告白したり、聖餐式を執り行うことも提案している。

り・臨終の祈りがなされる。

　枕頭の祈り・臨終の祈りは牧会的な配慮に基づいてキリスト教葬儀に組み込まれたのであるが、仏教における死者儀礼の影響を強く受けたものである。宣教論的に検討した上で、積極的にキリスト教葬儀に取り入れられたわけではない。むしろ、教会の現場の中で遺族の霊的・儀礼的必要に応じて実践されていたものを式文化したものである。特に、人は死者と接し、死に直面するという非日常的状況の中で、この死や死者をどのように取り扱っていいのか、この死や死者が自分たちに悪い影響を与えないために、どのような儀礼的な振る舞いが必要で正しいものなのか、自分の中に生じた制御が難しい感情（悲しみ、不安、恐れ、怒り、罪意識など）にどのように対処すべきなのかという不安感が募ってくる。その際、儀礼はこの感情を導いてくれる役割を果たす。儀礼は社会的に孤立したかのように感じる遺族に連帯感をもたらす。それゆえ、死者の葬りにおいて社会的・文化的に正しい方法として根付いている儀礼が行われなかった場合、遺族の中には一種の後ろめたさが残り、死者の尊厳が十分に保たれなかったのではないかという不安感や罪意識、何か大切なものが抜けているという不満足感が募ってくる。また共通の儀礼はそれを共有するグループに連帯感をもたらすものであるが、儀礼が損なわれた場合には連帯感の欠如を生み出す結果となる[79]。このような感覚から、一般的な日本人にとっては不慣れなキリスト教葬儀に対する不信感が生まれてくる。キリスト教葬儀に参列したキリスト者ではない遺族から、キリスト教式で葬られた家族とは天国（死後の世界）で会えないのではないかという不安感が口にされることがある。天国での再会の真偽はともかくとしても、不慣れで異質なキリスト教葬儀への不信感がこのような形で表現されているのであろう。しかし、仏教的な葬儀やそれぞれの地方における特徴的な死者儀礼に対する代用儀礼がキ

79　儀礼の意味については、Theo Sundermeier, Was ist Religion?, 87-89 を参照。日本では、葬儀が正しく行われなかった場合は、故人は浮かばれず、遺族に死者による祟りがもたらされると考えられている。これは宗教が怖れを用いて人々をコントロールする迷信であるとも言える。その一方で心理的な意味では、死者と適切に別れなかった場合、精神的にもまた肉体的にも問題を引き起こすとも考えられる。

IV 日本におけるキリスト教葬儀式文のインカルチュレーション

リスト教で行われる場合、17世紀のイエズス会の代用理論に基づくキリスト教葬儀の例のように、むしろ日本人の間で受容され、そこに共感と充足感が生じてくる。

　仏教的葬儀の伝統では、末期の水であったり、枕経ということが死後まもなくの死者に対する儀礼、供養として行われる。この儀礼は、仏教の古い伝承に由来していると言われている。仏陀がその臨終において喉の渇きから弟子の阿南に水を求めたが、その周辺には清い水はなく、阿南が途方に暮れていた。そこに雪山に住む仏道に帰依した鬼神が現れ、鉢一杯の浄水を仏陀に捧げ、その渇きを癒したということである[80]。

　この臨終における末期の水の儀式は、二つの願いに結びついているといわれている。一つは、誰もが家族の暖かな看取りの中で死を迎えたいという願いと、遺族にとっては今まさに死を迎えた愛する者の魂を今一度からだに呼び戻し、もう一度命を取り戻したいという願いである。

　死後、まず最初に宗教的な儀礼として行われるのが枕経である。元々はインドの風習に基づくものであるが、それが江戸時代にキリスト教が禁教になった際に、キリシタンであるかどうかを行政的に確認するために導入されたものである[81]。死後すぐに僧侶が枕頭で、近親の者と共に、死者がその生涯の最後においてなお経を聞くことができるために、唱えられる短いお経である。

　医学的には、生と死の境、その区別は明確なものであるが、日本的な感覚においては、生と死の境はそれほど明確なものではなく、死者の霊はその身体、臨終の床もしくは家の周辺に存在していると考えられている。四十九日までは死者の霊は、この世に、また家の近くに残っていると考えられているために、もはや食事をするはずのない死者のために食べ物が枕元また墓や仏壇などに供えられている[82]。

　この末期の水や枕経の代用儀礼として、「臨終の祈り・枕頭の祈り」が

80　『仏教葬祭大事典』、300頁を参照。
81　同書、79–80頁を参照。
82　空腹な魂が再びからだに戻ってくるのではないかという考えで食事が枕元に備えられるとも考えられている。同書、302–307頁を参照。

155

『新しい式文』（1990）において紹介され、『試用版』（2006）に引き継がれている。これは、ただ単純に仏教的な儀礼をキリスト教に置き換えただけではなく、その内容は神学的に考察されたものである。神の創造への想起、死者の人生を導かれた神への感謝、葬儀における神の助けと臨在を願うことがテーマとなっている。

『試用版』（2006）

全能の父なる神。この世界のすべては、御手によって創造され、いついかなる時にもあなたの恵みの中に置かれています。わたしたち人間もあなたの慈しみのもとにあり、一人一人の人生はあなたの導きと祝福の中に置かれています。

わたしたちは今、はかり知ることのできない御旨によってみもとに召された〔名前〕を覚えて、ここに集いました。あなたがこの兄弟／姉妹に与えられた生涯の歩みと、あなたの恵みの業の数々を思い起こし、感謝をささげます。どうか〔名前〕をみもとに受け入れ、いつまでも変わることのないあなたの平安をお与えください。

主なる神、愛する兄弟／姉妹との別れによって、悲しみと不安、驚きと寂しさの中にある人々をお守りください。あなたに信頼することを通して、慰めと励ましを受け、兄弟／姉妹との交わりを感謝することができますように。そして、今から行われるすべての式を、召された兄弟／姉妹への厳かな敬意のうちに執り行い、それらを通してあなたの栄光をあらわすことができるようにお導きください。

わたしたちの救い主、主イエス・キリストの御名によって祈ります。アーメン。

---

(2) 納棺式

　日本の風習に従うならば、納棺される前に、死者は湯灌されたり、頭にカミソリを当てるという行為が行われる。この行為は、死者を清めるとともに剃髪によって出家することを象徴している[83]。

83　そもそも仏教においては、葬儀を自らの課題と見ていなかった。仏教の教えに従うならば、正しい生き方に集中すべきであり、葬儀に関心を示していなかった。確かに僧侶とその家族のための葬儀は行われていたが、在家信徒のための葬儀はなされていなかった。日本では、出家した僧侶の葬儀が、在家信徒の葬儀に適応される形

IV　日本におけるキリスト教葬儀式文のインカルチュレーション

『式文』（1949）において、初めて「納棺式」が公式の日本基督教団の式文の中でキリスト教死者儀礼として認められた。聖書と祈りの組み合わせという典礼的にはそれほど特筆するものではない。

『式文』（1949/1959）	『試用版』（2006）
天地の創造主、全能の父なる神よ、御子イエス・キリストは十字架に死してのち、その遺骸を愛する弟子の手に委ね、彼等をして葬りの備へをなさしめ給へり。我らは今この世の生涯を終へて御許に召されたる兄弟（姉妹）の遺骸を柩の中に納めんとして此の所に集へり。主は［1959：主よあなたは］測りがたき恵によりて此の兄弟（姉妹）を救ひ、主［1959：あなた］の教會に受け入れ、限りなき生命を授け、今に至るまで護り導き給へり。兄弟（姉妹）は今や［1959：その走るべき道のりを走り、］此の世の苦しみと悩みとより解き放たれ、全き平安と慰めとの中にあることを信じて感謝し奉る。されどその遺骸はなほ暫し我らの間に残され、生前の面影を留めて、我らに切なる哀惜の念をそそるなり。願はくは、我らを助け導きて、兄弟（姉妹）の遺骸	聖なる神、あなたはすべての人間の生と死を支配し、その心と体と霊を、御心のままに導いてくださいます。わたしたちは今、地上の生涯を終えた〔名前〕のもとに集い、そのなきがらを棺におさめようとしています。 *【主なる神。あなたの招きによって、この兄弟／姉妹が、主イエス・キリストの救いにあずかり、主の教会につらなる者とされ、生にあっても死にあっても、あなたのものとされていることを感謝いたします。】 （*キリスト者でない場合は以下の祈りに） 【主なる神。あなたは限りない恵みと憐れみにより、〔名前〕の人生を祝福し、その生涯の日々を、守り導いてくださったことを感謝いたします。】 今、みもとへ召された〔名前〕のなきがらを棺におさめるに当たり、愛

となっている。それゆえ、仏教の葬儀の中には、信徒を出家させる儀礼（剃髪を思わせる儀式、法名である戒名が死者に与えられる）とその新しい僧侶を浄土に導くという儀礼の二重構造を持つ。藤井正雄『祖先祭祀の儀礼構造と民族』、弘文堂、1993年、546–549頁を参照。日本においては、死を旅のイメージでとらえる傾向がある。死に装束は旅の衣装であり、旅のために必要な、またその旅路を守ってくれる杖などの装備が棺に入れられる。その名残かも知れないが、キリスト教の葬儀では故人の旅を守るかのように個人の聖書や賛美歌が棺の中に収められることがある。

157

を尊重し、終りの日の榮光を主によりて堅く望ましめ給へ。願はくは盡きぬ涙の中にも、主の惠み深き御顔を仰ぎ、敬弔の誠を致して、地上に於ける最後の別れを恭しく行はしめ給へ。また最早呼べど答へずなりし［1959：眠れる］兄弟（姉妹）のために嘆き悲しむ者を憐み、［1959：死に勝ちたまへる主のみ言葉によって］天來の慰めを豊かに与へ給へ。かくしてこれより執り行はるる凡てのことを潔め祝して、主の御榮を顯はすものとならしめ給へ。

主イエス・キリストによりて冀ひ奉る。アーメン。

する者に別れを告げようとしているわたしたちに、あなたの慰めと励ましをお与えください。復活の主の約束と聖霊の力によって、わたしたちを支え、わたしたちをあなたの平安のもとに置いてください。

主イエス・キリストの御名によって祈ります。アーメン。

『式文』（1949）と『式文』（1959）における祈祷文を比較すると小さな変更が見いだされるだけである。『試用版』（2006）の祈祷文はそれを短くしたものであるが、内容的に大きな変化は見いだせない。しかしながら、慰めの根拠となるものがそれぞれの式文においては異なっている。『式文』（1949）においては、慰めは「天来の」と祈られているのに対して、『式文』（1959）では「死に勝ちたまへる主のみ言葉によって」と変わっている。『試用版』（2006）では「復活の主の約束と聖霊の力によって」となっている。この３つの慰めの根拠を見るならば、天国からの慰めから復活による慰めへと神学的強調点が変わってきているのが分かる。

　祈りの内容は、他の諸式においても同様であるが、悲しむ者と共に、教会が意識されている。祈りにおいて、教会生活がその中心になっており、牧師が死者の信仰生活について神に感謝することによって、この点が強調されている。このことは信仰教育の一環でもあり、普段の礼拝以上にキリスト者ではない人が参列する葬儀を伝道の機会として見ていることが反映していると言える。

IV　日本におけるキリスト教葬儀式文のインカルチュレーション

(3) 出棺式

　日本の死者儀礼において、出棺は死者と別れる非常に重要な瞬間である。簡単な食事を取るが、その際、立ちながらであったり、普段の食事とは違う方法で食事をすることが風習として残っており、これは死者との永遠の別れを象徴している[84]。教会の中にはそのような習慣は行われないが、短い礼拝が執り行われる。家族によっては、このキリスト教の出棺式の前後に、慣習的な儀礼的行為をすることがあるかも知れない。

『式文』（1949/1959）	『試用版』（2006）
天の父、全能の神よ、人の生くるも死するも凡ては主の御手の中にあり。願はくは世を去りて御許に召されたる兄弟（姉妹）の柩を、その住み慣れし家より送り出さんとするに際し、主の厳かなる御旨と限りなき慈愛とを今一度想ひ起こさしめ給へ。凡ては主の深き摂理によることを信じ、益々堅く主に頼りてその導きに従ふことを得させ給へ。 今や兄弟（姉妹）の柩はその住家より離れ、我らより遠ざかるとも、世にありて結ばれし縁[1959: 神によっ	全能の主なる神、あなたはすべての時、すべての場において、わたしたちを顧み、わたしたちを守ってくださいます。 わたしたちはみもとに召された〔名前〕のなきがらをこの住みなれた家から送り出すに当たり、あなたが兄弟／姉妹と遺族・近親の人々に与えてくださった豊かな恵みを想い起こし、感謝いたします。 主なる神、〔名前〕は思い出に満ちたこの家と地上の生活を離れますが、あなたはみもとに兄弟／姉妹の

84　一般的な出棺については、『仏教葬祭大事典』、315–316 頁を参照。今日の状況では、遺族の家から教会や寺、もしくは葬儀会館に遺体が運び出されるのは珍しくなってきた。病院から直接教会などに運び込まれるケースが増えてきている。それゆえ、伝統的な出棺もしくは納棺という儀礼がとりわけ都市部ではその役割を失いつつある。しかしながら、亡骸が運び出されて、死の旅路につくという瞬間が求められており、教会などでは葬儀後、参列者は教会の外で棺が運び出されて火葬場に向かうのを待つ光景が見られる。その際、賛美歌が歌われたり、また「ご出棺」というアナウンスがあり、また車のクラクションが大きく鳴らされ、それを合図に参列者が一礼をするという場面がある。そこに出棺が死者儀礼として意味を持っていることがうかがえる。

天国での再会——日本におけるキリスト教葬儀式文のインカルチュレーション

て結ばれた縁] は永遠に絶ゆること
なく、天つ御國にて再び繋ぎ合せら
るることを信じて、心安らかに別れ
を告げしめ給へ。またこの機に悲し
みの情いよいよ切なる者を顧みて、
上よりの慰めを豊かに与へ、これよ
り行はる凡ての事を滞りなく終らし
め給へ。主イエス・キリストにより
願ひ奉る。アーメン。

住まうべき場所を備え、兄弟／姉妹
を受け入れてくださいます。わたし
たちはこのことを信じ、感謝のうち
に、兄弟／姉妹のなきがらをこの家
から送り出します。
どうか残される者たちの上に、特に
遺族・近親の人々の上に、あなたの
慰めと支えを豊かにお与えくださ
い。
主イエス・キリストの御名によって
祈ります。アーメン。

　基本的には遺体を家から運び出す「出棺式」の祈祷においては、この世
の住まいと天の住まいとが対照的に表現されている。イエスの言葉「わた
しの父の家には住む所がたくさんある。もしなければ、あなたがたのため
に場所を用意しに行くと言ったであろうか」（ヨハネ 14：2）は、天国での
生活についてのイメージを視覚的に与え、この祈りの根拠となっている。
この世と天国での住まいとが対照的に描かれている一方で、この祈りの中
で死者と生者との関係が死の境界を越えて天国において続いていくという
明確なイメージが存在する。「住まい」という言葉は、わたしたちの生が
死によって終わってしまうものではなく、また生きている者と死んだ者と
の関係が神によって死を越えて守られているという考えを強くしている。
このイメージは、イエス・キリストにおいて死をもってしても離されるこ
とのない人間と神、神の愛との関係（ローマ 8：38-39）とは区別されてい
る。天国での再会というイメージを具体化し、視覚的なイメージを与える
人間的関係の継続は悲しむ者にとっての慰めの根拠となっている。『式
文』（1949）の「世にありて結ばれし縁は永遠に絶ゆることなく」という
言葉は、『式文』（1959）において修正が加えらえ、人間間の関係から神に
よって与えられた関係へとその重点が移され、「神によって結ばれた縁は
とこしえに絶えることなく」となっている。『試用版』（2006）においては、

IV　日本におけるキリスト教葬儀式文のインカルチュレーション

天国における再会というイメージはさらに相対化されているが、住まいというイメージは引き続き残っている。

(4) 前夜式

　葬儀の前夜、遺族は遺体の側で過ごし、夜通し死者を見守り、ロウソクや線香を絶やさずに灯し続ける。通夜のことを夜伽、また添い寝とも呼び、遺体のそばで近親者が添い寝することもなされていた。通夜には弔問客が遺族を訪れ、僧侶がお経を唱えるのが一般的である[85]。

『式文』(1949/1959)	『試用版』(2006)
聖にして恵み深き父なる神よ、今宵我らは、この世の旅路を終へて御許に召されたる兄弟（姉妹）の遺骸を前にして、在りし日の兄弟（姉妹）を偲び、遺族近親の上に主の慰めを祈るべく、厳かなる思ひをもて此の所に集へり。願くは主の深き御旨を畏み、豊かなる御恵を思ひ、奇	恵みと憐れみに富みたもう主なる神、あなたは悲しみと嘆きの中にある者を慰め、痛みと不安の中にある者をいやし、混乱と失意の中にある者に希望を与えてくださいます。わたしたちは今、みもとに召された〔名前〕を覚え、葬りの式にそなえて、前夜の祈りをささげるために、

85　今日、特に都市部においては、葬儀への参列者よりも前夜式への参列者の方が多い場合があり、葬儀と前夜式との区別がつきにくくなっている。かつては通夜や前夜式は遺族の家で行われていたが、昨今は家で行われることが少なくなり、遺体が病院から葬儀会館や教会に直接運ばれることが多くなっている。葬儀のスピード化が見られ、できるだけ早く遺体を日常生活から排除したいという傾向が見られる。その背景には、ゴーラーが言う死のポルノグラフィー化が見られる。G. ゴーラー『死と悲しみの社会学』、宇都宮輝夫訳、ヨルダン社、1986 年。19 世紀には性や誕生がタブーとされ、死はそうではなかったが、20 世紀になると性がオープンになり、死（特に自然死）は反対にタブーとされるようになった。反面、戦争や事故による横死は小説や映画などの中で露出されるようになる。誕生・性・死という人間の基本的事実と相対するのを社会がタブーとするなら人目を忍んでするようになる。ゴーラーは、社会が他人の死に冷淡になり、遺族の喪の悲しみに対する許容度を減少させた結果、愛する者を亡くした人間に必ず発生するものである悲嘆に適切に対処していく社会的支援を欠くようになっている、と調査結果を基に結論づけた。このことにより彼は遺族心理についての精神医学におけるその後の研究に道を開いたことで大きな功績がある。

ここに集いました。わたしたちの思いを一つにし、兄弟／姉妹に対する厳かな敬意と、あなたへの深い信頼をもって、葬りの式を執り行わせてください。

主なる神、あなたは、はかり知ることのできないその憐れみによって、〔名前〕の上に限りなく豊かな恵みを与えてくださいました。

＊【あなたは兄弟／姉妹を召して、洗礼にあずからせ、主の教会の肢として、キリスト者の生涯を歩ませてくださいました。】

（＊キリスト者でない場合は省略）

兄弟／姉妹は家庭や社会にあって、多くの人々に良い感化を及ぼし、与えられた人生の日々を歩みとおしました。あなたが、〔名前〕の人生を、その最初から最後まで導いてくださったことを感謝いたします。

けれども、主よ、愛する兄弟／姉妹の死は、遺族・近親のみならず、兄弟／姉妹との交わりをもったすべての者たちの上に、深い悲しみをもたらしました。どうか今、あなたによって結ばれた〔名前〕との交わりが、生にあっても死にあっても揺らぐことなく、失われることのないものであることを、わたしたちに思い起こさせてください。そして、あなたの慈しみとまことに深く信頼を寄せる者としてください。

しき御言によりて［1959：生けるみ言葉によって］慰めらるることを得しめ給へ。

主よ、兄弟（姉妹）は限りなき御慈愛によりて主を知る者とせられ［1959：主のみ救いを与えられ］、十字架の御血によりて潔められ、信仰の道を通りて遂に御許に召されたり。今や御前に事ふる聖徒と共に主の榮光を讃め稱へつつあることを信じて、御名を崇め奉る。されど兄弟（姉妹）を召されしことによりて堪へがたき悲しみと嘆きとに鎖されたる者を顧み給へ。願はくはその心に平安を与へ、その魂に惠を満し給へ、また此の厳かなる事実によりて［1959：主による慰めを与え、またこの主のおごそかな召しによって］、深く人の世のはかなさを思ひ、智慧の心を得しめ給ふと共に、永遠に変り給ふことなき主を仰ぎ望み、ひたすら信仰の道に進ましめ給へ。〔殊に主にありて眠りし兄弟（姉妹）の模範に倣ひ、その足跡を踏みて、いよいよ篤く主に事ふることを得させ給へ。〕兄弟（姉妹）と我らとは今しばし相見ること能はずといへども、同じく神を仰ぎ、救主を信じ、聖徒の交りに連ることを得しめ給へ。願はくは今より後互ひに心を通はせつつ、主の榮光のためにいそしむ者とならしめ給へ。我らのために執成し給ふ救主［1959：

IV　日本におけるキリスト教葬儀式文のインカルチュレーション

| 悲しむ者の慰め主〕イエス・キリストによりて願ひ奉る。アーメン。 | 救い主イエス・キリストの御名によって祈ります。アーメン。 |

　キリスト教ではこの通夜を前夜式と呼び、キリスト教式の礼拝が執り行われる。この前夜式の祈りも「聖徒の交わり」、我らと「召されたる兄弟（姉妹）」との間の関係がしばらくの間の別れと死に対抗するものとして言及されている。『試用版』（2006）においては、この関係がさらに「どうか今、あなたによって結ばれた〔名前〕との交わりが、生にあっても死にあっても揺らぐことなく、失われることのないものであることを、わたしたちに思い起こさせてください」という言葉で強調されている。そして、どの祈りにおいても「わたしたちは……ここに集いました」と述べられ、この生きている者同士、生者と死者との関係が、悲しむ者に慰めを乞い求め、神を信じる根拠となっている。この交わりは神によってもたらされたものである。ただそれは交わりをもたらしてくれる神への信仰だけを述べているのではなく、聖徒の交わりへと我々を招くイエスとその十字架への信仰が重要である。

(5) 葬儀

『式文』（1949/1959）	『試用版』（2006）
（イ） 永遠より永遠まで変り給ふことなき全能の神よ、我等今ここに集ひ我等の測り知るを得ざる深き御旨によりて世を去りし兄弟（姉妹）のために、葬りの式を営まんとす。願はくは我らの執り行ふところ凡て御心に添ふことを得させ給へ。 慈愛の父よ、御子イエス・キリストは死を以て死を亡ぼし、復活により	開会祈祷 すべてのものの造り主であり、すべてのものを治めたもう聖なる神。 わたしたちは、みもとに召された〔名前〕を覚え、愛するこの兄弟／姉妹を御手にゆだね、遺族・近親をはじめ、悲しみと嘆きの中にある人々にあなたの慰めを求めるために、ここに集いました。この時を最初から最後まで導き、あなたの栄光をあらわ

163

す時としてください。

主なる神、あなたはわたしたちを形作り、命の息を与え、この世界に生きる者としてくださいました。また、あなたはわたしたち一人一人に人生の道筋を備えられ、その歩みを守り導いてくださいます。あなたはわたしたちの生涯の日々に終わりを定め、みもとへお召しになります。

あなたの御心はわたしたちの思いを超えて、深く高くまた遠く、人間にはそのすべてを思いはかることはできません。けれども、主にあっては、死はすべての終わりではなく、地上における別れも永遠の別れではないことを、わたしたちは知っています。

主なる神、どうか今、御前に集うわたしたちに目を留め、愛する〔名前〕の死を嘆き悲しむ者一人一人を顧みてください。あなたへの信頼を新たなものとし、嘆きの中に静かな落ち着きを、悲しみの中に確かな平安を与えてください。そしてわたしたちの恐れを信仰に、失意を希望に変えてください。

主なる神、わたしたちは兄弟／姉妹と再びみもとで顔と顔を合わす日が来ることを信じます。召された者と地上に残る者とが共にあなたをほめたたえ、あなたによって一つとされますように。

喜ぶ者と共に喜び、悲しむ者と共に

て永遠の生命の道を開き給へり。その功によりてこの兄弟（姉妹）は世にありし時、慈愛の御手に導かれ、主の御救ひを与へられ永遠の生命を嗣ぐべき者とせられしことを感謝し奉る、今や兄弟（姉妹）の靈は肉の束縛より解き放たれ、主の御許に受けいれられ、平安と祝福との中に住めることを信じて御名を崇め奉る。

願はくは此の世に遺され、歎きの中にある者を憐み、天來の慰めを豊かに与へ給へ。また兄弟（姉妹）と偕（とも）に信仰の道を辿りし者も深く自らの終りを思ひ、主の日のために備ふるところあらしめ給へ。

ラザロの墓に涙を注ぎ、ナインの寡婦を憐み給ひし御子イエス・キリストによりて願ひ奉る〔1959ではこの祈りの最後の言葉が（イ）と（ロ）で入れ替わる〕。アーメン。

IV　日本におけるキリスト教葬儀式文のインカルチュレーション

	悲しんでくださるわたしたちの救い主イエス・キリストの御名によって祈ります。アーメン。
（ロ） 全能の神、慈愛の父よ、 主の御心と摂理とはいと奇しくして測り難し。主、人を此の世に生れ出でしめて宣はく、人の子よ生きよと。また人を塵に帰らしめて宣ふ、人の子よ帰れよと。萬物は主の御旨のままに造られ且つ保たる。而もその深き御旨を知ることなし。いま我等は主の忠実なる僕、何某兄弟（姉妹）を葬らんとして深き歎きをもて御前に額づけり。主は此の兄弟（姉妹）を地上に遣はし、また御許に召し給へり。（我等その臨終に際しあまたたびの祈を捧げ能ふ限りの手段を盡して、その地上に於ける生命の一時も長からんことを望みたるにも抱らず、遂に御許に召されたるは、我らの今知るを許されざる深き御旨に依るものなるを思ひ、主の萬全なる摂理の前に黙してただ御慈愛に信頼し奉る） 惠深き父よ、主の憐みによりて此の兄弟（姉妹）は意義ある生涯を送り、多くの人に良き感化を残し、その走るべき道程を走り終りて御許に召されたり。殊に主は、その魂を顧みてその生前に主を知らしめその御救に	とりなしの祈祷 天地の造り主、すべてを支配し、御心のままに導きたもう主なる神。わたしたちは、みもとに召された〔名前〕を覚えて、とりなしの祈りをささげます。あなたは兄弟／姉妹を愛し、その生涯の日々を、初めから終わりまで導いてくださいました。その限りない恵みのすべてを数え上げることはできません。 *【あなたは兄弟／姉妹をお選びになり、洗礼によってキリストの教会につらなる者とし、その生涯を主に従うものとしてくださったことを覚えて、感謝いたします。】 　　（*キリスト者でない場合は省略） けれども、主なる神、わたしたち人間は、聖なるあなたの御前にあっては、欠けることの多い、弱く、愚かな罪人にすぎません。どうか、わたしたちの救い主イエス・キリストの贖いのゆえに、召された兄弟／姉妹のすべての罪をお赦しください。教会がささげる祈りを聞き上げ、兄弟／姉妹を聖なる神の民として、みもとに受け入れてください。そして、みもとにある代々の聖徒たちと共に、御名の栄光をほめたたえる者として

与らせ、限りなき生命を授け給ひし
ことを感謝し奉る。主の御救により
て兄弟（姉妹）の靈は遂に帰るべき故
郷に帰り父の御懐に憩へり。我等は
今兄弟（姉妹）の靈を惠みの御手に委
ね奉る。

されど主よ、地上に在りて兄弟（姉
妹）と共に人生の行路を辿りし者は、
この際堪え難き悲しみと寂しさとを
感ぜざるを得ず。特に兄弟（姉妹）を
失ひしことによりて、遺族の蒙りし
痛手は、他の何物によりても癒され
難し、我らは主の慰めと助けとの豊
かに与へられんことを切に祈り奉る。
願はくは今より永遠に彼等を守り給
ひて、逝きし兄弟（姉妹）の遺志を継
ぎ、その心に添ふことを得させ給へ。
主は御言葉の中に「一粒の麥、地に
落ちて死なずば唯一つにてあらん。
もし死なば多くの果を結ぶべし」と
宣へり。願はくは此の死をして空し
くならしめず、多くの人に救と生命
とをもたらす祝福の源とならしめ給
へ。我等の主イエス・キリストによ
りて願ひ奉る。アーメン。

ください。愛する兄弟／姉妹〔名前〕
を、わたしたちは今、あなたの慈愛
の御手にゆだねます。

主なる神、今ここにあなたの聖霊を
送り、主にあるわたしたちの交わり
を、今ものちもとこしえに、変わる
ことのないものとしてください。そ
して、兄弟／姉妹がこの地上に残し
た良い働きを覚えて、わたしたちも
それに倣う者としてください。
*【また兄弟／姉妹が主イエス・キ
リストに従って歩んだ道を、わたし
たちも最後まで歩みとおすことので
きるよう、お導きください。】

　（＊キリスト者でない場合は省略）
遺族・近親の上に、また兄弟／姉妹
の死によって悲しみと嘆きの中にあ
るすべての者の上に、あなたの慰め
と平安が豊かに与えられますように。
わたしたちの主イエス・キリストの
御名によって祈ります。アーメン。

　『式文』（1949/1959）の2つの祈り（イ／ロ）は、どちらかを選択するも
のとして掲載されている。この2つの祈りは、その構造やテーマにおいて
かつての日本基督教会や日本メソヂスト教会の葬儀における祈祷とよく似
ている。つまり、死者を神に委ね、死者のこれまでのこの世における生活
が「慈愛の御手に導かれ、主の御救ひを与へられ永遠の生命を嗣ぐべき者
とせられしことを感謝し」、遺族の慰めを求め、死を前にしての信仰が深

められることが祈られている。『式文』（1949/1959）においては天国におけ
る再会は言及されていないが、『試用版』（2006）では、再び取り上げられ
ている。「わたしたちは兄弟／姉妹と再びみもとで顔と顔を合わす日が来
ることを信じます」「今ここにあなたの聖霊を送り、主にあるわたしたち
の交わり（死せる者と生ける者との交わり）を、今ものちもとこしえに、変
わることのないものとしてください」。

　『試用版』（2006）における葬儀式文はリタージカルに新しくされること
によって、礼拝的性格が強められている。『試用版』（2006）は 2 つの式文
を提示し、それは主日礼拝の礼拝順序に基づいたものであり、聖餐式を取
り入れることを推奨している。従来葬儀の中で行われていた弔辞、献花、
遺族挨拶という要素を礼拝後に行うことを提案し、このような要素を礼拝
と切り離すことによって「礼拝としての葬儀」の性格を強めようとする試
みであると言える。

　近年、葬儀よりも前夜式に人が集まり、葬儀と前夜式の違いが曖昧にな
りつつある傾向があるなかで、『試用版』（2006）は、このような傾向に批
判的な『新しい式文』（1990）[86] の提案を受けて、他の納棺式、出棺式、前
夜式などの諸式を礼拝ではなく「式、祈り」と称し、葬儀の礼拝的性格を
強めている。

（6）火葬前式

　民俗信仰においては、死体は汚れたものと考えられており、その魂は火
によって解放され、清められると考えられている[87]。火葬は宗教的な理由

86　『新しい式文』（1990）、139 頁を参照。「教会の公同礼拝を基調に構成される『葬
　　式』のみを〈──式〉と呼び、そのほかの信仰の交わりと牧会的配慮に基づいて行
　　われる諸式を〈──の祈り〉と呼ぶこととした」。さらに『試用版』（2006）、136
　　頁を参照。「葬式が公同礼拝である以上、本質的には聖餐を含む形式が望ましいと
　　言える。日本の場合、キリスト者以外の多くの人々が出席する葬式という場で聖餐
　　を行うことは実際には難しい実状があるが、『式文 A』では聖餐式を行う際の位置
　　を示しておいた。また公同礼拝という視点からすると、故人の思い出・弔辞、弔電
　　披露、遺族挨拶、献花といったものは、原則として葬式（礼拝）の後に位置づける
　　べきであると思われる」。
87　遺体を汚れたものと見なす感覚は葬儀において影響を及ぼしている。最近では少な

167

というよりも衛生的な理由から日本全国に広まり、実施されている。火葬場では、火葬の前に僧侶が短いお経を唱えるのが一般的である。以前は火葬に時間がかかり、入炉後は僧侶や牧師は家族と共に一旦帰宅し、後日家族だけでお骨上げを行っていたが、近年火葬自身の時間が短くなり、数時間斎場に留まり、僧侶や牧師もお骨上げに立ち会う機会も増えている。このお骨上げには、あまり宗教的には根拠を持たないが、地方や風習によって独特な作法があり、その作法に意味がつけられ、一般的には死者儀礼において重要な瞬間である。それゆえ、そこに僧侶や牧師が立ち会っている場合、何らかの宗教的な儀礼が求められることになる。

『式文』 (1949/1959)	『試用版』 (2006)
天地の創造主、全能の父なる神よ、奇しき御旨と深き憐みとによりて御許に召されたる兄弟(姉妹)の遺骸を今や御手に委ね、土を土に、灰を灰に、塵を塵に復さんとす。兄弟(姉妹)の肉体は我らの眼に消え失すと雖も、主の御前にはその一つの肢も空しくならず、終りの日新しき天と新しき地との成る時、大能の力によりて榮光の体に化せられん。主与へ、主取り給ふなり。主の御名は讃むべきかな。願はくは萬物の更まる日まで兄弟(姉妹)の全靈全身を守りて、主と偕なる祝福に与らしめ給へ。救主イエス・キリストによりて願ひ奉る。アーメン。	天地の造り主、全能の父なる神。わたしたちは今、はかり知れない御旨によって、地上の生涯を終え、みもとへ召された〔名前〕のなきがらを御手にゆだね、土を土に、灰を灰に、塵を塵に返そうとしています。しかし、主よ、やがて神の国が完成する日に、朽ちるべきわたしたちの体は朽ちることのない栄光の体に変えられるという約束を覚えて、感謝いたします。どうか、この信仰に固く立ち、希望をもって、兄弟／姉妹との再会を待ち望むことができますように。主イエス・キリストの御名によって祈ります。アーメン。

くなったが、伝統的な風習では、葬儀に参列した者は汚れていると見なされ、塩で浄めてから自宅に入るという風習が行われる。遺族はある一定期間、例えば1週間や1か月、もしくは49日間汚れていると見なされ、もしくは、その期間死者の霊が家に留まっていると考えられていたので、他者との接触が憚られることもある。『葬儀大事典』、539-540頁を参照。

IV　日本におけるキリスト教葬儀式文のインカルチュレーション

　仏教的な風習にならって、キリスト教においても牧師が聖書を読み、祈りをささげ、遺族と共に賛美歌を歌うという短い火葬前式が執り行われる。その際唱えられる祈り（『式文』1949/1959）は、欧米の埋葬式の祈祷を引き継いでいる。「土を土に、灰を灰に、塵を塵に復さん」はBCP（1549）に遡る言葉である[88]。「榮光の體に化せられん」はBCP（1549）の "when that dredeful day of the generall resurreccion shall come, make him to ryse also with the just and righteous, and receive this bodie agayn to glory"[89] という言葉を想起させる。ヨブ1：21の言葉である「主は与え、主は奪う」はBCP（1549）以来、遺体の教会への入堂において読まれているものである。『試用版』（2006）の祈りは従来の火葬前式の祈りを引き継いでいるが、「主と偕なる祝福」（『式文』1949）から「兄弟/姉妹との再会を待ち望む」ことに焦点が移っている。

(7) 埋葬式・納骨式

　火葬の後、しばらくの間遺骨は遺族の元に保管されることが多く、伝統的には四十九日を過ぎたあたり、もしくは他のふさわしい機会に墓への納骨が行われる。その際、仏教では短い儀式が執り行われる。

　キリスト教会においても、納骨式が執り行われ、教会が納骨堂を所有している場合は、他の教会員とその関係者の遺骨と共に教会の納骨堂におさめられることが多い。ただ、教会としては、納骨のタイミングに特別な規定はなく、家族の都合もしくは教会の墓前礼拝などにおいて納骨される。

　祈祷文においては、終わりの日の復活への希望と神の前での再会は前後して語られている。「終りの日の復活を主によりて待ち望み奉る」「やがて召さるる日來らば、逝きし兄弟（姉妹）と偕に主の御前に立ち、世々限りなく御名を讃め稱ふることを得させ給へ」。これらの言葉において、しば

88　3章、105頁を参照。"I commend thy soul to God the father almighty, and thy body to the ground, earth to earth, ashes to ashes, dust to dust, in sure and certain hope of resurrection to eternal life, through our Lord Jesus Christ." この式文はもともとセーラム典礼に由来する。

89　3章、107–108頁を参照。

天国での再会──日本におけるキリスト教葬儀式文のインカルチュレーション

『式文』（1949/1959）	『試用版』（2006）
憐み深き天の父よ、主イエス・キリストはヨセフの備へし奥津城[1959：墓]に御体を憩はせ、その所を榮光に輝かせ給へり［1959：栄光に輝く復活の場となさいました］。いま我らは、御旨によりて召されたる兄弟（姉妹）の遺骨（遺骸）を此の所に納め、終りの日の復活を主によりて待ち望み奉る。 主は限りなき御慈愛をもて兄弟（姉妹）を主の［1959：あなたの］御救ひに入れ、その教會に連ね給へり。今より後我ら所を異にすと雖も主によりて結ばれし一致を堅く保ち、常に望に生きて主の榮光を顕はすことを得させ給へ。またやがて召さるる日來らば、逝きし兄弟（姉妹）と偕に主の御前に立ち、世々限りなく御名を讃め稱ふることを得させ給へ。我らの主イエス・キリストにより願ひ奉る。アーメン。	全能の神、主イエス・キリストは、十字架の上で死んだのち墓におさめられましたが、三日ののちによみがえり、そこを神の栄光をあらわす場所となさいました。わたしたちは今、みもとに召された〔名前〕の遺骨をここにおさめ、終わりの日のよみがえりを待ち望みます。 主なる神、キリストと共に生き、キリストと共に死ぬ者は、またキリストと共によみがえるという幸いを覚えて感謝いたします。主にあって結ばれた交わりは、今ものちもとこしえに変わることなく、わたしたちを一つにします。 主なる神、やがてわたしたちもみもとに召され、兄弟／姉妹と再会する時を迎えますが、どうかその時まで、生にあっても死にあっても、平安と感謝のうちに、あなたの栄光をたたえる者とならせてください。 わたしたちの主イエス・キリストの御名によって祈ります。アーメン。

らく後に亡くなった者と再会するという希望は、まさに終わりの日における天の住まいに対する希望と同等のものとして見られている。もちろん終わりの日に対する希望はキリスト者にとっては終末論的に現在化されたものであるが、日本の式文における祈りも同様に天国における死者との再会も現在化されている。「今より後我ら所を異にすと雖も主によりて結ばれし一致を堅く保ち、常に望に生きて主の榮光を顕はすことを得させ給へ」

（『式文』1949/1959）、「主にあって結ばれた交わりは、今ものちもとこしえに変わることなく、わたしたちを一つにします」（『試用版』2006）。

また『式文』（1949）では、イエスが葬られたのは墓ではなく、神道の墓、神霊が祀られている「奥津城」が使われていることが興味深い。

(8) 記念会

仏教的な伝統においては、亡くなってから7日ごとに四十九日に至るまで法要が行われる。この儀礼は、死後死者の魂は極楽浄土に行けるかどうかの判定を受けるためにこの世とあの世の狭間にいるという考えに基づいている。この期間に、追善供養など遺族は死者のために善行を行うことによって、死者に功徳を与え、冥福を祈る。死者の冥福という宗教的な意味を含んでいるが、その一方で遺族の死からの解放を儀礼的に確定する役割をも持っている。遺族は死後49日間慎ましやかに生活し、四十九日が過ぎることによって、遺族は喪の期間から解放され、再び日常生活へと帰って行くことができる儀礼でもある。その後、定められた年忌に法事が行われるのであるが、都市部においてそのような風習も簡素化されてきたものの、日常生活における仏壇への供え物や墓参り、お盆、各法事など日本の社会の中では非常に重要な役割を果たしている。

『式文』(1959)	『試用版』(2006)
聖なる天の父、 きょう（こよい）わたしたちは過ぐる日みもとに召された（　　　）兄弟（姉妹）を記念して、その世にあった日をしのび、また遺族近親の上に主の慰めを祈るためにここに集まってまいりました。どうかみ言葉によって主の深いみ旨をさとらしめ、主の慰めとみ恵みとを豊かに与えてください。 兄弟（姉妹）が世にあったとき、主	恵みと憐れみに富みたもう主なる神。あなたはすべての時、すべての場において、わたしたちを顧みて、わたしたちを導いてくださいます。過ぐる日、あなたはわたしたちの愛する〔名前〕をみもとに召されました。兄弟／姉妹は、その生涯をあなたによって守られ、歩むべき道のりを歩みとおし、果たすべき業を果たして、みもとへ帰りました。愛する者との別れは、わたしたちにとって、

を信じてみ救いに入れられたことと主の栄光にあずかる者とされたこととを信じ、平安と慰めとを受けることを得させてください。 また、わたしたちも兄弟（姉妹）のよい模範にならい、心を尽くして主に仕える者とならせて下さい。救主イエス・キリストのみ名によってお願いいたします。アーメン。	とりわけ遺族・近親にとって、大きな悲しみをもたらしました。あなたはその嘆きを、誰よりもよくご存じです。 けれども、主よ、あなたによって与えられた、愛する兄弟／姉妹との親しい交わりは、決して終わったわけではありません。あなたが結ばれたわたしたちの交わりはとこしえに失われることはありません。 *【兄弟／姉妹は、その信仰によって、今もなおあなたの恵みを語り、証ししています。】 　　（＊キリスト者でない場合は省略） どうか、兄弟／姉妹があなたのもとにあって与えられている平安と慰めを、ここに集うわたしたち一人一人にもお与えください。そして、やがて御国において、再び兄弟／姉妹と出会う日を待ち望みつつ、わたしたちに与えられた日々を、感謝と賛美のうちに過ごすことができますように。 主イエス・キリストの御名によって祈ります。アーメン。

　しかしながら、日本の教会においては一般的に特別に死者の記念のための期日や風習などが定まっておらず、遺族の自由に任されている。聖日礼拝として永眠者記念礼拝が行われたり、教会ごとで墓前礼拝が執り行われることがあるが、家族が日常生活の中で行う法要などの死者の記念行事・儀礼は、教会の中では積極的に行われていない。

多くのプロテスタント教会の中では、死者の記念は、教会に定められた行事というよりも、遺族のプライベートな事柄として見なされ、遺族の要望に応じて営まれている。宗教改革の基本的な考えからいうならば、死者の記念、死者のために祈ることは避けられなければならない。葬儀の祈りの中でも「今兄弟（姉妹）の霊を恵みの御手に委ね奉る」と祈り、死者のすべてを神にゆだねている。もし日本の教会が死者の記念や死者のために祈ることを重視するならば、人間の行為や信仰が死者の救いに影響を与えうるという考えを生み出す危険性を持つことになる。そして葬儀が神の救いに優って死者の救いにとって決定的な力を持つことも考えられる。信仰の本質が死者儀礼によって台無しになってしまうことも考えられるために、いささか死者の記念行事に関しては消極的な姿勢をとっていることは納得できる。しかし、死者を記念する行事が日本の中で重要な役割を果たしている以上、教会は記念会を避けて通ることはできず、教会的な制限を加えつつ対応していくことが求められる[90]。

「記念会」は『式文』（1949）にはなく、『式文』（1959）において初めて取り入れられた。ここで併記した「記念会」の祈りでは、他の諸式の祈祷と同様に死後の世界としての天国における平安な生活と、天国での再会、死を通しての信仰教育がそのテーマとなっている。

8. まとめ

ズンダーマイアーが「宗教は閉鎖されたシステムではなく、原則的に開かれている」[91] ことを強調するように、教会の葬儀も開かれており、生きている。日本のキリスト教の歴史は 150 年ほどのことであるが、すでにその中でアメリカから日本に伝えられたキリスト教葬儀は、日本の生活様式、文化、宗教、情緒に深く結びついた死者儀礼と出会うことによって、大きく変化してきた。日本のキリスト者が人間の悲しみに出会い、その悲しみ

---

90 『試用版』（2006）では、記念会を命日にするのではなく、イースターの期節か、ペンテコステの期節に行うことが勧められている。『試用版』（2006）、137 頁を参照。

91 Theo Sundermeier, Was ist Religion?, 163.

や欲求に応えるような葬儀を執り行おうとするならば、当然日本人が理解し、また受け入れることができる死者儀礼は、日本的な要素を取り入れることになる。

　初期の長老派教会やメソジスト教会の式文は、インカルチュレーションの段階で言うならば「翻訳」にあたるものである。礼拝学者の由木康は1890 年から 1920 年あたりの日本の典礼状況を「礼拝の理論と実践とにかんするかぎり、特筆すべきものは見られない」[92] と批判しているように、葬儀式文も元々の式文と若干順序等は変わっているが、聖書、祈祷、賛美歌を組み合わせたものにすぎず、典礼的に特別なものが見いだされるわけではない。しかしながら、日本の教会葬儀の基本的な形や強調点がすでにこの時代に形成されつつあることは確認できた。

　4 つのモチーフである「a. 遺族の慰め、b. 天国における平安、c. 天国における神と亡くなった家族との交わり・再会、d. 死を通しての信仰教育」がすでに 20 世紀の初めに日本の葬儀式文の特徴として表れており、それが『試用版』(2006) において引き継がれていることが分かる。式文の中には、日本語として明確に表現されているわけではないが、日本的なあの世理解[93] との関係が見いだされる。主としてアメリカの教会から伝えられた葬儀式文の中では、終末論的な最後の日がこの世における人生の最後と同一視されている。日本の葬儀式文においては、天国への帰還とそこでの平安な生活の中に救いが見いだされており、また、キリスト教葬儀のテーマとして復活の代わりに天国での再会が前面に押し出されている。日本のキリスト教葬儀において輪廻思想は見いだすことはできないが、「死後浄土

92　由木康、前掲書、212 頁。

93　日本人のあの世観については、梅原猛『日本人の「あの世」観』、中央公論社、1993 年、13-69 頁を参照。梅原は、紀元前 10,000 年から紀元前 300 年における日本の原初的な宗教に日本人の原初的なあの世観を見いだしている。日本人にとってあの世は近いものであり、死後すぐにあの世に生き、そこで祖先に属するものとなる。そしてあの世とこの世とを自由に行き来することができると考えられている。本来、仏教で行く浄土は到達することができないほど遠い存在であるが、この日本人のあの世観の影響によって、死後すぐに浄土に行くものと信じられるようになった。梅原は、日本の仏教は本来の仏教の表面的な受容であり、その中身は日本化されていると分析している。

IV　日本におけるキリスト教葬儀式文のインカルチュレーション

に帰って行く」という日本的なあの世理解の影響は祈祷文の中に見いだすことができる。

　この章において検証してきたように、日本の教会は比較的早い段階において日本の死者儀礼の要素を取り入れ、それらをキリスト教的に新しい名前を付け、式文の中に組み込んだり、式文化することによって、それをキリスト教化してきた。そのようにして、日本のキリスト教葬儀は形成されてきた。

　キリスト教が直面していた日本文化は、新しく日本に入ってきたキリスト教を傍観していただけではなく、その新しい不慣れな宗教を自分の中に吸収し、日本化しようとする傾向も見られる。待井は「『劣位なる現地民』が『優位なる外来者』の押し付けに、黙って耳を傾けているわけではなかった」と述べ、ズンダーマイアーはこのような宗教的現象を解釈し、「後進の二次的宗教経験は、原初的なものを簡単に消し去ることはできず、それを前提とする。先在する原初的なものは、新しいものを理解するための前理解や理解の枠を提供することになる」[94]と新しく入ってきた宗教と先在するその土地の宗教との関係を定義している。多くの宣教師は既存の宗教を一掃するタブラ・ラーサ・メソッドによって宣教を推し進めようとしたが、実際は一掃された古い既存の宗教がキリスト教の表現を装って再び浮かび上がってくることになる。そして、そのような古い文化や宗教が外面的に新しい外来の宗教（キリスト教）を変容させるだけではなく、その内容にも影響を及ぼすこととなり、葬儀に関しては、欧米の葬儀の中心的テーマ「復活の希望」に取って代わって、新しいテーマ「天国における再会」が前面に出てくることになる。

　この相互的影響がインカルチュレーションのプロセスに属するものである。しかしながら、日本における葬儀式文は十分にインカルチュレートしたとは言い難いという印象を持っている。『試用版』（2006）は、インカルチュレーションの第3段階である「刷新」に至っているとは言えず、「改編」の段階である。一方では、『試用版』（2006）は「礼拝としての葬儀」

94　Theo Sundermeier, Was ist Religion?, 37.

という神学を保ちつつも、他方では新しい欧米の式文にならおうとする傾向を持っている。このような発展は必ずしもインカルチュレートした純粋な日本的な葬儀式文に至るものであるとは言えず、むしろ、インカルチュレーションを停滞させているものであると思える。

　キリスト教の日本文化への影響を考えるとき、復活信仰が大きく作用しているとは言い難い。葬儀式文においては、復活信仰はこれまで曖昧であり、むしろ後退気味であり、天国における平安な生活や天国における再会に取って代わられている。

V
日本における葬儀賛美歌の
インカルチュレーション

　前章において日本における葬儀式文の変化をたどったところ、以下の4つの特徴「a. 遺族の慰め、b. 天国における平安、c. 天国における神と亡くなった家族との交わり・再会、d. 死を通しての信仰教育」が顕著に表れていることを確認した。

　本章においては、葬儀、死、天国をテーマとした賛美歌に注目し、上記の式文のインカルチュレーションの特色を、葬儀賛美歌にも同様に見いだすことができるかを検証する。

　礼拝式文が主として司式者（主として牧師）だけに所有され、司式者によってのみ読まれ、会衆はそれを受身的に聞くだけであるのに対して、賛美歌は会衆が所有し、歌い、積極的に関与するものであるがゆえに、会衆により大きな影響を与える。また賛美歌は、音楽を通して感性に訴え、キリスト教への回心や信仰の覚醒にも一役を担うものである。さらに式文と違って選択の可能性があり、社会や会衆の死生観の変化の中で受け継がれていくものであり、また逆に消え去っていく賛美歌もある。特に、葬儀賛美歌はキリスト者の中でだけ歌われるのではなく、葬儀に参列しているキリスト者ではない日本人によっても歌われることを考えるならば、葬儀賛美歌の日本文化における出会いと適応が大きな課題となる。賛美歌には、キリスト教の教義を伝え、日本の文化に影響を与えるとともに[1]、日本の文化から影響を受けるというインカルチュレーションの特色が顕著に表れている。

1　明治時代に賛美歌が日本文化、特に小学唱歌に与えた影響に関しては、手代木俊一『讃美歌・聖歌と日本の近代』、音楽之友社、1999 年、11–38 頁を参照。また、日本文化が賛美歌に与えた影響に関しては、戸田義雄・永藤武編『日本人と讃美歌』、桜楓社、1978 年を参照。

プロテスタント賛美歌集の系譜を大別すると、『古今聖歌集』の日本聖公会系、『讃美歌21』に至る日本基督教団讃美歌委員会系、『新生讃美歌』に至るバプテスト系、『新聖歌』に至る福音派系に分けられる。前章で研究の対象とした『日本基督教団口語式文』に至るまでの式文の変遷との関係を照査するため、1997年に出版された日本基督教団讃美歌委員会編『讃美歌21』に至るまでの葬儀賛美歌の系譜を探っていく。その際、直接的に影響を与えたと思われる改革派系、長老派系、会衆派系、メソヂスト系、バプテスト系の賛美歌集の変遷をたどり、葬儀賛美歌のインカルチュレーションの問題について述べる。

1. 日本における賛美歌の歴史と課題

(1) 日本における賛美歌の歴史

1874年に日本最初のプロテスタント賛美歌集が出版されて以来、各教派において20ないし30曲からなる賛美歌集が編纂された。1890年頃には、300から400曲の賛美歌を収録する歌集が出版されるに至った。

長老派・改革派系の日本基督一致教会は、いくつかの賛美歌集を試作した後、1881年に日本人の委員会によって最初に編纂された賛美歌集『讃美歌　全』を出版した。会衆派の日本組合教会は、1882年に日本で最初の四部合唱形式の譜面付きの『讃美歌并楽譜』を編纂した。その後、組合教会と一致教会の合同の計画が進んだが、実現に至らなかった。しかし、その結果2派共通の『新撰讃美歌』（1888年歌詞版、1890年譜附版）が出版されるに至った。この歌集には263曲の賛美歌が収録されているが、そのうち91曲が日本人による創作であることがその特徴の一つである。

メソヂスト教会では、1884年に『基督教聖歌集』が作られ、翻訳賛美歌と並んで日本人による多くの創作賛美歌も収録された。1895年には『基督教聖歌集』は増補改訂されて、422曲を収めるものとなった[2]。

2　この賛美歌集の編纂において、インカルチュレーションの視点から永井ゑい子や別所梅之助が果たした貢献は大きいといえる。永井ゑい子に関しては、永藤武「讃美歌『天つ真清水』と月――永井ゑい子の伝統的抒情世界」、戸田義雄・永藤武、前

浸礼（バプテスト）教会では、宣教師ネーサン・ブラウン（Nathan Brawn, 1807-1886）が積極的に賛美歌集の編纂に従事し、1896年に『基督教讃美歌』が出版された。ブラウンの影響が強かったため、他教派の歌集に比べて訳詞の洗練度において劣っていると言われている。アメリカの教会の影響を受けて福音唱歌が比較的多く収録されているのもその特徴である。

　1900年に超教派の讃美歌委員会が結成され、各派の共通賛美歌集編纂に取りかかった。この委員会には、日本基督教会、日本メソヂスト教会、日本組合教会、浸礼教会並びにディサイプル派の基督教会が加わった[3]。この委員会によって1903年に出版された『讃美歌』には、浸礼教会の『基督教讃美歌』、日本メソヂスト教会の『基督教聖歌集』、日本基督教会と日本組合教会共通の『新撰讃美歌』から全体の4分の3にあたる賛美歌が収録され、さらに新しく翻訳、創作されたものが加えられた。この後、『讃美歌』（1931）、『讃美歌』（1954）が出版されているが、曲・詞とも大部分は『讃美歌』（1903）を継承するものであり、『讃美歌』（1903）は日本の賛美歌史上で一応の完成を収めたものであると言える。しかし、1997年には近年の賛美歌研究を踏まえて抜本的な改訂が行われた『讃美歌21』が編纂され、日本の賛美歌集は新しい展開を迎えることとなった。

（2）賛美歌の課題

　『讃美歌』（1903）の特徴として、日本的叙情性が挙げられている。原恵

掲書、133–208頁を参照。別所梅之助に関しては、永藤武「神の受容とその讃美——別所梅之助の信仰と思想世界」、同書、29–101頁を参照。
　永井は第1版を企画編纂したJ.C.デヴィソンの助手として働いただけではなく、104編にも及ぶ短歌体賛美歌を創作した。その後日本の賛美歌の主流とはなりえなかったが、キリスト教と日本文化との出会いということにおいて賛美歌史上に注目すべき偉業であった。
　別所の賛美歌、特に『讃美歌』301番の「天地の神」という訳語は、単に英語からの翻訳ではなく「唯一神の持つ普遍的原理性を内実に包み込んだ汎神」（同書、100頁）論を表現したものであり、日本的な汎神論とキリスト教唯一神論の出会いの中で生まれてきたインカルチュレーションの一つであると言える。

3　日本聖公会は直接この賛美歌集の編纂には加わらなかったが、協議委員を送り、日本聖公会の『古今聖歌集』と『讃美歌』との間に約3分の1の共通訳の歌を収録する協定を実施した。

が「この『讃美歌』は全体的に日本的叙情性と自然神学的表現が強く、ま
た曲の面でゴスペル・ソングが多く採用されたことによって全般的に叙情
的、主観的、日本的な傾向の強い歌集となった。これはいわば賛美歌の持
つ意志的、客観的、聖書的な面が一歩後退していると言える」[4] と述べてい
るように、『讃美歌』における日本的叙情性は否定的に評価されている[5]。

　諸国の賛美歌集の例に漏れず、『讃美歌』も編纂当時の社会的影響を強
く受けていることは否めない。原が『讃美歌』における日本的叙情性の原
因として「国粋的、富国強兵政策の遂行の結果、教会はそれまでの独立と
自由の精神を奪われ、保身のために国家の文教・宗教政策の中に組み込ま
れざるを得なかったことや、教会内にも日本的キリスト教の主張が強まっ
てきたこと」[6] を挙げているのは、日本基督教団設立に至るまでのプロセス
とあわせて理解するならば、十分考えられることである[7]。

2. 葬儀賛美歌の変遷と特徴

(1) 葬儀賛美歌の変遷

　まず、一致教会の『讃美歌　全』(1881) には、特に「天国」「死」「葬
儀」といった項目が設けられていない。しかし、その歌詞から葬儀や死を

4　原恵・横坂康彦『新版 賛美歌——その歴史と背景』、日本基督教団出版局、2004 年、
　211 頁。
5　竹内信は、日本の教会で愛唱されている《わがよろこび、わがのぞみ》(『讃美歌』
　[1954] 527 番) の訳詞に対して、「あまりにも抒情的な訳し方」(竹内信『讃美歌
　の研究』、日本基督教団出版局、1980 年、458 頁) であると批評し、「古今の日本の
　抒情文学に通暁する国文学者がおのが好むところに従ってこの翻訳をなしたのであ
　ろう」(同書、458 頁) と分析している。また、日本基督教団讃美歌委員会編『讃
　美歌略解　前編　歌詞の部』(日本基督教団出版局、1954 年) においても、全般的
　に感傷的な訳詞に対して同様に批判的な評価がなされている。
6　原恵・横坂康彦、前掲書、212 頁。
7　日本基督教団讃美歌委員会は 1995 年 10 月に公にした「『讃美歌』の歴史における
　私たちの責任」において、過去の日本の教会の歩みを批判的に検証し、『讃美歌』
　が戦争賛美や国粋主義的な美文調の傾向を持っていたこと、『讃美歌』の歴史と内
　容を歴史的反省の上に立って見直さなければならないことを表明している。

V　日本における葬儀賛美歌のインカルチュレーション

意識したものであると推測される賛美歌がある[8]。組合教会の『讃美歌并楽譜』（1882）の目次には、「死」をテーマとした賛美歌として、3 曲（106、107、109）が挙げられている。その後、両教会によって編纂された『新撰讃美歌』（1890）は 17 曲を「基督教徒の死」（197–207）「天国」（208–213）のテーマのもとに分類している。

　メソヂスト教会の『基督教聖歌集』（1884）には、「永世死亡復活」（183）「永世浮生」（184–186）「死亡復活」（187–190）「永世審判」（191）「永世天国」（192–225、228–233）と分類された賛美歌が 49 曲収録されている。改訂された『基督教聖歌集』（1895）には、「短命」（361–366）「死亡復活」（367–376）「審判」（377–378）「天国」（379–415）と分類も改められ、55 曲が収められている。

　浸礼教会の『基督教讃美歌』（1896）には、「現世及び永遠」（296–299）「死」（300）「審判」（301）「天国」（302–316）の 21 曲が収録されている。

　これらの賛美歌集をもとに作られた『讃美歌』（1903）には、「勝利の教会」というテーマのもと「死」（330–339）「天国」（340–357）という区分が設けられており、またそれとは別に「雑」として「埋葬」（363–368）という区分もあり、34 曲が掲載されている。その改訂版である『讃美歌』（1931）は、「永生」という大きなテーマのもと「死」（473–482）「葬式」（483–488）「天国」（489–504）、また「雑」の中に「死」（560、562）「天国」（563–565）が設けられており、37 曲を有している。第二次世界大戦後、大幅に改訂された『讃美歌』（1954）には「永生」の中に「死」（470–474）「葬式」（475–480）「天国」（481–490）の 21 曲が収録されている。根本的な改訂を経て出版された『讃美歌 21』（1997）は、礼拝で使う賛美歌集ということを強調して編纂されたため、「葬儀」（107–112）は「Ⅱ諸式」の中に入れられ、「死・よみがえり・永遠の生命（いのち）」（569–575）は「Ⅶ終末」というテーマの中に組み込まれている。また、『讃美歌』（1954）までの葬儀賛美歌はほとんどアメリカの賛美歌の翻訳であったが『讃美歌 21』では

8　天国や死をテーマとしたと思われるものが歌集の最後に 15 曲（89–103）収録されている。これらの曲以外にも、《たのしきくには天にあり》（62）や《わがふるさとのすみかは》（75）等も葬儀や死をテーマとした歌と言える。

中世の東方教会のものやドイツなど様々な国や教会の葬儀や死に関する曲が取り入れられている。『讃美歌 21』（1997）には葬儀や死に関する歌が 13 曲収録されており、従来の『讃美歌』と比べて大幅に削減されているように見える。しかし、実際には 1990 年に日本基督教団信仰職制委員会によって試案として出版された『新しい式文』の葬儀式文に則り、巻末に「枕頭の祈り」から「記念式」に至る葬儀諸式の中で歌われる賛美歌が 64 曲列挙されている[9]。『讃美歌 21』は、従来の『讃美歌』と比べて選曲や構成、用い方が刷新された全く新しい賛美歌集であると言える。

　上記の賛美歌集の中で、明治時代の賛美歌集から『讃美歌』（1954）まで受け継がれてきた賛美歌は、《なおしばしの》（A few more years shall roll, 171）[10]、《イエス君にありて》（Asleep in Jesus! blessed sleep, 477）、《こころおだやかに》（How blest the righteous when he dies, 471）、《うきよのたびゆく身は》（I'm but a stranger here, 475）、《真玉しらたま》（Jerusalem the golden, 484）、《とうときわが主よ》（Jesus, while our hearts are bleeding, 473）、《ややに移りきし》（My latest sun is sinking fast, 476）、《なつかしくも》（One sweetly solemn thought, 482）、《あまつみくには》（There is a happy land, 490）、《はるかにあおぎ見る》（There's a land that is fairer than day, 488）の 10 曲である。『讃美歌 21』（1997）まで続いているのが、このうち《イエス君にありて》と《はるかにあおぎ見る》の 2 曲である。

　この明治時代の賛美歌集から現代の『讃美歌 21』まで残っている 2 曲に注目し、他の曲にも言及しつつ、葬儀賛美歌の歌詞に表れている特徴などを明らかにしていく。

9　日本基督教団讃美歌委員会編『讃美歌 21』、日本基督教団出版局、1997 年、1000 頁を参照。また、『讃美歌 21』では、「葬儀が私的な悲しみに閉じこもるのではなく、公同の祈りとして行われる」ためのふさわしい賛美歌を葬儀賛美歌として選曲している。日本基督教団讃美歌委員会編『讃美歌 21 略解』、日本基督教団出版局、1998 年、84 頁を参照。また、この考えの背景となった葬儀に関する理解や式文については、『新しい式文』、138–160 頁、234–240 頁を参照。

10　賛美歌の曲名もしくは初行は賛美歌集によって変わっているので、『讃美歌』（1954）の初行を基準とし、《　》内に記し、（　）内には原歌詞の初行と『讃美歌』（1954）の番号を記す。

（2）葬儀賛美歌の特徴

a.《イエス君にありて》（Asleep in Jesus! blessed sleep）

　この曲は、ある墓石に記された"Sleeping in Jesus"という言葉からヒントを得て、マーガレット・マカイ（Margaret Mackay, 1802-1887）によって作詞されたものである。1832年に出版されたThe Amethyst; or Christian's Annual に収録されて以来、葬儀・埋葬の賛美歌として広く歌われるようになった。

　表1（184–185頁）を見ると、まず英語から日本語に翻訳された時点で、いくつかの変化を見ることができる。もちろん、英語の場合は韻を踏む必要があるので詞の内容がそれに影響され、さらに日本語に訳す場合、日本語の音節と音符への割り振りの関係から原歌詞をそのまま訳することは非常に困難である。そのことを考慮しつつ、英語の賛美歌が日本語に翻訳される中で起こっている変化に注目したい。

　原歌詞の主題は、「死よ、お前のとげはどこにあるのか」（1コリント15：55）という聖書の言葉を背景に持つ2節の"That death has lost his venomed sting!"（死はその毒を持つとげを失った！）であり、死は祝福された眠りであり、死がもたらす恐れや悲しみの克服が歌われている。その意味では、『讃美歌21』108番が最も原歌詞に忠実な翻訳をしていると言える。

　しかし、他の日本語訳では、確かに死に対する勝利は歌いつつも、5節において「再び会ひ見てみもとに喜ばん」「したわしきものと相見て喜ばん」と、キリストの再臨の時に親しき者と再会すること、その喜びが強調されている。『讃美歌21』が再会に言及していないことにより、むしろ他の日本語訳における再会の希望が際だっている。原歌詞でも親しき者に対する言及はあるが、その再会を望み、その約束を喜ぶ言葉を見いだすことはできない。祝福された眠りの中にあることが歌われ、"From which none ever wakes to weep"（誰もその眠りから涙をもって目覚める者はいない）という復活の時における希望が語られている。

表1《イエス君にありて》（Asleep in Jesus! blessed sleep）

	Margaret Mackay 1832	基督教聖歌集 1884、1895
1	Asleep in Jesus! Blessed sleep, From which none ever wakes to weep; A calm and undisturbed repose, Unbroken by the last of foes.	イエスのみ民らの 眠りのさきはひ かなしきうきよに またとはめさめじ
2	Asleep in Jesus! Oh, how sweet, To be for such a slumber meet, With holy confidence to sing That death has lost his venomed sting!	イエスのみ民らの 眠りぞ楽しき 死にも恐れじと 勇みたたゆれば
3	Asleep in Jesus! Peaceful rest, Whose waking is supremely blessed; No fear, no woe, shall dim that hour That manifests the Savior's power.	イエスのみ民らの 眠りぞやすけき めさむるみ国に 悩みはたゆれば
4	Asleep in Jesus! Oh, for me May such a blessed refuge be! Securely shall my ashes lie And wait the summons from on high.	イエスのみ民らの 眠りのごとwould み声を待ちつつ 安くあらまほし
5	Asleep in Jesus! Far from thee Thy kindred and their graves may be; But there is still a blessed sleep, From which none ever wakes to weep.	イエスのみ民らの 身はへだたるとも 魂もて会う国に 楽しく住むべし

V　日本における葬儀賛美歌のインカルチュレーション

讃美歌 1903、1931	讃美歌 1954	讃美歌 21 1997
イエス君にありて 寝ぬるぞやすけき この世のうれひに またとはめさめじ	イエス君にありて ねむるこそよけれ、 ひとの世の憂さに またとはめさめじ。	眠れ、主にありて。 憩え、主のみ手に。 さまたぐる者は いずこにもあらじ。
イエス君にありて 寝ぬるぞ楽しき 死のはりはいづこ 歌いつつ憩わん	イエス君にありて ねむるこそよけれ。 死のはりはいづこ、 歌いつつ憩わん。	眠れ、主にありて。 憩え、主のみ手に。 われらいざ歌わん、 「死のとげいずこ」と。
イエス君にありて 寝ぬるぞ幸なる 恐れも悩みも み顔をかくさじ	イエス君にありて ねむるこそよけれ。 くもきりもやみも み顔をかくさじ。	眠れ、主にありて。 憩え、主のみ手に。 まかせたるものに 恐れのかげなし。
イエス君にありて 寝ぬるぞ嬉しき 安らかに臥して み声をこそ待て	イエス君にありて ねむるこそよけれ。 安らかに臥して さむるときを待つ。	眠れ、主にありて。 憩え、主のみ手に。 主は覚ましたもう、 とこしえの朝に。
イエス君にありて さむるぞこよなき 再び会ひ見て みもとに喜ばん	イエス君にありて さむるこそよけれ。 したわしきものと 相見て喜ばん。	

表2《はるかにあおぎ見る》（**There's a land that is fairer than day**）

	Sanford Fillmore Bennett
1	There's a land that is fairer than day, And by faith we can see it afar; For the Father waits over the way, To prepare us a dwelling place there.
	（refrain） In the sweet by and by, We shall meet on that beautiful shore. In the sweet by and by, We shall meet on that beautiful shore.
2	We shall sing on that beautiful shore, The melodious songs of the blessed, And our spirits shall sorrow no more, Not a sigh for the blessing of rest.
3	To our bountiful Father above, We will offer our tribute of praise, For the glorious gift of His love, And the blessings that hallow our days.
4	

V　日本における葬儀賛美歌のインカルチュレーション

基督教聖歌集 1884、1895	讃美歌 1903、1931、1954	讃美歌 21 1997
はるかにあおぎみる かがやきのみくにに みかみのそなへにし たのしきすみかあり	はるかにあおぎみる かがやきのみくにに ちちのそなえましし たのしきすみかあり	信じて仰ぎ見る はるかなるふるさと、 主の備えたまいし 永遠の住居^{すまい}あり。
（くりかえし） われら　いまに かがやけるおかにて またも　ともと きみのみまへにあわん	（くりかえし） われら　ついに かがやくみくににて きよきたみと ともにみまへにあわん	（くりかえし） やがてわれも 輝く御国にて 聖^{きよ}き民と 共にみ前に立たん。
かがやくそのおかに うきもなやみもなく たのしきこえあはせ ともにうたわん	かがやくみくににて うきもなやみもなく たのしきこえあはせ たえずともにうたわん	主の愛わきあふれ 祝福^{さいわい}身に余る。 過ぎにしわが日々は すべて主のあわれみ。
ゆたかなるめぐみの ちちをこそたたへめ このみにあまるまで うけにしさちのため	ちちのあいあふれて さいわいみにあまる ゆたかなるめぐみを とこしへにたたへなん＊	悩みも悲しみも ことごとく消えゆき、 わが胸に満つるは 神の賜う平和。
（1895のみ） ときはのあまつよに ともにあひたたへなん いまぞゆくみくにに たのしきすみかあり		み恵みに感謝し み名をほめたたえて、 み国に入る日にも 声の限り歌わん。

＊＝（1931、1954は）
とこしなえにたたえん

天国での再会——日本におけるキリスト教葬儀式文のインカルチュレーション

b. 《はるかにあおぎ見る》(There's a land that is fairer than day)

サンフォード・ベネット (Sanford Fillmore Bennett, 1836-1898) によって作詞され、天国を歌った福音唱歌として知られている曲である。代表的な福音唱歌のスタイルを持ち、もっともよく歌われた曲であった[11]。日本でも葬儀の中でよく歌われる曲の一つである。

この歌の日本語訳 (187 頁) においても、原歌詞の中ではそれほど強調されていない天国における再会が大きなテーマとなっている。天国における再会を強調している歌は、他にも《うき世のたびゆく身は》(I'm but a stranger here, 475)、《きよき岸べに》(We shall reach the summer land, 489) [12] 等が挙げられる。いずれの曲においても、「あいの友のともにつどう」「愛でにしものと　やがて会いなん」と、死後の世界としての天国における親しい者との再会が希望として歌われている。これは単に再会を意味するものではない。植村正久が作詞した《去りにしひとを》(479) において「去りにしひとをしのぶれば、ともにしたしみむつびたる　ありしすがたは見えねども、たまはいかでか消えぬべき」と歌われているように、生前の死者との関係が死を超えて存続することをも含意している。しかし、『讃美歌21』111 番では、死後の再会のモチーフが若干訂正されており、「聖き民と、共にみ前に立たん」と訂正されていることは、注目に値する。つまり、親しい者との再会に対する希望ではなく、「神の前に共に集う」という終末

11　『讃美歌 21 略解』、86 頁を参照。

12　《きよき岸べに》の作詞家であるファニー・クロスビー (1820-1915) は、視覚しょうがい者であり、8000 曲以上も作詞したことで有名である。クロスビーは、この曲の繰り返しの部分で "We shall meet our loved ones gone," と天国における愛する者との再会の希望を歌っているのであるが、彼女がここで表現していることは単に親しいものともう一度会うということに留まるものではなく、むしろ終末論的なキリストとの再会への希望を歌ったものである。彼女はかつて母親に、「もしわたしが選ぶことができるならば、盲目のままでいることを望みます。なぜなら、わたしが死んで最初に見る顔がわたしの救い主イエス様の顔であって欲しいから」と語ったと伝えられている。彼女は、天国で彼女自身の目でイエスに見えたいという希望を持っていた。彼女はこの歌の 2 節で "We shall see more bright and clear" という詞を書いているが、『讃美歌』の翻訳においては終末論的な希望という意味は弱められており、むしろ天国における友人や家族、知人たちとの再会の希望が強められている。

V 日本における葬儀賛美歌のインカルチュレーション

における礼拝への希望へと強調点が移っているのである。このように『讃美歌21』は原歌詞のモチーフを表現しようとしており[13]、その変化は明治時代の賛美歌や『讃美歌』の葬儀賛美歌が天国における再会をテーマとしてきたことを際立たせている。

c. 再会の場所としての「岸」と「ふるさと」

　その再会の場所が、《はるかにあおぎ見る》では「輝きのみ国」「おか」として、またそこにある「たのしきすみか」「永遠の住居」という具体的なイメージをもって表現されている。「天国における住まい」という考えは、「わたしの父の家には住む所がたくさんある」（ヨハネ14：2）というイエスの言葉に由来するものであるが、終末におけるキリストの再来によってもたらされる神の国ではなく、現世と共時的に存在し、上下の関係にある空間化された死後の世界としての天国のイメージが前面に出ている。原歌詞の中にも、天国と地上を上下関係でとらえ、"land" "a dwelling place" "on that beautiful shore" という言葉で具体的な場所のイメージが語られている。しかし、原歌詞ではその場所の問題ではなく、そこで神が何をし、人間がそれにどのように答えるかということが問題となっている。それに対して、日本語詞では「たのしきすみかあり」「うきもなやみもなく」という表現で、空間の存在とその内容が強調されている。

　また、英語の "shore" が、日本語では「おか」[14]「みくに」と訳されていることは興味深い。聖書の中に、天国を "shore"（岸）として表現している言葉は見いだせない。黒沢眞里子の研究[15]によると、アメリカで墓地改革が行われる以前には、墓地を神聖な場所と見なす考えはなく、生活の一部であった[16]。それが、1830年代から生活圏から離れた場所に自然を際立たせた美しい景観を持つ田園墓地が作られることにより、田園墓地が「死者の

13　同書、86頁を参照。

14　この場合の「おか」は平地の中の小高い丘ではなく、海もしくは川に対する陸地を意味するものであると思われる。

15　黒沢眞里子『アメリカ田園墓地の研究——生と死の景観論』、玉川大学出版部、2000年。

16　同書、169頁を参照。

表 3 《きよき岸べに》（We shall reach the summer land）

	Fanny Crosby	『讃美歌』
1	We shall reach the summer land, Some sweet day, by and by; We shall press the golden strand, Some sweet day, by and by; Oh, the loved ones watching there, By the tree of life so fair, Till we come their joy to share, Some sweet day, by and by. <Refrain> By and by, Some sweet day, We shall meet our loved ones gone, Some sweet day, by and by.	きよき岸べに やがて着きて、 天つみくにに ついに昇らん。 その日数えて 玉のみかどに、 友もうからも 我を待つらん。 〈くりかえし〉 やがて会いなん、 愛でにしものと やがて会いなん。
2	At the crystal river's brink, Some sweet day, by and by; We shall find each broken link, Some sweet day, by and by; Then the star that, fading here, Left our hearts and homes so drear, We shall see more bright and clear, Some sweet day, by and by.	愛のひかりの 消えぬさとに たえし縁を またも繋がん。 消えし星かげ ここに輝き、 失せし望みは ここに得られん。
3	Oh, these parting scenes will end, Some sweet day, by and by; We shall gather friend with friend, Some sweet day, by and by; There before our Father's throne, When the mists and clouds have flown, We shall know as we are known, Some sweet day, by and by.	親はわが子に、 友は友に、 妹背あい会う 父のみもと。 雲はあとなく 霧は消えはて、 同じみすがた 共に写さん。

V　日本における葬儀賛美歌のインカルチュレーション

ための終の住処」[17] と見なされ、宗教的にも法律的にも「時間も空間も超越した永遠の『聖地』」[18] として確立されることになった。また、ピューリタンの影響として、死を常に意識することによって、人生の質を高め、また信仰への覚醒が求められると同時に、死後の天国における平安を強調する楽観的な死生観を経験する場として、美しい景観を持つ田園墓地がアメリカ全土に広まっていった[19]。美しい墓地は、復活の時を待たずして、亡くなった家族や友人との交歓の場となり、聖地巡礼とも言える墓参りという新しい習慣が生み出された。この田園墓地という物理的な聖地創造に大きく貢献したのが、地形的な特徴を持った「川」であると、黒沢は主張している[20]。「川」は人生を象徴するものであると同時に、空間を二つに分割するものであり、聖と俗とを隔てる役割を果たしていたため、川岸に田園墓地が作られた。このような 19 世紀のアメリカの田園墓地という新しい聖地の創造が、葬儀賛美歌に影響を与えているのではないだろうか。そうであるならば、原歌詞の "We shall meet on that beautiful shore" は非常に具体的なイメージを持っていると言える。

　日本においても「川」は生と死の境界線として理解されている[21]。「川」や「岸」が日本で使われる場合、アメリカでの田園墓地のイメージから離れて、生と死の境目を表す「川」やあの世を示す「彼岸」へと変わっていることが想像できる。葬儀の中でよく歌われる《きよき岸べに》(489) で

17　同書、173 頁。
18　同書、173 頁。
19　同書、3–4 頁を参照。
20　同書、175 頁。
21　たとえば、文学の中でも隅田川は生と死の境界線としての役割を果たしている。「川がこちら側と向こう側とをへだてる境であることから、現世と来世の境、此岸と彼岸との境などとして見なしてきたこともその一つである。しかも、隅田川のように、実際に『伊勢物語』などでも有名な、武蔵国と下総国との境を流れる川である場合、ますます人々の川に対する境界としての意識は強まってくるであろう。隅田川は、梅若丸の亡霊が登場するのにふさわしい、この世とあの世の境であったといえるのではないだろうか」(樋口州男「梅若伝説」、すみだ郷土文化資料館編『隅田川の伝説と歴史』、東京堂出版、2000 年、27 頁)。回向院が、無縁の人々の亡骸を葬るようにと隅田川の東岸に建てられたのもこのような理解に基づくものであると思われる。

は「きよき岸べに　やがて着きて」と歌われるが、原歌詞は "We shall reach the summer land" となっており、"the summer land" が「きよき岸べ」と訳し変えられているところに、日本人の彼岸観が前面に現れてきているのではないだろうか。この曲は、内容が親しい者との天国での再会を待ちこがれる感傷的なものであり、葬儀で好んで歌われる[22]。

　次に、再会の場所として表現されるのが「ふるさと」である。『讃美歌』（1954）には、「あいの友の　ともにつどう　あめこそわが　ふるさと」（《うき世のたび》475）、「永遠の故郷」（《ややに移りきし》476）[23]、「ふるさと、ふるさと」（《なつかしくも》482）等の表現が見られる。いずれの歌も明治時代から引き継がれているものである。これらの言葉は、原歌詞では "Heaven is my home"（475）、"my immortal home"（476）、"my home"（482）と表現されており、「ふるさと」が "home" の訳語として使われていることが分かる。《きよき岸べに》（489）2節の "At the crystal river's brink" も「天使はまた、神と小羊の玉座から流れ出て、水晶のように輝く命の水の川をわたしに見せた」という黙示録22：1の言葉から来ている終末論的表現であると思われるが、日本語の詞では終末論的意味が消え、「里」というイメージが前に出てきている。

　この言葉には、「わたしたちの本国は天にあります」（フィリピ3：20）に由来する、天国こそ帰るべき「ふるさと」であるという意味が込められている。しかし、19世紀に作られた賛美歌の中で "home" と表現されているものと、日本語で「ふるさと」と訳されているものでは違いがあるのではないか。特に、これらの賛美歌が作られた19世紀には、他にも多くの賛美歌で "home" という言葉が使われている。それは単に生まれ故郷や家族を表すだけではない[24]。"home" は、19世紀のアメリカにおけるピューリタンの影響を受け、個人主義化した宗教観のもとでの「キリストを中心と

22　『讃美歌略解　前編　歌詞の部』、265頁。
23　この曲はアメリカの賛美歌集には全く見られず、『新撰讃美歌』（1888）以来日本でのみ歌われているものである。同書、258頁を参照。
24　手代木俊一、前掲書、113–122頁、209–212頁を参照。

V　日本における葬儀賛美歌のインカルチュレーション

した最小の集まり」[25]、「小さな教会」 "Little Church"[26]、つまりキリスト教
社会の中での真に信仰に生きる小さな集まりを意味するものである。それ
が葬儀賛美歌の中では、"home" の理想像が天国に投影されて、神の前で
真に信仰に生きる世界を "home" と表現しているのではないだろうか。

　一方、日本語での「ふるさと」は、いま生きている世界から望郷するか
つて生まれた世界である。帰るべき場所であり、「ふるさと」は受け入れら
れ、安らぐ場所である。「あの世」や「常世」の心象風景としても用い
られるイメージでもある。葬儀賛美歌の中で歌われている「ふるさと」は、
この世に対立し、またキリスト者が目指すべき場所としての「本国」では
なく、この世の苦しみから解放され、神に受け入れられる受身的な世界、
そこで愛する者と再会がゆるされる場所である。日本の葬儀賛美歌の中で
は、原歌詞の信仰による勝利や栄光のイメージはなくなり[27]、むしろ「ふ
るさと」に受け入れられ、そこに在ることのできる平安が語られている。

3.　葬儀賛美歌におけるインカルチュレーションの特徴

　上述した、葬儀式文の変遷の中に見られたインカルチュレーションの特
徴「a. 遺族の慰め、b. 天国における平安、c. 天国における神と亡くなった
家族との交わり・再会、d. 死を通しての信仰教育」が、葬儀賛美歌の中に
見られるのであろうか。

　まず、「死を通しての信仰教育」は、葬儀賛美歌の中には明確な形では
見いだすことはできない。賛美歌が、式文や説教と違って、感性に訴える
ものであるがゆえに、教訓的なモチーフは弱まり、むしろ「a. 遺族の慰め、
b. 天国における平安、c. 天国における神と亡くなった家族との交わり・再
会」が抒情的に表現されている。

25　同書、114 頁。

26　Donald P. Campbell, Puritan belief and musical practices in the sixteenth, seventeenth, and
eighteenth centuries, Southwestern Baptist Theological Seminary, 1994, 400.

27　例えば《I'm but a stranger here》（うき世のたび　475）の原詞の中にある、"I shall be
glorified" や、《My latest sun is sinking fast》（ややに移りきし　476）の "My triumph
is begun" "gives me victory" という表現は、日本語の歌詞ではなくなっている。

193

「遺族の慰め」は、式文では遺族のためのとりなしの祈りという形で表現されていたものが、葬儀賛美歌においては「天国での死者との再会」という具体的なイメージをもって表現されている。英語の葬儀賛美歌の中に死者との再会を願うものがないわけではない。また、そのような感情があることは否定できない。しかし、日本人の彼岸観やあの世観に適応する「岸」「ふるさと」という言葉が用いられることによって、日本的叙情性が高められ、神の前に立つこと、また信仰による死に対する勝利よりも「天国での死者との再会」への喜びが強調されている。これは具体的な再会ということよりも、植村正久の《去りにしひとを》(479) に表れていたように、生者と死者との関係性の永続を表すものである[28]。

　さらに、《はるかにあおぎ見る》(488) の繰り返し部分の「ともにみまえにあわん」が、『讃美歌21』111番では「共にみ前に立たん」と訳し変えられているように、従来の賛美歌集では、天国において、また終末において神に相対し、復活の喜びに満ちて礼拝することや、神の前で裁きを受けることよりも、自分たちが受け入れられ、その中に平安を得ることに喜びを見いだしている。「ふるさと」という言葉が用いられ、日本的叙情性をもった空間的イメージとともに「天国における神と亡くなった家族との交わり・再会」という希望が語られている。

　『讃美歌21』は、このような日本的叙情性を克服し、キリスト教信仰の強調を試みている[29]。また、『讃美歌21』の葬儀賛美歌には「ふるさと」「岸」という表現や、天国での再会に関する描写はなくなっている。それに対して葬儀に関連する賛美歌として、「復活」をテーマとした賛美歌が多数挙げられ、葬儀のテーマとして「復活」が前面に出てきている。『讃

28　文化人類学者の波平恵美子は、日本人は、人は死んでも「死者」として存在し、生者と何らかの形で関係を持っていると考えていると主張している。「死者」は生前と同じように感情や感覚を持ち、それを損なわないように「生者」によって葬儀が行われている。波平恵美子『日本人の死のかたち――伝統儀礼から靖国まで』、朝日新聞社、2004年、特に「第2部『死者』とは何者」46–82頁を参照。それゆえ、「生者」が「死者」と天国で再会するという喜びをもって生きるということは、両者の関係を表現する上で重要な役割を果たすと思われる。
29　『讃美歌21略解』、86頁、「111　信じて仰ぎみる」の解説を参照。

V 日本における葬儀賛美歌のインカルチュレーション

美歌21』は日本の葬儀賛美歌に新しい流れをもたらしたことにおいて、日本の賛美歌史上その意味は大きい。しかし、賛美歌自体も多様化する中で、このような変化をどのように評価するかは、もう少し時間を経なければならないであろう。

4. まとめ

　以上、日本における葬儀賛美歌の変遷とそこに表れたインカルチュレーションの特徴を明らかにした。そこで、葬儀賛美歌の日本的な叙情性や感傷的な表現をどのように評価するかということが問題になるであろう。前述したように、『讃美歌』における日本的叙情性は、国家主義的発想に対する反省に立って、またキリスト教信仰との離齬という面においても、これまで否定的に評価されてきた[30]。叙情性は、自分自身が許容されているという安らぎを与え、現状を受け入れる力にもなりうるが、その現状を打ち破り、新しい現実へと向かっていく力にはなりえないという一面をも持っている。

　しかし、葬儀賛美歌が特定の状況の中で歌われることを考えるならば、必ずしも叙情性を否定的に評価することはできない。むしろ理性的・教義的な内容は、愛する者の死の悲しみに耐え、またその死を受け入れなければならない状況において、その直接的な役割を果たすことができないのではないかと考えられる。日本基督教団讃美歌委員会は、葬儀賛美歌のあるべき姿として、「死という現実の中で、『悲嘆と寂しさの中から、公同的な信仰のあかしへと引き上げられるようにしなければならない』」[31]と述べている。この定義そのものに関しては異論はないが、死の悲嘆から信仰の告白へと導かれるためには、時間とそれにふさわしい儀礼的プロセスが

30　「日本的感傷がキリスト教信仰よりも強く出ている嫌いがあり、明治時代の讃美歌に共通な欠点が認められる」。『讃美歌略解　前編　歌詞の部』、257頁。
31　『讃美歌21略解』、84頁。『　』は、『讃美歌21略解』の筆者による、『新しい式文』、138頁よりの引用。

195

必要である[32]。葬儀の中において叙情性豊かな歌が歌われ、理性ではなく感性に働きかけることも必要である。グリーフワークの観点から見て、従来の日本的叙情性を持った葬儀賛美歌は一つの役割を果たしている。賛美歌の受容ということで言うならば、日本的な叙情性を含んだ歌が日本人キリスト者に受け入れられ、それらが愛唱歌となり、その人々の信仰を支えてきたというのも事実である。

　日本の場合、グリーフワークは様々な死者儀礼を通して行われている。そのグリーフワークのプロセスの中で課題が変わってくるように、賛美歌においても感性に訴える言葉から徐々に復活の希望へと導かれるようなバリエーションが見られるべきである。今後、さらに日本の葬儀賛美歌がインカルチュレーションしていくためには、欧米のキリスト教葬儀にはない死者儀礼、また緩やかなプロセスによる死の受容に同伴する葬儀諸式の充実とその儀式にふさわしい日本独自の賛美歌が必要である[33]。

32　葬儀の研究において、日本人は死の受容において、ゆっくりとしたプロセスをたどることが主張されている。新谷尚紀『死と人生の民俗学』、駿台曜曜社、1995 年、30–46 頁を参照。

33　横坂康彦は、日本の賛美歌の展望として、「日本語による創作賛美歌を増やす以外に方法はない。(中略) 本来、日本の教会の実情に即した賛美歌が私たちの方法論で生まれてくることこそが望ましいのである」と述べている。原恵・横坂康彦、前掲書、264 頁。

VI
「葬儀礼拝論」再考

　教会がキリスト教葬儀の本質を失わないで、どれほど葬儀に関する遺族の個人的な希望、これまで教会の葬儀には馴染まないと思われてきた要素を受け入れることができるかは、現代の世俗化し、複合化し、個人主義化した社会においては、非常に慎重に考えなければならない問題である。すでに2章で述べたように、日本の教会は第二次世界大戦以降「礼拝としての葬儀」という概念のもと、キリスト教葬儀の本質を守ろうとしてきた。特にプライベートな側面と教会的な側面を併せ持つ葬儀や結婚式では、教会的儀礼と非教会的儀礼が相克することが多い。個人的な要望や非キリスト教的儀礼、もしくは社会的な流行がキリスト教葬儀に強く影響を及ぼしてくる。個人主義化し、葬儀も世俗化、また商業化した現代では、これまで以上にキリスト教葬儀の形式や考えと遺族の様々な個人的な考え、現代的な流行と伝統的・宗教的な儀礼との緊張関係をどのように保っていくのかということが問われている。

　その一方で、「葬儀は礼拝である」ということが強調されるあまりに、葬儀が持っているグリーフワーク[1]としての機能が弱められ、礼拝的な面が前面に出すぎてしまうことがある。そして、教会は、「葬儀は礼拝である」ということを金科玉条のように唱えることによって、多様な死の現実

---

[1]　グリーフワーク（悲しむ営み）とは、悲嘆に打ちのめされたり、そこに安住することではなく、悲嘆を乗り越える営みであり、積極的に悲しむことによって悲しみを越えていくことができる。そして、この悲しむ営みを通して、わたしたちは世界を学びなおす。その際、わたしたちは喪失によって色づけされた生活の中で、自信、自尊心、アイデンティティーを確立しなおそうと苦闘する。毎日の生活に目的があるという感覚を取り戻そうと苦闘する。死によって壊された関係を修復し、家族、友人、社会と再び意味のある形で結びつこうとする。トーマス・アティッグ『死別の悲しみに向き合う』、林大訳、大月書店、1998年等を参照。

に対応することができず、画一化された教会的慣習に遺族を押し込めてしまうことがある。そこでは、教会としての証しを立てるどころか、目の前の悲しむ遺族のこころをむしろ傷つけてしまうこともある。年老いた父母の面倒を見るよりもコルバンを尊重する矛盾がここにあるのかも知れない（マルコ7：11）。

この章においては、儀礼論、実践神学における儀礼としての礼拝論とともに儀礼・祝祭論との対話を通して、「葬儀は礼拝である」というテーゼを今一度神学的に考察したい。

1. 儀礼

現代の様々な科学技術の進歩に伴う産業社会の発展は神話的・魔術的な思考の克服と深く結びついている。また宗教や儀礼というものは、非合理的・非理性的なものとして社会的役割や価値を失いつつある。高度に発達した技術社会は生活の合理化をもたらした。さらに世俗化された社会の中では、伝統的な儀礼はその価値を失い、いかにも魔術的な儀礼は必要がないかのように思われている。実際、様々な儀礼の基盤の上に成り立っていた地域・宗教・家族共同体が弱体化し、そこに所属するメンバーをつなぎ止める力を失ったため、多くの伝統的な儀礼は今日の社会の中でかつてのような重要な役割を果たすことができなくなってきた。

しかしながら、このような現実にもかかわらず、部分的には形を変え、また現代化されながら数多くの儀礼は存在し続けている。合理主義の発展によって、もはや宗教など必要はないという言説も、必ずしも現代社会の実情を言い表しているとは言いがたい。宗教的な儀礼はもはや日常生活の中で意味を持たなくなってしまったかのように思われる一方で、古いものに代わる新しい儀礼や儀式が生み出されてきているのも事実である。伝統的な死者儀礼を批判し、もはやその古い伝統にこだわりを持たない人々も、本質的に儀礼に反対であるわけではなく、新しい、また自分たちの納得する儀礼を必要としているのである。例えば、古い伝統的・宗教的結婚儀礼は行われなくなったとしても、結婚式自身やそれに関わる様々な儀礼がな

くなったわけではなく、新しい儀礼的な流行が生み出されている。葬儀も無駄な儀礼と考えられ、慣習が見直され、意味がないと思われるものは廃れつつあるが、葬儀自身がなくなってしまったわけではない。古い儀礼が否定されつつも、それに代わる新しい儀礼が創られ、発展しつつあるのも事実である。

アメリカの社会学者のランドル・コリンズは、現代社会において儀礼が力を持ち続けていることについて、「社会組織そのものも、人びとが儀礼的にあい集う機会を節目とし、それに支えられて成り立っている。連帯を生みだすのは、物事の儀礼的な側面である。集団がどれほど緊密に結びついているかは、日常的な出会いがどれほど儀礼化されているかによる」[2]と述べ、儀礼が人間の共同体を形成するのに大きな役割を果たしていることを指摘している。コリンズに従うならば、儀礼はグループを形成する役割を持ち、その所属メンバーの所属意識や連帯を強め、そのグループのアイデンティティーを外に向かって象徴的に見える形で表現する力を持っている。一方、この儀礼の役割は両義的である。ある一つの儀礼を守り行う者は、その儀礼を保持しているグループに所属するメンバーとして他のメンバーから認められる。しかし、その儀礼に従わず、違う儀礼を行おうとする者は、そのグループのメンバーとは認められず、そこから締め出されることになる。時として、各自の好みや目的に従った共同体を形成するために、今日においても、そのグループ内に何らかの儀礼が生み出され、重要な役割をはたしていることがある。

つまり、儀礼そのものが全く役に立たないものになったわけではなく、古い共同体を形成してきた古い儀礼が役に立たなくなったのであり、新しい共同体を創生し、そしてその結束や所属意識を強めようとするときに、新しい儀礼が必要となってきている。

多くの場合、「儀礼」「儀礼的」「儀式張った」という概念や言葉は、外面ばかりを重視し、形骸化したものとなり、内容を持たないものとして否定的に語られる。キリスト教会においても、儀式的な礼拝が形式張って堅

2　ランドル・コリンズ『脱常識の社会学──社会の読み方入門』、井上俊・磯部卓三訳、岩波書店、1992 年、237–238 頁。

苦しいものとして理解されることがある。多くの日本のプロテスタント教会において、説教が礼拝の中心であるという考えが重視されることによって、礼拝は非常に合理的、理性的なものになってしまった。しかし、この傾向は、その反動として今日の礼拝学において伝統的・儀礼的礼拝形式の見直し、再評価という課題を生み出す結果となっている[3]。合理化され、個人主義化された社会の中で、むしろ儀礼の力、必要性の再発見が求められているのである。

2. 儀礼としての礼拝

儀礼の力は失われてしまったわけではなく、人々は自分たちを結びつけ、またアイデンティティーを形成し、確認する新しい儀礼を必要としている。

では、儀礼としての礼拝は現代においてどのような意味を持っているのであろうか。また、葬儀のように儀礼と結びつき、葬送文化自身が崩壊しつつある現代において、キリスト教葬儀が新しい儀礼として新しい役割を見いだすことができるのであろうか。

礼拝学においては、これまで中心的なテーマとして礼拝の教義学的な意味が問われてきた。しかし、近年の礼拝学において、儀礼としての礼拝を再認識し、その役割について考察しようとする新しいアプローチが見られる。ヴェルナー・イェッターは、その著書『象徴と儀礼』によって、プロテスタント教会の礼拝理解と実践に関する一つの転換点をもたらした。彼は、礼拝を単に神学的な視点から考察するのではなく、人間学的な視点を用いて礼拝を分析している[4]。ハンス＝ヨアヒム・ティロはフロイトの「想起・反復・徹底操作」という概念を用いて礼拝の治癒的機能を強調しようとしている[5]。ティロは、説教の中で語られる神の言葉ではなく、儀礼とし

3　Hans-Günter Heimbrock, Ritus, in TRE Bd.29, Berlin, 1998, 281-283 を参照。

4　Werner Jetter, Symbol und Ritual, Göttingenanthropologische Elemente im Gottesdienst, 1986, 140 を参照。

5　Hans-Joachim Thilo, Die therapeutische Funktion des Gottesdienstes, Kassel, 1985, 83 を参照。

Ⅵ 「葬儀礼拝論」再考

ての礼拝に癒しの力を見いだしている。マンフレート・ヨズッティスは、心理学と相互作用論における儀礼論について詳細に述べ、その儀礼論が礼拝理解にどのような新たな意味を与えるかということについて論述している[6]。ヨズッティスは、礼拝は一つの儀礼であり[7]、礼拝を「それによって一つの人間のグループがある特別な状況におけるそのグループ自身とそのメンバーにとってアイデンティティーを確かなものにする相互作用的な行為システム」[8] として定義している。つまり、礼拝は、メンバー個々人とそれを行っているグループがいったい自分たちは何者であるかという自己理解を得る助けをしているというのである。礼拝は、その参加者の礼拝共同体への統合をもたらし、個々人とその集団（教会）との継続的な関係を安定させている。そして、リビドー的そして攻撃的本性を導き、メンバーとグループを絶えず自己確認しなければならないというプレッシャーから解放し、社会的相互作用を通してメンバー個々人とグループのために所属とグループ存続の意味を確立させるのである[9]。

アンドレアス・オーデンタールは、儀礼をシンボル現象としてとらえ、「儀礼は人間の主体的な経験とシンボルに凝結された人間の神経験とを取り持つ」[10] と定義している。つまり、教会のリタージーを儀礼として理解し、「教会のリタージーとしての儀礼は以下の事柄によって特異性を持つ。神の超越性の象徴的な経験がイエスの生涯と働きに結びつけられていること、そして、教会という共同体における儀礼的行為はわたしたちの主、キリストを通して行われる」[11] ことを強調している。もちろん礼拝を執り行うことによって救われるわけではない。オーデンタールは、礼拝の癒しをもた

---

6 Manfred Josuttis, Der Gottesdienst als Ritual, in Friedrich Wintzer (Hg.), Praktische Theologie, Neukirchen-Vluyn, 1997, 43-57.

7 同書 53.

8 同書 54.

9 同書 55. ヨズッティスは儀礼の否定的な側面についても述べている。限られた範囲内での問題解決をしようとし、社会的・個人的問題をベールで覆い、摩擦を排除し、儀礼が持っている鈍重さと嫌革新性によって学習プロセスを妨げ、社会変革に対して消極的になる。

10 Andreas Odenthal, Liturgie als Ritual, Stuttgart, 2002, 194.

11 同書 195.

らす次元と救済的な次元との違いを明確に区別し、人間は神の国における終末論的な完成においてのみ救われることを強調している。それゆえ、礼拝そのものが癒しの力を持っているわけではなく、礼拝はただ神の救済を指し示し、それを経験する場である。礼拝において、人間存在の破れや弱さがその罪責性と共に神の前に差し出され、この人間の否定的な側面が神によって受け入れられる経験へと導かれる。リタージーの意味は、実態を象徴的に表すことにある[12]。「リタージーは、人間の破れや弱さがイエスの十字架に結びつけられ、それが復活経験の地平へともたらされることを象徴的に示すものである」[13]。

　上記のような礼拝と儀礼についての言及は、儀礼としての礼拝は人間学的な視点から見て重要な役割を持つものであり、治癒的かつ救済的な役割、アイデンティティーを形成し、共同体への所属を確かなものにする役割を持つものであることを示している。礼拝は人間に一つのグループへの一般的な所属意識を与えるだけではなく、救済的共同体への参与を確かなものとする。礼拝が繰り返し行われること、そしてそれに参加することは、神との関係において生きるという意識を強めるものである。

　もちろん儀礼的行為やその参加によって救われるわけではなく、あくまでもイエス・キリストの出来事においてのみである。礼拝は、人間の弱さや破れが修復される場所と時であり、人間は礼拝において「終末論的に神の国を目にする」[14]のである。

　この礼拝の儀礼論的解釈においては礼拝の心理学的な意義が強調されているが、礼拝の宗教的・現象論的な側面からの解釈はそれほど深められていない。また、情緒的な経験は注目されているものの、キリスト教の福音経験はそれほど注目されていない。礼拝参加者は、礼拝において希望といのちの具体的な回復を経験するものである。詩42の作者が、その人生の危機、信仰の危機において思い出しているのは教義や律法ではなく、過去繰り返し経験していた礼拝の光景である。礼拝の想起は、嘆きと失意の中

12　同書 227-230 を参照。

13　同書 230.

14　同書 229.

にあるこの人に新しい力を与え、信仰を強めている。「わたしは魂を注ぎ出し、思い起こす／喜び歌い感謝をささげる声の中を／祭りに集う人の群れと共に進み／神の家に入り、ひれ伏したことを。なぜうなだれるのか、わたしの魂よ／なぜ呻くのか。神を待ち望め。わたしはなお、告白しよう／『御顔こそ、わたしの救い』と」（詩42：5–6）。

プロテスタント教会では、あまりにも礼拝を理性的・理論的にのみとらえ、その神学的な理解にのみ注目してきた。しかし、礼拝の儀礼的な側面を見いだし、情緒的な力を積極的に評価しなければならない。同時に、危機の状況の中で、また人生において困難を乗り越えなければならないときに礼拝が守られることも忘れてはならない。

教会は礼拝共同体であり、礼拝することを通して教会が形成されていく。礼拝を通して、人々は福音と出会い、希望が与えられ、具体的に神と共に生きる力が与えられる。人々はそのような経験を求めて礼拝に集まってくる。この礼拝に繰り返し参加することによって、あらゆる困難の時にあっても礼拝の記憶がわたしたちを神への信仰へと導いてくれる。

死別を経験した人は人生の危機に立ち、そこで葬儀という礼拝を行う。葬儀において、すべての悲しみと嘆きが神の前に差し出され、神の言葉を通して復活の希望、死をもってしても切り離されることのない神の愛が示される。悲しみの中で理性的に神の国の希望を自分のものにできなくても、他の大勢の人々とこの礼拝を共に守っているという事実が大きな慰めとなる。

儀礼としての礼拝との関連で言うならば、礼拝としての葬儀は、自分は一人ではないことを実感し、死別によって壊れた自分の環境を修復し、自分の中にある制御しがたい怒りや悲しみの感情を整え、そこに一つの意味を見いだす手助けとなる。説教で神学的に整えられた多くの言葉を聞くことよりも、共同で一つの礼拝を守っているということによってより鮮明に神の国とその慰めを経験する。

さらに、先述の儀礼としての葬儀の意義をグリーフワークという視点からもう少し展開したい。

キャサリン・M. サンダーズは、その著書『死別の悲しみを癒すアドバ

イスブック』で、別れの儀式の持つ意味を次のように語っている[15]。家族の誰かが亡くなると、遺族は葬儀に関わる様々な儀式とその準備のために引きずり回されるように働くことになる。そのような儀礼的な慣習は、単に煩わしいものではなく、グリーフワークとしての機能を内包し、次のようなプラスの面を持っている。

（1）現実を受け入れる手助けをしてくれる。

（2）友人や家族が集まるチャンスを与える。

（3）精神的な支えを与える。

（4）故人の人生に意味を見いだす助けとなる。

（5）人生における大きな変化を認識させる。

（6）故人に対する気持ちを他人に分かってもらう機会を与える。

このような助けは、後述するがグリーフワークにおいても重要な役割を果たすものである。サンダーズは、葬儀などの役割を認識しつつもう一歩踏み出して、「葬儀はまだ悲しみのプロセスが本当に始まっていない時期に行われる。（中略）悲しみのさなかにあるわたしたちを支え、この苦しみに満ちた人生の転換期に何らかの意味を与えるよう儀式をもって適切な時期に付け加える必要がある」[16] と葬儀後の儀式の必要を訴えている。ショック状態にあり、様々な事柄が集中する葬儀の期間には、特に遺族はそれほど鮮明にその数日間にあったことを覚えているわけではない。それゆえ、葬儀が終わり、人々が遺族のもとを去った後に、遺族は愛する者の死と自らの悲しみ・喪失感と向き合うことになる。

グリーフワークの課題から言うならば、葬儀の後何らかの機会に自分の悲しみや嘆きを仲間の中で表出し、罪意識からの解放、人生の意味の再発見、人との繋がりを意識する時と場所、それを手助けする儀式が必要である。また儀式に身をゆだねることは自分の身を大きな力にゆだねることへと繋がっていく。

日本には死後の儀礼として初七日や四十九日、法事などの慣習があるが、

---

15 キャサリン・M. サンダーズ『死別の悲しみを癒すアドバイスブック——家族を亡くしたあなたに』、白根美保子訳、筑摩書房、2000 年、240–257 頁を参照。

16 同書、248 頁。

教会は葬儀後の儀礼をあまり重視してこなかった[17]。もちろん記念会という形でもたれているが、グリーフワークという視点に立ち、教会は記念会という儀式を遺族との話し合いの中で牧会的に新しく創造してこなかったのではないか。仏教の法事に代わるものとして必要ならば行うというどちらかというと消極的な立場であった。記念会という礼拝を共に創り、共に守ることは、人間性回復の場、神の祝福の回復の場としてとても重要な仕事であり、日本で宣教する教会の課題である。

3. 祝福に集約される礼拝

「葬儀は礼拝である」という言葉の背後には、礼拝としての葬儀は、「遺体を丁重に葬ることを大切にしながらも、死に勝利された十字架と復活の主が与えてくださった慰め、希望に立ち、そのみわざを現してくださった主なる神をほめたたえる」[18]という認識がある。そのことに間違いはないが、しかしその礼拝としての葬儀がいったいそこに集う人に何をもたらし、そこで何が起こるのかをこれまで述べてきた儀礼との関連の中で再考したい。

儀式や儀礼にはある一つの目的が伴うものである。儀式や儀礼を通過することによって、参加者はある一つの到達点・変化を経験する（子どもが大人になる。別々の二人が夫婦になる等）。礼拝の儀礼的性格から考えるならば、礼拝の目的は祝福・祝祷に集約されると言える。

ドロテア・グライナーは祝福の意味を研究し、礼拝は祝福・祝祷の行為にその目的を持つことを以下のように主張している。「祝福は祭司的・祭儀的行為の基本形態である。そのことは、祝福において、その礼拝・儀礼が何を目指しているのかが明確になる。祝福は神の人間に対する慈しみに満ちた思い、神と人間との損なわれることのない関係が目指されている」[19]。

---

17 仏教の法事を故人に対する供養や慰霊と理解し、キリスト教はそのような供養も慰霊も必要としないという理由から、記念会を開催することに関しては、曖昧でかつ消極的な態度を取っている。白戸清「キリスト教葬儀の実際」、『信徒の友』1991年11月号、日本キリスト教団出版局、21頁を参照。

18 同書、19頁。

19 Dorothea Greiner, Segen und Segnen: eine systematisch-theologische Grundlegung, Stutt-

彼女の主張に従うならば、確かに礼拝の祈りや、信仰告白、説教、洗礼や聖餐において、礼拝が目指すべきものを経験するが、（礼拝の最後にその目的が象徴的・儀礼的に表現される）祝福・祝祷において、礼拝の目的が集約されていると言える。祝福は神ご自身が直接に人間に向けてなされた業であり、祝福において神は人間のもとに来られ、そしてそこに留まられる。まさに、祝福・祝祷は、礼拝において人間が経験する究極の神体験である。

この祝福によって回復される神と人間との本来的な関係は、先述した儀礼の機能と密接な結びつきを持つものである。祝福は、人間をその本来性、「しみやしわやそのたぐいのものは何一つない、聖なる、汚れのない」（エフェソ5：27）存在へと戻す業である。祝福は将来にだけ約束された希望ではない。人間は終末において初めて祝福されるのではない。特別な状況に陥っている人間だけが祝福されるわけではなく、すでに創造物語においてすべての被造物が神の「良し」という祝福の言葉を受けている。

その根拠になるのは、天地創造の最後の「神はお造りになったすべてのものを御覧になった。見よ、それは極めて良かった」（創世1：31）という言葉である。神から「良し」とされる祝福、これこそ人間の本来的な姿であり、傷ついた人間が祝福によって取り戻す姿である。パネンベルクは、この人間の命、人生に神の「良し」という祝福を与えることが祝祭としての礼拝の意味であると主張している。祝祭としての礼拝において、日常生活の中で本来の自分自身を失っている、またそのように強いられている人間が、今一度神の被造物としての根源的な自己理解を取り戻すのである[20]。

グライナーは、神の祝福を神と人間との根本的関係と見なし、「神とこの世界との関係の始まりは神の祝福である。祝福において、神はこの世界を神との関係の中に受容された。創造の後、祝福において初めて、神はその働きを愛され、その創造されたものに命を与え続けられ、それと共に生きられる意思を明らかにされた」[21]と述べている。神が被造物と共におら

---

gart, 1999, 357.

20　Wolfhart Pannenberg, Mythos und Dogma im Weihnachtsfest, in Walter Haug / Rainer Warning (Hg.), Das Fest, München, 1989, 53-63 を参照。

21　Dorothea Greiner, 前掲書 268 を参照。

VI 「葬儀礼拝論」再考

れること、それこそがこの世界の本質的にあるべき姿であり、その神の祝
福へと人間は招かれているのである。

礼拝への招きは、まさにこの神の祝福への招きである。礼拝において、
この世界で傷つき本来的な姿を奪い取られた人間は再び神との関係を回復
する。儀礼としての礼拝は、人間を神の祝福へと招き、神の創造における
人間本来の姿を取り戻させることを目的としている。祝福は、いま、ここ
において、被造物に対する神の肯定(「良しとされた」創世 1 章)を経験し、
感じ取ることができるために教会にゆだねられた業である。

4. まとめ

祝福は、人間が礼拝に招かれており、神と他の人との交わりにおいて生
きることができる基盤であり、根拠である。それゆえ、人間は礼拝におい
て自分自身の破れや悲嘆をその罪と共に神の前に差し出すこと、そしてそ
れが神によって受け入れられること(オーデンタール)を経験することが
できる。この神の祝福の共同体への所属とその共同体に受け入れられ、調
和していることは、礼拝における儀礼的な行為を通して経験されるものと
なる(ヨズッティス)。神の祝福は、悲しみとそこから起こってくる攻撃性
が儀礼において整えられ、社会的秩序にふさわしく表現できるものとなる
(ヨズッティス)礎である。

礼拝をシュライエルマッハーの神学に基づき再び教会の「表現的行為」
として理解し[22]、礼拝のすべての要素を祝祷に向かうものとして位置づけ
る必要がある。そのように礼拝はその治癒的機能(ティロ)を再び意識的
に獲得することができる。

この祝福はイエスにおいて具体的な出来事となり、礼拝においてそれは
儀礼の形で象徴的に表現されている。礼拝参加者は、ヤボクの渡しにおけ
るヤコブの切願「祝福してくださるまでは離しません」(創世 32 : 27)と
同じ思いで礼拝において祝福を求めるのである。

---

22 Manfred Josuttis, Der Gottesdienst als Ritual, 55 を参照。

天国での再会──日本におけるキリスト教葬儀式文のインカルチュレーション

　教会の葬儀は個人的な行事でも、死者とのお別れ会でもなく、礼拝である。これこそ、教会が譲ることのできない教会葬儀の原則である。しかし、それは必ずしも、教会にとって異質な要素の教会への混入を阻む鉄壁の守りではない。死を通して人間は傷つき、本来の神の祝福を受けた姿を失ってしまう。その本来の姿の回復へと導くのが礼拝であり、それはまさに、神が人間に向けられた祝福に仕える教会の宣教的な業である。特に、死を通していのちの否定を実存的に経験し、そこから抜け出すことができない牢獄のような状況を経験する状況において、人間は神の創造における肯定（「良しとされた」）、そしてキリスト・イエスにおいて示され、何ものによっても切り離されえない神の愛（ローマ 8：39）を感知する。神の我々のいのちへの肯定は、遺族や悲しむ者のみに向けられているのではなく、イエス・キリストによる復活への希望においてその生涯を終えた者にも向けられている。「既に眠りについた人たちについては、希望を持たないほかの人々のように嘆き悲しまないために、ぜひ次のことを知っておいてほしい。イエスが死んで復活されたと、わたしたちは信じています。神は同じように、イエスを信じて眠りについた人たちをも、イエスと一緒に導き出してくださいます」（1 テサロニケ 4：13–14）。

　神の「良し」を理解し、経験するために、それぞれの文化においてその福音と文化に適合した言葉とそれにふさわしい儀礼が必要である。神の「良し」をそれぞれの文化の中で表現しようとする場において、インカルチュレーションが起こる。

Ⅶ
悲しみのプロセスに同伴する
日本の死者儀礼と牧会

　上述の章において、日本におけるキリスト教葬儀式文、葬儀賛美歌に見いだされる4つのモチーフ「a. 遺族の慰め、b. 天国における平安の約束、c. 天国における神と亡くなった家族との交わり・再会、d. 死を通しての信仰教育」について論じてきた。

　この中で特に「遺族の慰め」「死を通しての信仰教育」は、欧米の葬儀式文にも見られるものであるが、日本の中で独自の形で発展してきたものである。特にこれらのモチーフは葬儀において奇異なものではなく、その役割はごく自然なものである。

　「死を通しての信仰教育」は、ピューリタンの影響を強く受け、人口の1％しかキリスト者でない日本の教会にとっては特徴的なことである。また、葬儀において人々は自分自身の人生や死について考え、また霊的な痛み（スピリチュアルペイン）[1] を感じるものである。この機会を伝道の好機ととらえ、説教や葬儀を通して 伝道を試みようとする牧師もある[2]。

　次の「遺族の慰め」というモチーフは、どの宗教であれ、また宗教と関

1　霊的な痛み（スピリチュアルペイン）は、人生の危機において死への恐怖、罪意識、生きる意味や価値の喪失などによって経験される全体的な痛みである。それは、精神的な痛みでもあると同時に、身体的な痛み、また社会的な痛みをも伴うものである。Erhard Weiher, Das Geheimnis des Lebens berühren: Spiritualität bei Krankheit, Sterben, Tod - Eine Grammatik für Helfende, Stuttgart, 2008, 195-205 を参照。

2　ボーレンとヨズッティスとの葬儀論に関する議論はドイツの教会の中ではよく知られている。ボーレンが葬儀はあくまでも悲しむ者に対する牧会の場であることを強調したのに対して、ヨズッティスは葬儀を教会から遠ざかっている参列者に対する福音宣教の好機としてとらえる意見を主張した。Rudolf Bohren, Unsere Kasualpraxis: eine missionarische Gelegenheit?, Theologische Existenz heute 147, München, 1968; Manfred Josuttis, Der Vollzug der Beerdigung, Ritual oder Kerygma?, in Ders., Praxis des Evangeliums zwischen Politik und Religion: Grundprobleme der praktischen Theologie, München, 1988, 188-206 を参照。

209

わりがなくても、葬儀の本質的な役割であり、重要なテーマである。遺族の慰めを考えない葬儀は皆無であると言っていいであろう。しかしながら、何によって遺族が慰められるのか、どのような儀礼的要素が遺族の慰めとして有効に働くのかは、それぞれの宗教によって、またそれぞれの文化圏によって異なっている。ある文化圏において慰めとなる言葉や儀礼が、他の文化圏において有効に働くとは限らない。儀礼と強迫観念との根本的な関係についてのフロイトのテーゼによるならば、ある文化圏において有効な儀礼であっても、他の文化圏ではそれは異質なものであり、場合によっては人々をいらだたせる結果になる[3]。

これらの2つのモチーフに対して、「天国における平安」「天国における神と亡くなった家族との交わり・再会」は、日本のキリスト教葬儀において非常に特徴的なインカルチュレーションであると言える。葬儀式文や賛美歌の歌詞は、「天国での再会」というテーマに集中していることを先の章で見てきた。

この具体的で、またイメージしやすい考えは、日本人のメンタリティーに深く根付いたものであり、遺族に慰めに満ちた希望を与えるものである。

---

[3] ズンダーマイアーは Den Fremden verstehen（他者を理解する）を著し、宣教学の課題である他者理解の問題について論じている。その一例として、ドイツに住む外国人の病気の女性がヨーロッパの高度に発展した医療を受けたにもかかわらず、その効果が現れなかったことを紹介している。それはその医療が間違っていたのでも、またその女性がそれだけ重症であったわけでもなく、彼女にとってドイツの医療システムや治癒に関する考えが自分の国のものと違っていて馴染みがなく、不慣れであったため、彼女自身が疎外感を感じていたということである。彼女はその状況を、「臍」（彼女の中心）を失ったと表現している。この中心の喪失感が彼女を病気にし、治癒を妨げていたのである。ズンダーマイアーはこのような状況を解釈し、それぞれの文化に独自の治癒観・治癒システムがあり、それがたとえ現代の医療技術からして大変遅れたものであっても、その土地の人には有効に働くことを強調している。Theo Sundermeier, Den Fremden verstehen: eine practische Hermeneutik, Göttingen, 1996, 174-182 を参照。

同様にヨーロッパの慰めの理解やそれに適合した儀礼は、人々に慰めをもたらすし、癒しの共同体を形成するが、他の文化圏においてはその有効な癒しのシステムが働かないどころか、むしろ人々を傷つけたり、喪失感をもたらし、共同体を崩壊させるものになりうる。

Ⅶ 悲しみのプロセスに同伴する日本の死者儀礼と牧会

この慰めは、単に言葉だけのものではなく、ゆっくりと他の人々が付き添ってくれる慰めのプロセスとして経験されるものである。「天国での再会」のイメージと遺族に付き添っていくプロセスは、日本の死者儀礼の特徴であり、日本におけるキリスト教葬儀にも影響を与え、日本の葬儀式文の発展を導くものとなった。

その結果として、日本の教会的葬儀において、欧米の葬儀式文における主要テーマである「復活への希望」は退き、「天国での再会」が前面に出てきた。この発展の過程において、欧米の教会において1日の内に行われていたキリスト教葬儀が、数日にわたって諸式や礼拝によって構成される死者儀礼へと変わって行ったことがうかがえる。

この日本の死者儀礼のキリスト教葬儀への影響を「日本的基督教」のように「偽インカルチュレーション」と見なすべきであるかどうかということが問われる。また、キリスト教葬儀に日本的な死者儀礼の要素が混入してきたことによってそのキリスト教的なアイデンティティーと福音の核である「復活への希望」を失ったのではないかということが問題となる。

この問いへの答えとして、まず、ゆっくりとした悲嘆プロセスと日本的な喪の文化における「天国での再会」への希望がどのような意味を持っているのかを検証しなければならない。その際、このインカルチュレーションのプロセスについて早計に判断することも、これがヨーロッパ・キリスト教的葬儀には馴染みのないものであるという理由で拒否することも、キリスト教以外の文化や宗教と一線を引き、このような日本的要素を否定することもゆるされない。

ズンダーマイアーは、異なる文化や儀礼に対する対応として4つの視点を挙げている。「(1) 他者と自己との相違を曖昧にしたり、覆い隠してはならない。(2) 互いに、もしくは反発し合いながらアイデンティティーを形成する。(3) アイデンティティーの問題はポストモダンにおいていっそう難しくなっている。なぜなら、明確な境界がもはや認知されなくなったからである。(4) 理解するということは継続性を前提としている。性急な判断は相互理解を阻む。それゆえ、互いに信頼を築くために共通の場が

……必要である」[4]。この4つの見解に基づいて考慮することが、わたしたちの問いに対する答えを導いてくれるであろう。

　ただ、ズンダーマイアーによる4つの視点は、土着・自国のものと外からのものとの出会いと交流を問題としているが、この2つの対極だけではなく、この間に少なくとも一つの混合形が存在する。つまり、土着・自国のものが異化された形である。日本においても、またほとんどの他の被宣教国においても、キリスト者はその信仰や教会生活のゆえに自国民でありながら、よそ者のように見られる。古い中国の言い回しに「クリスチャンが一人増えると、中国人が一人減る」というものがある。今日においても、キリスト者になり、またその信仰を固く守っていくためには、改宗者は自国において他者であらねばならず、自身の文化と距離を保たなければならないという考えも見られる[5]。

　異化された者は、キリスト教的アイデンティティーと本来的なアイデンティティーのどちらも失うことなく、実際には切っても切れない関係にある自国の文化や伝統、しかしながら教会からは「異教」や「異教文化」と評価される自国の宗教や文化とどのような関係を持つべきであるかということが、宣教神学の問いである。

　ズンダーマイアーによって考察された他者と自国者との関係に関する視点と異化された自国者という混合形との対話を試みることによって、上記のインカルチュレーションの問題に一つの解決の糸口をもたらせるのではないだろうか。時として、異化された自国者が自国の文化にとらわれていると、自国の文化を神学的に評価することや、自国の文化との対話の中で新しい神学を展開することに躊躇してしまうことがある。その結果、い

4　Theo Sundermeier, Den Fremden verstehen, 152-153.

5　ドイツではキリスト者が多数派であり、キリスト教社会であると言われる。しかしながら、今日のドイツにおけるポストモダン的社会においては、キリスト者は異質な自国民になりつつある。ドイツのキリスト教事情を表現するものとして、以下のようなことが言われている。「1910年、人が教会に行かなければ、奇異な人と見なされていた。2010年、人が教会に行っていると、それが村であっても人は驚いてその人を見るだろう」。Fabian Vogt, Der Heilige Zeitgeist, in Christian Schwarz / Michael Herbst (Hg.), Praxisbuch neue Gottesdienste, Gütersloh, 2010, 16.

Ⅶ　悲しみのプロセスに同伴する日本の死者儀礼と牧会

くつかの反応が導き出される。自国の文化に対する不安から、それを敵対視し、また拒否する者もある。その場合は、自国の文化や社会から孤立したキリスト教世界にのみ留まり、自国の社会で異者であり続ける。そのキリスト教はいつまでも西洋風の「バタ臭い」宗教のままであり、外来宗教、外国の宗教、敵対する宗教のままである。この自国の文化に対する消極的な姿勢は、インカルチュレーションの促進を妨げるものとなる。そのような宣教姿勢は、ズンダーマイアーによって必要なものと見なされている自由で、開かれたまた浸透性のある交流[6]に異議を唱えるものとなる。

　他方、異化された自国者は、「日本的基督教」のように意識的にキリスト教と自己の文化との親和性を示そうとする傾向もある。そうすることによって、キリスト教が自国の文化や社会に敵対するものではないことを示そうとする。2章で述べたように、このような宣教姿勢においてはキリスト教のアイデンティティーそのものが失われる結果となっている。

　諸宗教間の関係を表す一般的な表現として「分け登る麓の道は多けれど同じ高嶺の月を見るかな」という道歌が用いられることがある。多くの宗教が存在し、それぞれ自分自身の真理性、他者の邪教性を主張するが、最終的にはすべての宗教が一つの共通した真理に到達するのだという宗教観を表現するものである。この歌は、宗教間の真理論争の無意味性を指摘し、また平和的な共生を主張する際に用いられる。確かに他宗教に対する寛容さ、また宗教間対話の可能性をこの言葉に見いだせなくはないが、それと同時に他者との違いによって確立していたアイデンティティーを失ってしまうのではないかという危険性を内包している。「同じ高嶺の月」は一つの真理、もしくは唯一の神の存在を意味する言葉である。もしそのような宗教・神観によって自身の宗教的アイデンティティーが曖昧になり、その宗教の輪郭が不明瞭になっていくならば、そもそも諸宗教間対話というものが可能なのかどうかという疑問が起こってくる。

　ズンダーマイアーは「互いに信頼を築くために共通の場が必要である」[7]ことを強調している。人々の悲しみに向き合い、そしてその人を慰めよう

6　Theo Sundermeier, Den Fremden verstehen, 152 を参照。

7　Theo Sundermeier, Den Fremden verstehen, 153.

天国での再会――日本におけるキリスト教葬儀式文のインカルチュレーション

とするならば、諸宗教と対話しなければならない。人間の悲しみとその慰めこそ、対話を生み出す共通の場である。諸宗教は、それぞれの儀礼的・宣教的活動において人間がその本来の姿を見いだし、それを回復するために協力し合わなければならない。そこに、インターカルチュレーションへと発展してくるインカルチュレーションの場がある。

1. ゆっくりとした悲しみのプロセス

　民俗学者の新谷尚紀は自身のフランスでの経験を以下のように報告している。「（フランスの墓地は）日本の墓地と比べると、やはり雰囲気が少し違う。しかし、十字架を卒塔婆と同じ役割を果たすものと見なせば、後はよく似たものであり、日本でも石塔に名前を刻むし花も飾る。フランスでも墓参りはする。一つだけ決定的な違いがある。それは、フランスでは墓地に食物を供えない、ということである。果物もないし、飲み物もない」[8]。

　新谷は、フランス人とは違って日本人が墓に食べ物を供えることの理由として、日本人の中に死者も食事をするという考えがあることを指摘している。もちろん死者が実際に食事をするわけではなく、日本人の死者観を反映した考えである。日本人は生と死の境界を明確には設定していない。枕飯や夜伽、四十九日の風習であったり、仏壇や墓への供え物、命日や法事の行事などを見ると、日本的感覚では、生から死への移行はゆっくりと段階を経て行われている。死者は死んでいて、この世に存在しないのであるが、まるで生きて、近くにいる者のように扱われていることがある。死者の魂は、死後すぐに天国や浄土に行くのではなく、この世や家の近くに留まっていると考えられている。遺族は段階を経て故人・遺体を遠ざけ、遺族は故人を生物学的な死から徐々に文化的・本質的な死へと移行させていく。逆に言うならば、遺族はそのように段階を経て家族の死を受容していくのである。

　文化人類学者の波平恵美子は、この日本的な死者観を次のように分析し

8　新谷尚紀、前掲書、32頁。

214

ている。「あたかも『死者』は存在するかのようで、死者儀礼における自分の行為は死者に対して行うもの、働きかけるものと現在でも想定されている」[9]。波平の日本人の死者理解に関する解釈によるならば、「『死者』とは、現在でも尚儀礼の中では一挙に『生者』から『死者』になるのではなく、いくつもの段階を経て徐々に『死者』になっていく」[10]と考えられている。 その意味では、日本における死者儀礼は、故人が死者となり、生者が死者との新しい関係を築いていく過程であると言える。

遺族は、死者が空腹ではないか、渇いていないかということを心配する。それゆえ供え物として食べ物や飲み物、もしくは好物を用意する。死者は見ることができたり、聞くことができるというような考えがその背後にはある。弔辞が故人・遺体に向かって語られるのも、故人が聞いているという想定が存在するからである。まるで死者がそこにいるかのように振る舞うのは、生きている者の考えの反映であり、それが事実かどうかということが問題ではない。

決定的な死というものは、生物学的な死の瞬間において完結するのではなく、様々な儀礼的段階を経て遂行されると考えられている。この考えは、遺族の両義的な感情と結びついたものである。遺族は一方で愛する故人の近くにいたい、生きているときのように接したいという思いを持ちつつも、他方において気味の悪い死体をできるだけ速やかに日常生活の中から排除したいと願う。この2つの感情が混在する形で死者儀礼が構成される。また遺族の振る舞いもこの相反する2つの感情を表現するものである。

2. 天国での再会

愛する人を亡くしたとき、どうにかしてその人にもう一度会いたいと願うのは自然な感情である。そこには、死に勝る力への強いあこがれがある。このような願望やあこがれは日本に限ったものではなく、ヨーロッパにおける比較的新しい死の理解の特徴として挙げられるものである。

9　波平恵美子、前掲書、47頁。
10　同書、49頁を参照。

天国での再会——日本におけるキリスト教葬儀式文のインカルチュレーション

「天国での再会」は 19 世紀からヨーロッパのあの世理解の中で見いださ
れるようになった。フランスの歴史学者で新しい視点で死の歴史を研究し
たフィリップ・アリエスは、かつてはヨーロッパのキリスト教においては
天国で愛する者と再会するという考えは不慣れな考えであったが、19 世
紀になってヨーロッパはあの世理解の影響を受けるものとなったことを報
告している。その根拠の一つとして、19 世紀以降に造られた墓碑の中に
天国での再会をモチーフにしたものが散見できることが挙げられている[11]。
そして、そのような考えは現代にまで続き、増加傾向にある。2009 年 12
月にドイツで 1917 名を対象に行われた「死後の世界」についてのマーケ
ティング調査アンケートにおいては、49％の人が死後自分の愛する家族に
再会できると考えていると答えている[12]。死によって愛する者との関係が
無になってしまうわけではなく、死後何らかの形で結びついているという
感情は理解しやすいものである。さらに「死後の命」についてのアンケー
トにおいては、60％以上もの人が「死によって人間の存在は終わるのであ
り、その人はただ他の人々の考えや記憶の中でのみ生きている」、もしく
は「自分自身は死後存在することはない。しかしわたしの一部は家族たち
の中に存続していると考えている」と答えている。この結果は、ドイツで
はほぼ 3 分の 2 の人が復活の希望を持っているわけではなく、人間的・家
族的な関係に価値を置いていることを示している。ドイツの多くの人々
が宗教的・終末論的共同体ではなく、閉じられた個人的な交わりの中で継
続して存在することへの希望を抱いていることが分かる。

「天国の再会」は欧米でも見られることではあるが、日本ではもっと深
く日本文化や日本人の考え方の中に根付いた死生観である。仏教学者の池
見澄隆は、「死後再会」は日本人の心性（マンタリテ）を形成していると述
べている。確かに仏教は日本人の考え方、特に死生観に大きな影響を与え

---

11 Philippe Ariès, Bilder zur Geschichte des Todes, München, 1984, 178-183（P. アリエス
『死と歴史——西欧中世から現代へ』、伊藤晃・成瀬駒男訳、みすず書房、1983 年）
を参照。

12 Repräsentativbefragung zum Thema Leben nach dem Tod durch die GfK, Baierbrunn, 2009
を参照。

VII 悲しみのプロセスに同伴する日本の死者儀礼と牧会

ているが、池見は仏教の教説と日本の宗教の深部にあり仏教の教えを支えている原初的な情緒とを区別し、「死後再会」への希望こそ日本人の心性（マンタリテ）に決定的な影響を与えており、日本の仏教の深層を形成していると分析している。「死後再会」への希望は、死によって壊れた愛する者との関係の修復を願う一種の信仰形態であると定義している。この関係の修復は私的情念の基準において「死後再会」への希望として表現されている。死後における再会への願いとそれを信じる信仰が悲しむ者、苦しむ者を慰め、愛する者の死を受容する助けとなっているというのである[13]。

　池見は日本の仏教を形成してきた仏教者の考えの中に「死後再会」への希望が芽生えていることを指摘している。天台宗の源信が記した『往生要集』は、死者儀礼に関する実践的な指示を残し、日本の死者儀礼に大きな影響を与えている。『往生要集』には、儀礼的な指示だけではなく、現代的に言うならばターミナルケアについての言及がなされている。源信は臨終における念仏に大きな価値を置き「臨終の一念は百年の業に勝る」[14]とまで述べている。この本が執筆された翌年、986年に源信は彼の考えに基づく念仏共同体を結成する。この念仏共同体は25人の僧侶によって、どんな時でも固く結ばれ、互いに助け合い、念仏を唱えるという誓願が立てられ結成された。もしこの内の誰かが臨終であるならば、メンバーはその者の世話をし、最後の時まで浄土に往生する希望を持ち続けるよう経を読み、念仏を唱えるよう教えられていた。彼らは臨終の時だけではなく、死後もすべての命日に死者を覚えて念仏を唱えていた。この念仏共同体はグループの強い結束を表しているのではなく、念仏者は共に浄土に往生し、そこで相見えるという「倶会一処」をこの世において具現化したものである。つまり、念仏共同体は浄土における「死後再会」の雛形であり、「死後再会」への希望は慰めの効果を持つとともに、避けることのできない自身の死や愛する者の死を受容する助けとなっていた。

13　池見澄隆「日本仏教思想史の深層」、池見澄隆他編『日本仏教の射程』、人文書院、2003年、270–271頁を参照。

14　源信、石田瑞麿訳注『往生要集（下）』、岩波書店、1992年、45頁。臨終の時の一声の念仏は、百年の修行にも勝っている。

天国での再会——日本におけるキリスト教葬儀式文のインカルチュレーション

　浄土教によれば、死に逝く者が信仰を固く持ち、念仏を唱えるならば、阿弥陀仏がその魂を救うためにその者のところに来ると考えられている。それゆえその信仰を保つために、死に逝く者は僧侶に付き添ってほしいという願いを持っていた。この願いは、死に対する不安、愛する者と離れなければならない苦しみに対する不安、さらにそれらの苦しみや悲しみが自分自身を錯乱させてしまうかも知れないという不安から来るものである。

　死を迎えようとする式子内親王が法然に善知識を願い、対面を願ったことに対して、法然が一通の手紙を送っている。その手紙で法然は彼女のところに赴くことを辞退し、その代わりに仏の本願を信じ、確実に往生することを信じて念仏を唱えるようにと教えている。この手紙の中には、法然が彼女と浄土において再会するという確信に満ちた言葉が、2度書かれている[15]。

　池見は法然の「死後再会」への希望を、「浄土における往生」の教理と同義のものであると解釈している。その際、「死後再会」は往生の情念的な表現と言える[16]。法然が式子内親王に浄土における再会を強く主張しながら、「浄土での再会」という具体的で視覚的なイメージを用いて彼女に対して希望と慰め、そして自身の死の受容を勧めているのである。

　信仰生活の理想は、死の床にあっても信仰を固く持ち、死やその後の生に対する疑いや不安もなく自分自身の宗教的姿勢を崩さずにいられることである。現実はそれほど簡単ではなく、理性的に進むわけではない。それゆえ、人間は他者の情緒的な支援を必要としている。死は単に自分自身の命の終わりを意味しているのではなく、愛する者との関係の終わりでもある。「天国での再会」に対する希望は、日本においては、源信や法然に見

15　「それゆえ、ただきっときっと、同じ仏の国にご一緒に参って、蓮の上で、この世の鬱とうしさを晴らしともに過去の因縁をも語り合い、互いに未来の教化を助け合うことこそ、かえすがえすも大事なことです」、石丸晶子編訳『法然の手紙——愛といたわりの言葉』、人文書院、1991年、142頁。「ついには阿弥陀の浄土に参って、そこで再びお会いいたしますのは疑いのないことです。……ただどうか、いよいよ深く往生を願う心を深めていき、お念仏にもいっそう励まれて、浄土で待とうとお考えになってください」。同書、149–150頁。
16　池見澄隆、前掲書、273頁を参照。

る限り、1000 年にわたって愛する者との別離や関係の消滅に対する不安を克服するものであった。そして、それは死に逝く者だけに当てはまるのではなく、遺族においても同じであった。「天国での再会」は宗教教義の情念的表現であり、自分自身の死や愛する者の死を受け入れ、超越者に自らをゆだねるための宗教的なアプローチであった。

3. 日本の死者儀礼の牧会学的解釈

いくつもの段階を経て行われる死者儀礼や供養は、古い原初的な死生観に基づいて形成されてきたものであるが、現代的なグリーフワークの見地から見ても、ゆっくりと人に付き添われながら共に死を受容するプロセスとして解釈されうる[17]。これまで日本の死者儀礼の特徴の一つとして述べてきたゆっくりとしたそして共同的な死の受容について神学的に議論するために、現代におけるグリーフワークの研究と葬儀に関する神学的な議論との対話を試みたい。その際、葬儀の意味を探求する一つの手がかりとして、ジャンケレヴィッチの死の分類に言及したいと思う。

(1) 三人称の死、二人称の死、一人称の死

フランスの哲学者ウラジーミル・ジャンケレヴィッチは、死をそれを経験する人称に従って分類している[18]。三人称の死とは、一般的な死、もしくは見知らぬ、新聞やテレビで報道されているような自分とは直接関係のないところで生じている死である。二人称の死は、二人称（あなた）で呼

17　ズンダーマイアーは 1977 年にアフリカの死者儀礼を当時の悲嘆学と比較することによって、もはや異教的な行為としてではなく、悲嘆のプロセスの一環と見なしている。アフリカ人のグリーフワークにとって、いくつもの段階を経て数日間にわたって行われるアフリカの死者儀礼は不可欠のものであることを述べている。彼は、ヨーロッパの教会がアフリカの死者儀礼とそのグリーフワークを助ける機能から学ぶことによって、教会が悲しむ者に寄り添う役割を強化すべきであると提案している。Theo Sundermeier, Todesriten als Lebenshilfe: Der Trauerprozeß in Afrika, in Wege zum Menschen 29, Göttingen, 1977, 129-144 を参照。

18　ウラジーミル・ジャンケレヴィッチ『死』、仲澤紀雄訳、みすず書房、1978 年、24–37 頁を参照。

びかけている人物、つまり家族や友人、自分の愛する人の死である。一人称の死とは自分自身の死である。わたしたちは自分自身の死について考え、また不安を覚えるものである。しかしながらわたしたちは一人称の死そのものは、自分自身が死んでいるので、経験することはできず、死について語ることもできない。我々が経験し、語ることができるのは、二人称の死もしくは三人称の死である。ジャンケレヴィッチは、二人称の死を最も重要なテーマであり、哲学の対象となりうると述べている。

わたしたちは、二人称で呼びかける愛する者の葬儀に関わらなければならず、その二人称の死と対峙し、経験し、受容しつつ生きなければならない。教会の葬儀が治癒的・牧会的な役割を持つとするならば、葬儀は死者に対して行っているものではなく、二人称の死を経験した人々のためになされていることを意識しなければならない。葬儀や葬儀式文が、死者を神のもとへ連れて行き、永遠の命を保証するものではない。葬儀そのものが死者の救いや死後の生に作用するものではない。しかし、葬儀は、悲しむ者に他の悲しむ者と共にその悲しみを表現し、分かち合うことができる時と場所を与えることができる。葬儀は、遺族のグリーフワークに伴い、受け入れがたいけれども避けることのできない現実を受容する助けを提供することができる。遺族は故人と別れなければならない、そして死によって力がそがれてしまった命を回復し、生きる力を取り戻さなければならない。

これまで日本の教会において葬儀について議論してきたことは、聖書的・神学的「死」の理解に基づいたものであった。そして、葬儀のあり方もその神学的な「死」の理解に基づいて考察されてきた。その際、その神学的な死の理解は、いうならば一人称の死、もしくは三人称の死に焦点が合わされてきたのある。しかし、葬儀の牧会的な役割、また礼拝としての葬儀の意味を考えるならば、「二人称の死」に目が向けられなければならない。なぜなら、「神は死んだ者の神ではなく、生きている者の神」(ルカ20：38) だからである。神は、葬儀においても、生きている者の神、二人称の死によって深い悲しみに沈んでいる生きている者の神である。

Ⅶ 悲しみのプロセスに同伴する日本の死者儀礼と牧会

(2) 周死期ケア

ドイツの牧会学者のケルスティン・ラマーは、これまでの死や悲しみに関する研究（キューブラー・ロス、シュピーゲル、ボウルビィ等）において支配的であった考え、つまり「グリーフワークのプロセスにおける最初期においては、……付き添うことは必要ではないし、不可能である」[19] という考えを批判している。ラマーは、彼女のアメリカの病院での牧会経験を通じて、死を経験した直後のショック期に関するこれまでの理解を批判的に検証し、まさに臨終の時、死の瞬間やその直後において大きなショックを受けている遺族のケアがいかに重要であるかを強調している[20]。彼女はこの瞬間、つまり死の前後の瞬間、その前後数時間を "perimortal"（周死）[21] 期と名付けている。ラマーはこの周死期をこれから遺族が経験するグリーフプロセスのキーポイントとして見ている。この周死期においてどのようなケアを受けるかということが、これからのグリーフワークの過程において遺族の精神的かつ身体的な健康に大きな影響を与えると述べている。彼女は、教会こそこの周死期において遺族に付き添い、牧会的なケアを提供する必要性と可能性を説いている[22]。

ラマーはこれまで悲嘆を段階として理解していたことを批判的に検証し、さらに発展させ、グリーフワークにおいて次の6つの課題に注目すべきであることを訴えている。そしてこれは単に遺族の問題ではなく、遺族に寄り添おうとする者が意識すべき課題でもある[23]。

悲しみを抱える人に寄り添うための課題、またその人のグリーフワークの課題は、時間的な経過に従って、上から下へと進んでいくものではなく、

---

19 Kerstin Lammer, Den Tod begreifen: Neue Wege in der Trauerbegleitung, Neukirchen-Vluyn, 2003, 20.

20 同書 21 を参照。「人はここで誰かに付き添われたか否か、またいかに付き添われたかという経験は、その状況においてのみ重要なのではなく、それ以後の悲嘆のプロセスにおいても決定的な意味を持つ。後になって振り返ってみるときに本質的な経験となって残っている」。

21 同書 22.

22 ケルスティン・ラマー『悲しみに寄り添う――死別と悲哀の心理学』、浅見洋・吉田新訳、新教出版社、2013 年、24–31 頁を参照。

23 同書、116–145 頁を参照。

221

悲しみを抱える人に寄り添うための課題[24]

T	死を理解することを助ける（現実化） Tod begreifen helfen
R	反応を表す場を与える（開始） Reaktionen Raum geben
A	喪失の容認を言葉にする（確認） Anerkennung des Verlusts äußern
U	進行過程を支える（前進） Uebergänge unterstützen
E	故人を思い出し、故人の話をすることを勇気づける（再構築） Erinnern und Erzählen ermutigen
R	危険（リスク）と資源（リソース）を評価する（査定） Risiken und Ressourcen einschätzen

らせん状に繰り返し繰り返し経験するものであることが指摘されている。一つの課題や段階を終えると次の段階へと移っていくのではなく、死を中心として、らせん状にグルグルと同じ課題を巡り、また最初に戻ってくる可能性が高い。ラマーはこのミヒャエル・シビルスキーの悲嘆のらせん状のプロセスというイメージを取り入れ、ラマーの課題も繰り返し経験することになると述べている[25]。つまり、グリーフワークとは、らせん的な経験であり、悲しむ者に寄り添おうとするならば、その繰り返し起こってくる経験を共有する時間、機会、場が必要であるということである。

　以下、ラマーが提唱する課題が日本の死者儀礼に見られるグリーフワーク的な機能とどのような関係にあるかを見ていきたい。

　第1の課題である「死を理解することを助ける（現実化）」は、まさに日本における周死期ケアでは、仏教的な伝統では末期の水や枕経という儀礼がその場と時間を提供している。キリスト教ではその伝統の影響を受けて行われている臨終の祈り、枕頭の祈りがそれに当たるものである。納棺式や出棺式、また伝統的な湯灌においても死を現実のものとして受け入

24　同書、130頁。ドイツ語の6つの課題の頭文字をつなげると、TRAUER（悲しみ）になる。

25　同書、127–129頁を参照。右上図は同書、127頁より。

ミヒャエル・シビルスキーが提示する悲哀の螺旋の道

れる一つの機会や場として他の人の付き添いのもとでなされている。また、火葬前式において遺体を火葬炉に入れたり、そのスイッチを入れる行為であったり、それを見ること、またその後の一種儀礼化された骨上げもそのような時や場に準ずるものである。

「反応を表す場を与える（開始）」においては、「悲しみの表出を援助する」[26]ことが必要である。ラマーは、この課題における悲しむ者との牧会的な対話に注目している。確かに、今日の状況においては、悲しみと向き合い、それを表出するためには専門的なカウンセリングを受けることは必要である。しかし、6章において述べたように、儀礼は、悲しみをある定められた服装や言動を通じて他者に理解できる形で表現する機会を与えている。儀礼は、悲しみや、不安、恐れ、罪意識や怒りといった自分では制御することのできない感情を整えて表出する手助けをすることができる。また他者にとってはそのような感情を受け入れ、理解し、そして悲しむ者と共にいることができる時と場所でもある。

わたしたちが避けなければならないのは、社会から隔絶された状況の中で、悲しみを抱えて激しい感情と一人で対峙しなければならないことであ

---

[26] 同書、133頁。

る。そのためにも確かにわたしたちには専門的なカウンセリングが必要である。それとともに、儀礼は治癒的な役割を持っており、人と共にゆっくりと段階を経ていくプロセスは、遺族に悲しみを表出する様々な機会と場所を提供してくれる。

いくつもの儀礼がゆっくりと段階を経て行われ、そこに人々が集まってくることによって、遺族が社会的に孤立することを防ぐとともに、第3の課題「喪失の容認を言葉にする（確認）」と第4の課題「進行過程を支える（前進）」に向かう機会を与えてくれる。特に、その際に仏教の僧侶であれ、キリスト教の牧師であれ、宗教者は悲しみを宗教的に認識し、そしてそれを宗教的に意味づけるという重要な役割を担うことができる。このことによって、全く無意味な死の経験に意味が与えられ、死を受容する助けとなるのである。

第5の課題である「故人を思い出し、故人の話をすることを勇気づける（再構築）」と第6の課題「危険（リスク）と資源（リソース）を評価する（査定）」ことは、簡単に行われることではなく、時間を必要とし、繰り返し行われなければならない。葬儀やその他の様々な死者儀礼には、家族や多くの友人・知人が参列する。そこでは、故人の思い出が語られる。それは死別による悲嘆と喪失を経験した人々のまだ整理されていない感情を表現することを助けることになる。そのような会話や思い出を泣きながらまた笑いながら語り合うことによって、遺族は他の人々も同様に同じような経験をしていることを知り、またそのような人々からの言葉を聞くことは、共感と慰めを与えてくれる。

ラマーは周死期ケアに注目し、今後のケアに大きな影響を与えるこの瞬間のケアに集中することが重要であることを主張している。ラマーの考えを受け、若干の私見を加えたい。

死には様々な形があり、突然家族の死に遭遇するかも知れない。しかし、多くの場合を考えると、家族はすでに長い間二人称の死に対峙し、それを受容するという苦しいプロセスを経験している。家族は医師から病名を告げられたり、余命を告げられたり、段々と弱っていく姿を見なければならない。そして、この経験は当人の死をもって終結するものではなく、死後

Ⅶ　悲しみのプロセスに同伴する日本の死者儀礼と牧会

perimortal（周死）期のイメージ

一人称の死

臨終の直前直後（ラマー）

長期的な周死期（中道）

二人称の死

死

もっと長く家族は愛する者の死と向かい合っていかなければならない。

　その一方で、二人称の死の長い道程は、多くの場合、病院、教会、葬儀
社などその一つ一つの過程に関わる様々な施設や機関によって分断される
ことになる。もちろん、それぞれの段階において専門的な援助は必要であ
る。そして、ラマーが強調する死を境とした前後の時間は、遺族にとって
危機的な状況であるとともに、遺族ケアにとって重要な瞬間である。しか
し、二人称の死に対するケアを考えるならば、ラマーが想定する周死期
ケアの期間よりももっと長い期間を想定すべきである。そして、このもう
少し長期にわたる周死期ケアの理解に基づくならば、教会は二人称の死を
経験している家族に対するケアを牧会の課題としてとらえ、その歩みに寄
り添っていかなければならない。もちろん、ラマーが強調する死の直前直
後は最も重要な瞬間であるが、葬儀以降のグリーフワークや具体的には記
念会や命日などを牧会の重要な機会と見なさなければならない。教会はそ
の機能も、能力も協力者も持っている。それは、遺族のグリーフワークを
教会が指導するということではなく、「あなたがどこに行ってもあなたの
神、主は共にいる」（ヨシュア1：9）という神の祝福を、人々の体験でき
る形で教会が表現するためである。

　日本の儀礼システムが理想的であり、すべてのグリーフワークの課題が
日本の死者儀礼によって解決され、専門的なカウンセリングが必要ないと

225

いうことを言いたいわけではない。しかしながら、日本の死者儀礼の中にはおそらく長年の経験と日本人の心性（マンタリテ）に基づいた知恵によってゆっくりと段階を経て進んでいくグリーフワークが育まれており、それがラマーの提唱するグリーフワークやそれに寄り添う者の課題やシビルスキーの悲嘆のらせん状のプロセスを対応する可能性を持っていると言える。

（3）復活のインカルチュレーションとしての「天国での再会」

キリスト教の復活への希望は死への恐怖や不安、人間的な悲しみを克服する。神は信仰者を「いつもキリストの勝利の行進に連ならせ、わたしたちを通じて至るところに、キリストを知るという知識の香りを漂わせてくださいます」（2コリント2：14）。これは教義的に正しいことである。では、それに加えて「天国での再会」というメッセージや葬儀のテーマは神学的に正しいのであろうか。

ラインハルト・ムムは新約聖書の研究から「初期キリスト教は、神の前に立つ人と個人的またプライベートな関係を持つということを全く教えていない」[27]と述べている。つまり、新約聖書には、死後もこの世における個人的な関係が続いていくという考えはなく、ただ神の王座の前に立つ人々が神とイエスの名を呼び、礼拝するのであって、地上で死別した家族や愛する者と再会し、そこで関係を持続させるわけではない。

確かに、聖書の中で死者との再会を希望としてこの世の生を生きること、また慰めを見いだすことを教示する直接的な言説を見いだすことは難しい。しかし、家族の死を目の前にして悲しみに暮れる遺族は、必ずしもこの神学的な教理や議論を理解できる状態ではない。牧師は死に関する神学議論の代弁者として遺族の前に立つべきではない。「死に直面したある遺族は『なぜ、死んだのか』『死はどこから来るのか』といった問いを発し、他の遺族は『故人はどこに行ってしまったのか』と問います」[28]。ラマーはこの

27　Reinhard Mumm, Das Evangelium und das Leben nach dem Tod, in Gerhard Hildmann (Hg.), Jenseits des Todes: Beiträge zur Frage des Lebens nach dem Tod, Stuttgart, 1970, 27.

28　ケルスティン・ラマー、前掲書、29頁。

言葉をもって伝統的な教義を否定しているのではなく、その教理の中に様々な解釈の可能性を見いだしている。神学の言葉、使徒信条の一つ一つの言葉も幅広い解釈の可能性を有しており、教会は悲しみを抱える人に牧会的に寄り添う中でその人々が理解できる言葉を生み出す豊かな可能性とチャンスを持っている[29]。

　葬儀、また周死期ケアはその可能性の現場として重要な場面である。葬儀は音楽付きの死についての神学講演会ではないし、ましてや伝道集会でもない。遺族の実存的な問いに対して神学的に正しい答えをすることが求められているわけではなく、またそのような言葉は遺族の悲しむ魂に触れるものでもない。むしろそれは遺族を失望させるばかりか、いらつかせ、さらに傷つける言葉となることがある。なぜなら、牧師は自分たちの悲しみに寄り添い、そこに慰めを語ってくれると信じているのに、正しいけれど乾いた牧師の言葉や態度は大きな失望、「涸れた谷に鹿が水を求めるように」（詩42：2）求めても得られない失望を感じるからである。葬儀における牧会的な課題は遺族や悲しむ人々の実存的な問いを受け止め、それを共に考え、それについて共に語り、その人々に寄り添い、キリスト教信仰を背景に持っていのちを肯定する答えを見いだすことである。

　死の本質について、もしくは死者の行方について、何も最近になって問われ始めたわけではない。長い歴史の中で、それこそ人類が死を自覚的に受け止め始めて以来、人間を苦しめてきた問いである。そして、キリスト教においても大きなテーマであり、多くの神学者もこの問いに答えようと試みてきた。

　ルターは、「死はわたしの眠りとなった」と死を「眠り」と表現している。これは死という厳しい現実を眠りという無害な言葉でカモフラージュしたものではない。ルターは眠りという言葉で、「死は人間を支配する力を失ってしまった。死は人間の待ち受ける最後のものではない」[30] ことを訴えている。重要なことは、天国における眠りという状態ではなく、「死

29　同書、28–30 頁を参照。

30　ユルゲン・モルトマン『終りの中に、始まりが――希望の終末論』、蓮見幸恵訳、新教出版社、2005 年、176 頁。

よ、お前の勝利はどこにあるのか。死よ、お前のとげはどこにあるのか」
（1コリント 15：55）とあるように、キリストの復活によってそのとげが取り去られたことによる死に対する包括的な勝利である。

　ユルゲン・モルトマンは悲しむ者の問いに対する応答として、「悲嘆における慰めは、死者は神において守られていることを知り、自分も神の中に守られている存在であることを自覚する、壊れることのない交わりの経験の中にあります」[31]と答え、死をもってしても壊れることのない、朽ちず終わることのない神との関係、交わりを強調している。死ぬべき有限な人間がこの神との交わりにおいてのみ得ることのできる、朽ちることのない永遠の命の経験を説述している[32]。

　「天国での再会」は、この世的な関係の死を越えた継続性への希望を表現している。その背後には、一般的な弔辞などに見られるように、生きている者が死者に二人称で語りかけること、つまり一方的にまた互いに会話すること、意思疎通し合うことができるというイメージがある。つまり将来的な意思疎通を前提とした「天国での再会」と、生者と死者とのコミュニケーションは表裏一体のものである。しかし、日本のキリスト教葬儀においては「天国での再会」は前面に出されるが、弔辞などで参列者が死者に語りかけることは禁止されているのは矛盾した対応と言える。

　しかし、生者が死者に話しかけ、死者はそれを聞き何らかの反応を示しているであろうというイメージとそれに基づいた儀礼的行為は、はたして教会として認められるのであろうか。ドイツの実践神学者のハンス゠マルティン・グートマンは、この問題に取り組んでいる。彼は、結婚式直前に事故で婚約者を失った女性が死後も亡くなった彼とコミュニケーションを保っているという事例を挙げ、彼女が行っていることを亡くなった彼との新しい関係を築こうとするグリーフワークの一環と見なしている。グートマンは、死を越えて存続する関係はこれまでの神学では人間と神との関係に限定して語られていたことであり、生者と死者との関係は当てはまらな

31　同書、203頁。
32　同書、119頁を参照。

Ⅶ　悲しみのプロセスに同伴する日本の死者儀礼と牧会

いものと見なされてきたことを指摘している[33]。しかし、彼は教会史にお
けるまた他の宗教における多くの例を挙げ、生者と死者とのコミュニケー
ションを弁証し、認めようと試みている。彼は教会に対して、葬儀におい
て遺族と愛する者との決定的な別れだけではなく、死者について、さらに
は生者と死者との関係についても関心を払うべきであることを勧めてい
る[34]。死は、わたしたちを愛する者から引き離し、その関係を破壊する力
を持っている。グリーフワークの課題は、その死によって損なわれた関係
を新しく構築することにある。彼は、キリスト教は生者と死者との関係を
開くことができると主張する。なぜなら、キリストを信じる者はキリスト
と共に死に、キリストと共に復活するからである。死はもはや生者と死者
の人間的関係を破壊する力を持たないからである[35]。

　これまで紹介した悲しむ者の問いに答えようとした 3 人の神学者に従う
ならば、日本におけるキリスト教葬儀式文に見られる「天国での再会」は、
死に対するキリストの勝利を表現した「眠り」（ルター）、「神との関係」
（モルトマン）、「生者と死者の新しい関係の可能性」（グートマン）の日本
におけるインカルチュレーションであると解釈することができる。「天国
での再会」は、死によってすべてが終わったわけではないことのシンボリ
ックな表象であり、悲嘆のただ中にあって関係の切断を経験した人にとっ
て、明確なイメージと共に、理解することが容易な言葉である。

　念仏をもって浄土に往生することができる、あらゆる状況において念仏
に集中しなければならない信仰を「天国での再会」という視覚的な希望と
結びつけている源信や法然の教えは、信者に希望を与えている。それによ
って、「天国での再会」は死はもはや死んだということを証しするもので
あり、日本人の心性（マンタリテ）に適応した表現である。このイメージ
に満ちた具体的な言葉は、人間にインスピレーションを与え、永遠の命の

33　Hans-Martin Gutmann, Mit den Toten leben: eine evangelische Perspektive, Gütersloh,
　　2002, 159 を参照。
34　同書 209 を参照。グートマンは、プロテスタント教会の式文においても死者に向け
　　られた祈りが存在することを指摘している。
35　同書 204 を参照。

身体性と経験性を伝えるものである。

　しかし、「天国での再会」はインカルチュレーションの「翻訳段階」であり、神学的に十分に議論し尽くされた表現であるとは言えない。4章で述べたように、日本の教会はアメリカから伝えられた葬儀式文の復活に関する言葉を、「天国での再会」という言葉に入れ替えてきた。復活と「天国での再会」との神学的関係はまだ十分に考察されたわけではない。「天国での再会」というコンセプトはキリスト教の指針を骨抜きにしてしまう可能性を秘めている。

　「天国での再会」は、死がもはや人間の関係を切断する力を持っていないことを直感的に表現した言葉であるが、この言葉が言葉通りのものを示すだけであり、それが決定的な希望であるならば、来たるべき神の国は死後の世界の話になりはてる。天国はもはやこの世界にその力を及ぼす神の国ではなく、この世の苦労や重荷から解放された死後の楽園を意味するものに他ならない。神はあの世の平安な世界を統治するものにすぎず、神との交わりや聖徒の交わりは個人を集団の中に飲み込んでしまうあの世における家族・友人共同体[36]に矮小化されてしまう。それはまさに死によって支配された死の世界であり、そこではわずかばかりの個人的な幸福感が保証されるにすぎない。

　「天国での再会」は、なかなか現実には理解しにくい復活という表象、また死によって弱められた魂には理解困難な復活への希望の入口を提供する。しかし、そこに留まるのではなく、日本の教会は「天国での再会」という考えを神学的にさらに解釈する必要がある。単なる日本的考えの借り物であってはならない。むしろ、教会は直面する文化と対話し、悲しむ者に寄り添うことによって、キリスト教独自の表現を新しく創りだすことが求められている。

36　クァクは、韓国の死者儀礼に見られる否定的な力を指摘しているが、それは日本の死者儀礼にも同様に見られるものである。「集団性や家族への所属という連帯性に基づく個々人の価値や尊厳の無視、それぞれの個性の排除」。KWAK Misook, Das Todesverständnis der koreanischen Kultur, 263.

4. ドイツにおける教会の実践

　ゆっくりと段階を経て行われる悲しむ者に寄り添う牧会的ケアは、日本だけのテーマではなく、今日のドイツの教会においても重要な課題となりつつある。現代のドイツにおける葬儀事情も大きく変化しており、人々の教会離れからドイツの教会は葬送文化の中心的存在ではいられなくなっている。葬儀が市場化し、葬儀社が教会よりも組織的に、また人々のニーズに応えるように迅速でかつきめ細かい対応をし始めている[37]。EKD（Evangelische Kirche in Deutschland：ドイツ福音主義教会）はこのような状況に対応し、悲しむ人々に寄り添う教会本来の姿を取り戻すために、「福音主義（プロテスタント）葬儀文化の挑戦」[38] というこの問題に関する神学的・実践的議論をまとめた冊子を作成した。この冊子は、教会、礼拝堂、礼拝、記念会（国民哀悼の日、永眠者記念日）を多くの人に、また「教会に不慣れな人々」にも、「死者を悼むための場所と時間をさらに積極的に提供する」[39] ことを勧めている。教会は自らを開き、悲しむ人々がその悲しみを表現し、故人を偲び、そのことについて話し合うことのできる時や場所を提供することが求められている。そして、教会がこの提案を受け入れ、実践することによって、教会の中に悲しむ人々に寄り添う様々な可能性が開かれていくことが期待されている。

　UEK（Union der Evangelischen Kirchen：福音主義教会連合）は、葬儀だけをテーマにした418頁にも及ぶ新しい式文集『葬儀』[40] を編纂し、ゆっくりと段階を経て進んでいく様々な葬儀とその式文、周死期ケアの実践的な提案を行っている。この式文集では、臨終の祈りから死者の記念式に至るまでの様々な死の状況（子ども、自死、事故死、自然災害など）に対応した式

37　ケルスティン・ラマー、前掲書、24–28頁を参照。

38　Kirchenamt der EKD (Hg.), Herausforderungen evangelischer Bestattungskultur: Ein Diskussionspapier, Hannover, 2004. http://www.ekd.de/download/ekd_bestattungskultur.pdf （2010年9月15日）。

39　同書 10.

40　Kirchenkanzlei der UEK (Hg.), Bestattung: Agende für die Union Evangelischer Kirchen in der EKD, Band 5, Bielefeld, 2004.

文が掲載されている。この式文の主眼点は悲しむ人に寄り添うことであり、二人称の死をテーマにしたものである。

　もともと、ドイツの葬儀は墓地における葬儀礼拝とその直後の埋葬式が中心であったのに対して、この式文においてはまるで日本の仏教や教会の死者儀礼のように様々な段階を経る葬儀、また死者を記念する機会を提案している。興味深いのは、UEK の式文には、まさに日本の「四十九日」のように、葬儀の後 6 週間目に遺族が集い、故人を偲ぶ「6 週間目の記念会」が提案されていることである。今後の発展は、ドイツの教会がいかに悲しむ人々に寄り添い、その人々に教会的空間や時を提供することができるかという点にかかっている。上記の式文集に従って、教会は諸式を実践することができる。重要なのは式文よりも、牧師が遺族と共に、遺族の声に耳を傾けつつ、共に記念会を企画し、創りあげていくことである。そのような共同作業の中で、荒ぶる悲しみが整えられ、悲しむ人に悲しみを表現する時と場が与えられ、しかも一人ではなく人々と共に悲しみを共有することができるという儀礼が持つ役割がさらに有効に発揮されるであろう。ただ、牧師によって一方的に神学的に整えられた式文が読まれるだけであるならば、悲しむ人に寄り添い、互いに耳を傾け合う葬儀、神との交わりを実感できる葬儀の実現が遠のくことであろう。

まとめ

インカルチュレーションから
インターカルチュレーションへ

　19世紀以降の日本のプロテスタント宣教における葬儀式文のインカルチュレーションは、16–17世紀のイエズス会の宣教と比べるとそれほど顕著な展開を見ることはできない。しかしながら、小さな変化ではあるが、日本のキリスト教葬儀式文のインカルチュレーションにとって重要な事柄を、葬儀式文の変遷や葬儀賛美歌の翻訳に見いだすことができた。

　2章において示したように、イエズス会の宣教は代用理論（ロドリゲス）と適応主義（ヴァリニャーノ）によって明確なインカルチュレーションを見いだすことができ、それによってキリスト教が日本に広まっていった結果も表れていた。この宣教的効果は、ヨーロッパの植民地政策と貿易力と強く結びついたものであり、当時の政府にとっては日本の安定を揺るがす一つの脅威として見なされることとなった。それに加えて、当時のカトリック教会内部においては、適応主義の正当性が議論されることとなった。この2つの要因を背景に、日本におけるキリスト教宣教は一旦終わりを告げることとなった。

　明治維新以降、19世紀の終わりの日本におけるプロテスタント宣教によって、タブラ・ラーサ・メソッドを中心とする宣教理論に基づいた宣教が展開され、プロテスタント教会が各地に設立されていった。しかしながら、その時点では伝統的な死者儀礼とどのように宣教論的に取り組むかという神学的方針が明確に示されたわけではなかった。

　当時のプロテスタント教会の指導者は、旧来の日本文化に対するヨーロッパ文化の優位性に基づき、また武士階級のエリート意識に基づき、キリスト教こそ日本の葬儀文化を完成させるものであるという考えを持っていた。第二次世界大戦前には、キリスト教の天皇制への親和性を示すために「日本的基督教」という考えが広められ、教会は天皇制家族国家を支える

祖先教を補強するかのような役割を担ってきた。それはインカルチュレーションとしては顕著な変化であるが、キリスト教の本質を見失うものであったために「偽インカルチュレーション」と評価せざるをえない。明治期以降におけるキリスト教の日本文化への2つの歩み寄りは主としてイデオロギーとして議論されるものであったが、キリスト教葬儀式文の具体的なインカルチュレーションをもたらすものではなかった。

　第二次世界大戦後は、外国の宣教から自立した日本基督教団は、独自の宣教施策を展開するチャンスを得ることになった。しかしながら、日本基督教団は戦前の「日本的基督教」への反省から日本文化に対しては消極的な態度をとり、距離を置き、純粋なキリスト教、外部から影響を受けない主体的なキリスト教の確立に主眼点が置かれるようになった。そこで、葬儀に関しても欧米の教会の葬儀についての考えや実践を学び、神学的にもまた聖書的にも正しい葬儀のあり方を模索する傾向へと傾いていった。

　ところが、実際にはプロテスタント教会は、日本に深く根付いた伝統的死者儀礼とヨーロッパ文化の中で長年にわたって培われてきたキリスト教葬儀との板挟みの中にあった。実際には、日本的な死者儀礼の要素を、戦後の日本における葬送文化の変化と共に、徐々に教会の中に取り入れつつ、それをキリスト教化・教会化する作業が進められていった。それは460年前のイエズス会の宣教のように積極的に日本的要素を受け入れていったのではなく、問題を持つ妥協としての受容であった。日本基督教団においては旧教派の式文と比べるとインカルチュレーションの特徴を見いだすことができる葬儀式文を編纂したのであるが、インカルチュレーションについての神学的な深い議論がそこで展開されたわけではなかった。

　3章ではキリスト教葬儀式文の成立と変遷、そしてその死の理解・葬儀の意味の変化について探求した。葬儀のテーマについての変遷はあったが、「復活への希望」が欧米のキリスト教葬儀の中心的テーマであることが明確にされた。この欧米のキリスト教葬儀式文と日本の葬儀式文との比較（第4章）、さらに日本の葬儀賛美歌の分析（第5章）において、日本のキリスト教葬儀式文とその実践には以下の4つの特徴を見いだされることを明らかにした。「a. 遺族の慰め、b. 天国における平安、c. 天国における神

と亡くなった家族との交わり・再会、d. 死を通しての信仰教育」。

　礼拝としてのキリスト教葬儀の意味を探求するにあたり、6 章では、儀礼と礼拝についての実践神学的議論を紹介しつつ、「礼拝の儀礼的性格は、人間を神の祝福へと招き、神の創造における人間本来の姿を取り戻すことを目的としている」と定義した。特に、キリスト教葬儀は神の祝福に基づいて悲しむ人々に寄り添い、「悲しみとそこから起こってくる攻撃性は儀礼において整えられ、社会的秩序にふさわしく表現できる」時と場を提供するという委託を受けていることを主張した。葬儀式文が遺族のグリーフワークを共に担い、遺族の悲しみや怒りなどのグリーフワークに伴う感情に寄り添っていく役割を持っているのである。

　キリスト教の死者儀礼とグリーフワークの間にさらに広い橋を架けるために、7 章において日本の死者儀礼の持っている癒しの機能と今日のグリーフケアの研究、さらには実践神学における遺族への牧会についての議論を関連させて論じてきた。日本の死者儀礼は「周死期ケア」ならびにゆっくりと段階を経たグリーフケアを実現できる可能性を持っており、その可能性を教会は教会の牧会的実践、またキリスト教儀礼として、またインカルチュレーションの課題として積極的に取り入れることができるかどうかということが課題である。

　ここで、今一度 1 章に提示したインカルチュレーションの定義を振り返りつつ、キリスト教葬儀のインカルチュレーションの問題を検討したい。

インカルチュレーションの定義

1) 宗教は閉鎖されたシステムではなく、原則的に開かれている。
2) インカルチュレーションは意図的な多数派文化への歩み寄りではない。
3) インカルチュレーションはダイナミックな運動であり、それには終わりはない。
4) インカルチュレーションはその場と機会を必要とする。
5) インカルチュレーションは社会システムとの緊張関係を経験する。
6) インカルチュレーションは宣教の受け手の立場から考察されなけれ

ばならない。受け手による情報のデコーディング（記号解読）と選択
においてすでにインカルチュレーションは始まっている。
7）インカルチュレーションはエキュメニカルな対話を必要とする。

インカルチュレーションは欧米中心主義的宣教からの解放である。伝統
的な死者儀礼を受容することをインカルチュレーションとして宣教学的に
積極的に評価することによって、これまで教会の中で自国の文化や宗教を
「異教的」「偶像礼拝」「邪教」として見なしてきた宣教観・宗教観から解
放されることになる。そこで初めて、他宗教や文化とも宣教学的な対話が
始められるのではないだろうか。しかし、安易にキリスト教の中に自国の
死者儀礼を受け入れることには、自身の宗教的アイデンティティーが失わ
れるリスクが伴うことを認識していなければならない。欧米中心の宣教か
ら解放されることによって、死者儀礼を人間の持つ自然な家族愛の表現と
して評価し、かつそれに見合う聖書テキストを引き合いに出すことによっ
て、祖先崇拝や死者儀礼を簡単に正当化する傾向もある。国家が天皇制家
族国家を祖先教や家族愛を基盤として作り上げ、またそれを正当化するた
めに教会が「日本的基督教」を主張してきた歴史を見るならば、簡単に祖
先崇拝を家族愛の表現として受け入れることはできない。
　また、聖書の中には死者儀礼を家族愛の表現として正当化することがで
きる言葉を見いだすことができる[1]。しかし、聖書は教会の儀礼ハンドブッ
クでもなければ、死者の祀り方や死後の世界を示した「死者の書」でもな
い。それゆえ、死者儀礼や祖先崇拝の正当性を聖書の中に見いだそうとす
るのは難しい。死に関する言説の解釈によって、死者儀礼や祖先崇拝を厳
しく禁止することもできるし、逆に神から命じられた愛の表現として容易
に正当化することもできる。

1　「先祖の列に加わる」＝創世 25：8、民数 20：26、歴代下 32：33, 使徒 13：36 他。
　「アブラハムは妻サラと共に葬られた」＝創世 25：10。キリストにある死者と生者
　との交わり＝ローマ 14：9、コロサイ 3：3。パラダイスの死者とこの世の人とのコ
　ンタクト＝ルカ 16：19–31。聖なる者へのとりなしの祈り＝エフェソ 6：18 以下、
　1 テモテ 2：1 以下他。「父と母を敬いなさい」＝出エジプト 20：12、エフェソ 6：2
　他。

まとめ　インカルチュレーションからインターカルチュレーションへ

　確かに聖書には死者や埋葬に関する言及はあるが、その内容は福音から導き出されたものではなく、むしろその当時のその土地の宗教的・文化的・民族的慣習に基づいたものであり、その限定をもって読まなければならない。また、祖先崇拝において中心的な役割を演じる「生きている者と死者との関係や交わり」の確証として、ローマ 14：9「キリストが死に、そして生きたのは、死んだ人にも生きている人にも主となられるためです」という言葉が引用されて、生きている者と死んでいる者がキリストにあって繋がっており、その関係は死を越えて存続しているのだということが主張される。わたし自身もキリストのもとにある生きている者と死んでいる者との交わりを否定するものではない。しかしながら、キリストにある交わりとは生きている者と死んでいる者との交わりを保証するために語られた言葉なのか、それとも死の力を克服するキリストの復活の力を表現する言葉であるのかが問われなければならない。

　確かに、聖書の中に祖先崇拝のキリスト教におけるインカルチュレーションの妥当性を保証し、推奨する言葉を見いだすことができるが、その社会において圧倒的に優位に立つ文化が聖書解釈を支配し、本来もっている聖書のメッセージやキリスト教のアイデンティティーを飲み込んでしまう可能性もある。その上、他の文化や宗教との対話の前提となるべき、自分自身の固有性をも失ってしまう可能性もある。「偽インカルチュレーション」として紹介した「日本的基督教」においても、すべての神学者が聖書の言葉を引用し、また欧米における事例を紹介することで、キリスト教が天皇制を支持し、またそれを完成させるものであることを聖書的・神学的に論じている。インカルチュレーションの定義 5 において強調したように、インカルチュレーションを考える際には、われわれの歴史に学び、また「偽インカルチュレーション」に反対する意見にも耳を傾けなければならない。死者儀礼のインカルチュレーションは、既存の死者儀礼への妥協や追従ではないし、キリスト教の親和性の証明でもない（定義 2）。何が「偽インカルチュレーション」であるか識別し、回避するためにも、エキュメニカルな対話は不可欠である。まさに、それこそが「日本的基督教」において決定的に欠如していた点である（定義 3）。本書において紹介したよ

うに、各国で死者儀礼とキリスト教徒の関係についての研究が進められているが、その研究は欧米の神学との対話であり、被宣教国間の対話や共同研究が進められる必要がある。

キリスト教葬儀のインカルチュレーションに関して、単にこれを宣教論的にその妥当性を議論するのではなく、教会の現場の中で接する人々の悲しみとグリーフワークに関わる事柄として、牧会学的な視点からアプローチしなければならない。悲しむ者の悲しみに寄り添うために、教会がそのグリーフワークによりよく寄り添っていくことができるために、文化や他宗教との対話を進める必要がある。人々の悲しみとそれに寄り添い、神の祝福の回復を願う場においてインカルチュレーションが起こり、進められていくのである（定義1）。

4章、5章において、日本におけるキリスト教葬儀式文の内容と歴史的変遷に関する分析を行った。インカルチュレーションはダイナミックな動きであって、その終わりはない（定義3）。試用版を含む現行の式文によって、日本の教会における葬儀式文のインカルチュレーションが終わったわけではなく、さらに進められていかなければならないし、「インカルチュレーションからインターカルチュレーションへ」と進められ、深められていくことが求められている。

「天国での再会」への希望が日本のキリスト教葬儀式文の中心的役割を演じているのは、キリスト教のメッセージの受け手による取捨選択とデコーディング（記号解読）の徴であるが（定義6）、日本の教会はこれを簡単に受け入れるのではなく、さらに神学的に考察しなければならない。そのために、教会は葬儀において人々の悲しみに寄り添い、そのグリーフワークに同伴し、神の祝福へと導いていく場をもっている。それは単に葬儀だけではなく、より拡張された周死（perimortal）期ケアがインカルチュレーションの場と機会を提供してくれる（定義4）。

インカルチュレーションからインターカルチュレーションへ

今日、葬儀についての学習会や話し合いの中で、幾人かの人々から「自分のためには葬儀はしてもらわなくてもいい」「もう家族に伝統的な葬式

はしないように言ってある」という発言に出会うことがある。葬儀についての雑誌や本を出版している碑文谷創はこのような発言を分析し、今日の葬儀文化を以下のように批判している。「お葬式が原点を忘れ、単なる死後のセレモニーになってしまうなら、それは虚礼である。……『お葬式をしたくない』と考えている人は、お葬式そのものを否定しているのではない。現状のお葬式の様式が自分たちが考えるお葬式とは異なる、と言っているのである。……もやは虚礼としか言いようがないものになってしまっているから、自分はその様式ではお葬式をしたくない、と言っているのである」[2]。確かに、慣習化また商業化され、人々の悲しみに向き合ってこなかった日本の死者儀礼ではあるが、グリーフワークの課題を遂行する潜在能力を持っている。しかし、この潜在能力を現代に意義のある形で表現し、その本来の働きを発揮しようとする自己改革力と他者への共感力に欠けている。それゆえ、宗教がその「殿様構造」（ドイツ語では「葬儀をしてほしい人はそちらから教会に来なさい」という「来い構造」）[3]を克服し、悲しむ人の生きる力を回復し、神の祝福を経験できるように、その本来もっている潜在能力を用いて悲しむ人に寄り添い、そのグリーフワークの歩みを助けることが必要である。ここに、キリスト教のインカルチュレーションの可能性がある。このインカルチュレーションがうまく進んでいくところ、つまりキリスト教と他の宗教や文化が互いに自己目的的に影響し合うのではなく、悲しむ人々のために学び合い、影響し合い、自らを変革していくところにインターカルチュレーション（Interculturation）が始まっていく。

　インカルチュレーションが、福音の受肉という独自のダイナミズムによって動機付けられているならば、インターカルチュレーションは福音のダイナミックな運動に対する教会の積極的な宣教的共鳴であるとして特徴付けられる。「インカルチュレーションは独自の現象ではなく、相互的な現象であり、宣教しようとする二次的な文化にも影響を与え、それを変化させる。成功したインカルチュレーションはインターカルチュレーションに

2　碑文谷創『死に方を忘れた日本人』、大東出版社、2003 年、66 頁。

3　ケルスティン・ラマー、前掲書、31 頁を参照。

至る」4。インカルチュレーションの成功の前提となるのは、他の宗教を誠実に受け止め、自らを開き、互いに影響を受け合う準備があるという姿勢である5。他の宗教に対する優越性、また社会的に支配的な宗教やイデオロギーに対する意図的な接近からは、インカルチュレーションは生じてこない。なぜなら、これらは福音の独自なダイナミズムではなく、協調性のない接ぎ木にすぎないからである。

インドの神学者フランシス・X.ドゥサは、インターカルチュレーションに関して「開放性」を強調し、インターカルチュレーションの場を明確に示している。「開放なくしては宗教が結びつく通路は不可能である。その出入口とは独自の開放性の具体化である」6。彼が言う開放性とは、全く自身を開放しきってしまうことではない。「この開放性とはそれぞれの境界線の独自性を担うものである」7。キリスト教にはキリスト教の境界線がある。仏教には仏教の別の境界線がある。インカルチュレーションとは、この境界線を取り除いてしまうことではない。しかし、それぞれの境界線にはそれぞれの通路がある。その通路を通じて、宗教が互いに関係を結び合うことができるのである。ドゥサが言うように、この通路とはそれぞれの宗教が持っている独自の開放性の具体化である。福音の受肉としてのインカルチュレーションはキリスト教に独自の開放性を与えたと言える。それは他の宗教や文化に対する一般的な通路ではない。キリスト教は、福音によって開かれた他の宗教や文化への独自の通路を持っている。

このことはイエスの奇跡物語との関連で明確に示されている。マルコ7：24-30には、悪霊を追い出す物語が記されている。シリア・フェニキア出身の一人の女がイエスを訪問し、自分の娘の癒しを願った。しかし、イエスは彼女がユダヤ人ではなく、外国人（異邦人）であるという理由から、彼女の願いを拒絶し、「まず、子供たちに十分食べさせなければなら

4　Theo Sundermeier, Vernetzte Verschiedenheit, 194.

5　Francis X. D'Sa, Religiöse Bildung und interkulturelle Handlungskompetenz, in Thomas Schreijäck (Hg.), Religion im Dialog der Kulturen: kontextuelle religiöse Bildung und inter-kulturelle Kompetenz, Münster, 2000, 29-30 を参照。

6　同書 24.

7　同書 24.

ない。子供たちのパンを取って、小犬にやってはいけない」（7：27）と語った。このイエスの言葉と態度は排他的である。イエスの行為はある特定のグループ、この言葉に従うならば排他的にまずイスラエルの家の子どもに向けられたものである。しかし、この物語の展開は、イエスはこのギリシア人の願いを聞き入れ、娘を癒している。これはイエス独自の開放性に基づくものである。つまりイエス自身が当時の社会の中で差別され、抑圧されていた人々に自らを開き、その人々と関わり、イエスの言動において神の救い、闇からの解放（ヨハネ12：46-47）をもたらしている。イエスは、当時汚れている、神の救いから遠いと言われていた者に触れ、その人々を癒している。徴税人や罪人と呼ばれていた人々と食事を共にしている。イエスの独自の開放性が、ユダヤ人と接触が許されなかった他宗教の女性にイエスに近づく勇気を与えた。イエスの開放性は、シリア・フェニキアの女性に、彼女にとっては他宗教への通路を開くことになった。彼女が他宗教の要素（パンくず）を受け入れることと、イエスが自らの開放性を具体化したことが、この宗教を越えた対話を可能にし、双方向的な通路を開くことになった。この物語における双方向性・相互性はまさに、聖書の中に見るインターカルチュレーションの例証的な出来事である。インターカルチュレーションは、福音がもたらした独自の開放性の具現化である。

　日本のプロテスタント教会の葬儀においては、聖書と祈祷、そして説教が中心的な位置を占めている。外から様々な日本の伝統的要素が教会の葬儀に入りこんでくることを防ぐために、遺族や参列者が共に、もしくは主として行うことになる儀礼的な行為は最小限に抑えられている。説教・言葉中心で儀礼的行為が縮小された葬儀が日本の教会葬儀の特徴であると言える。葬送儀礼の視点から言うならば、儀式の相対化は死の現実化の機会を失う結果となっている。ラマーは、遺族が死の現実を受け入れる助けをするために、礼拝、儀礼が必要であり、礼拝はその力を持っていることを強調している[8]。日本の教会がラマーの教会に対する期待の言葉「祭儀を執り行う能力は、強烈な体験に表現と形を与える能力です。その表現と形は

8　Kerstin Lammer, Den Tod begreifen, 255-258 を参照。

伝統に裏づけられた言葉や（キリスト教の礼拝などの）儀式もあれば、状況に応じて遺族によって育まれる場合もあります」[9]を真摯に受け止めるならば、遺族のグリーフワークに牧会的に寄り添うために教会は伝統的な死者儀礼や遺族との対話において葬儀形式とその式文を新しく、もしくはその死や遺族の状況に即して創っていくべきである[10]。

インカルチュレーションは葬儀式文においてその足跡を見いだすことができた。しかしながら、日本基督教団の葬儀式文は、様々な死の状況や多様化した遺族の状況や願いという点から見るならば、十分に発展したものであるとは言いがたい。それぞれの葬儀に関わる諸式には、ただ一つの祈祷例が示されているだけである。『式文』では自由に牧師の裁量で式文を変更することが勧められているが、一つしか祈祷例がないとそれが絶対化されてしまい、その言葉からの解放性、様々な状況に対応した祈祷や言葉の創作の可能性が狭められてしまう。

一方で牧師や教会は、宣教の現場において様々な死の現実と直面している。何も長寿を全うし、病院で家族に見守られて死を迎えるばかりではなく、早産、死産、流産、不慮の事故、自然災害、戦争、殺人、自死、AIDS や難病による死、子どもの死、青年の死、壮年の死など、様々な死の現実がある[11]。そのような現実こそ、インカルチュレーションの現場である。確かに、あらゆる死の現実に対応した葬儀式文を創ることは容易ではなく、また創られたものがその死の現実にふさわしいものであるという確約もできない。しかし、たった一つの式文や祈祷の言葉をすべての死の

9　ケルスティン・ラマー、前掲書、30 頁。

10　フルベルト・シュテフェンスキーは、こう語っている。「想起と悲しみにおいて人間の内面、自意識や感情だけが問題なのではない。想起と悲しみには、場所、時、儀礼、仲間が必要である。その仲間は、共同体感覚や『わたしたち・意識』をもたらしてくれる。想起が仲間と共に、また儀礼的に行われるとき、それは生き生きとしたものとして残っていく」。Fulbert Steffensky, Erinnerung braucht Rituale, in Praktische Theologie 33. Jg., Heft 2, Gütersloh, 1998, 86-93 を参照。

11　EKD の葬儀に関する冊子は、死産、流産、早産、幼くして命を失った AIDS 患者の葬儀についても扱っている。また、EUK の葬儀式文には、子どもの葬儀、自死者の葬儀、暴力や自然災害によって命を失った人の葬儀についての式文が紹介されている。UEK, Bestattung, 165-166, 279-311 を参照。

まとめ　インカルチュレーションからインターカルチュレーションへ

状況に当てはめるのは、あまりにも乱暴であるか、さもなくば礼拝の言葉に対する信頼の低さから来ると言わざるをえない。もしくは、『式文』の言葉は変えてはいけないという考えに留まり、その式文を読む牧師も信徒もそれ以外の可能性について考えられないのかも知れない。このような硬直化した対応から脱し、教会が様々な死の状況にある悲しむ人々に寄り添い、目の前の出来事に神学的に取り組みながら、教会は死や悲しみを前にして言葉を失ってしまう状況の中で「新しい歌」(詩96：1) を歌い、新しい式文を創っていかなければならない。

　教会がその土地の伝統的な祖先崇拝や死者儀礼をどのように理解し、どのように接するかということは、アジアの教会において避けることのできない宣教の課題である[12]。今日、欧米の神学や教会から独り立ちしようとする「若い教会」では、伝統的な祖先崇拝を聖書的・神学的に解釈し、すでに教会の実践の中に入りこんできた要素を積極的に評価しようとする傾向もある。その際、「確かにキリスト者は亡くなった両親や先祖たちを記念会において崇拝しなければならないが、最終的には三位一体の神にその視線を向け、神こそ最も崇拝すべきお方として受け止めなければならない」[13] というような二重構造が生まれてくる。

　教会はその土地の文化に深く根付いた祖先崇拝や死者儀礼をキリスト教的に解釈し、それを取り入れ、正当化しようとする。この二重構造は 100 年以上にもわたってこの問題に悩んでいるアジアのキリスト者にとって受け入れやすい解決であるかも知れない。それはまるで伝統的な慣習にキリスト教的なマントを着せ、家族愛という帯でそれをしっかりと締めるような感じではないだろうか[14]。　教会が祖先崇拝を家族に対する孝順や尊敬、

12　ヅァンは、キリスト者の生活における祖先崇拝は、「台湾やアジアにおけるキリスト者にとって生活に不可欠な食べ物」と表現している。TSAN Tsong-Sheng, Ahnenkult und Christentum in Taiwan heute, 203.

13　KWAK Misook, Das Todesverständnis der koreanischen Kultur, 265.

14　井上とヅァンは、祖先崇拝や記念会は亡くなった家族に対する敬愛の念の表現であり、家族の絆を強め、集団的なアイデンティティーを形成するものであり、キリスト教と矛盾するものではないことを強調している。井上彰三『心に残るキリスト教のお葬式とは——葬儀の神学序説』(NCC 宗教研究所双書)、新教出版社、2005 年、

交わりとして受け入れることは、接近の第一歩である。そこでは、祖先崇拝はもはや異教の偶像礼拝として見られることはないであろう。しかしながら、これが中身を覆い隠す家族愛によって帯留めされた羽織なのか、それとも伝統的な祖先崇拝のキリスト教的再解釈であり、アジアのキリスト教にまさにインカルチュレーションをもたらすものなのかということは疑問である。「日本的基督教」という誤った道はこの問題を考える際の一つの警告的な経験である[15]。

　教会は、単に伝統的な葬儀との関係が問われているだけではなく、グロバリゼーション、地域・家族共同体の弱体化、個人主義化、経済至上主義が死者儀礼やグリーフワークに大きな影響を与えているという現代的な問題とも取り組まなければならない[16]。かつての教会が問題にしていたその土地の伝統的な死者儀礼の問題よりも、商業化された葬儀や社会的に孤立化しつつある遺族の問題の方がはるかに重要な宣教的課題となりつつある。仏教的葬儀かキリスト教的葬儀かの選択ではなく、葬儀社が提供する遺族に対するケアやサービスかそれともキリスト教会が提供する牧会かが、かつての地域・家族共同体によるケアから解放された、もしくはそのようなケアを失った現代の受け手（消費者・信徒）の選択と評価にゆだねられている状況にある。いまや「飼い主のいない羊のように弱り果て、打ちひしがれている」（マタイ 9：36）人々を前にして、教会は葬儀や悲しみに寄り添うことを今一度あらためて考え直さなければならない。

　いったいキリスト教は祖先崇拝や死者儀礼に対してどの程度自分自身を

---

　123 頁、212–213 頁を参照。TSAN Tsong-Sheng, Ahnenkult und Christentum in Taiwan heute, 203,「祖先崇拝において表される家族的な敬愛は台湾文化におけるキリスト教信仰の表現形態の一つである」。

15　クァクとヅァンは伝統的な祖先崇拝が持つ問題性も指摘している。本書、17 頁を参照。TSAN Tsong-Sheng, Ahnenkult und Christentum in Taiwan heute, 203. ヅァンもクァクの以下のような指摘と同様の意見を述べている。「女性を抑圧し、男の跡取りが優先されるイデオロギーを支える家父長的要素や行きすぎた祖先への畏怖が祖先崇拝に付随している」。

16　KWAK Misook, 前掲書 13-20 を参照。ヨーロッパの状況については、Kristian Fechtner, Kirche von Fall zu Fall: Kasualpraxis in der Gegenwart - Eine Orientierung, Gütersloh, 2003, 70-80 を参照。

まとめ　インカルチュレーションからインターカルチュレーションへ

開いてもいいのかを検証し、お互いが持っている経験や神学的な取り組み
を交換するためにも、特にアジアの教会間におけるエキュメニカルな対話
が不可欠である。このエキュメニカルな対話が、同じような問題を抱えて
いる他の宗教との宗教間対話を導いてくれるものになる。そこにさらなる
インカルチュレーションをもたらす可能性、またインカルチュレーション
からインターカルチュレーションへと発展する可能性がある。特に、現代
社会が直面している様々な死に関わる問題、瞬時に多くの人の命を奪う自
然災害や事故への対応、人間の悲しみに寄り添う宗教の課題に関しては、
宗教の枠を越えて協力しなければならない。

　宣教とは教会組織の拡大ではなく、神と人間との根本的な関係であり、
人間本来の姿である神の祝福への招きである。葬儀は、教会が死に直面
したことによって傷つけられ、失われ、死の支配に置かれた人間本来の姿
を、再び神の祝福へと招き、その神の祝福へと、傷ついた人々に寄り添っ
て共に歩んでいく場所と時である。ここに神が教会にゆだねられた嗣業を
見る。この神の委託のゆえに、教会はすべての人を神の祝福へと招くこと
ができるのであり、すべての人に教会の葬儀への門を開くことができる[17]。
ここに、様々な宗教や文化を持つ人々が共に生き、互いに影響を与え合い、
インカルチュレーションからインターカルチュレーションへの境界を越え
ていく可能性がある。

17　ズンダーマイアーは儀礼の可能性について次のように述べている。「儀礼は死の秘
　　密を守るとともに、死と共に生き、死を理解する道を開いてくれる。つまり、それ
　　は新生への扉、新しい命への扉を開くものである」。Theo Sundermeier, Trauerriten als
　　Schwellenriten, in Aleida Assmann und Jan Assmann (Hg.), Schleier und Schwelle, Bd.2,
　　München, 1998, 87.

参考文献一覧 (アルファベット順)

I. 式文、賛美歌

1. 式文

日本聖公会印行『日本聖公会祈祷書』、日本聖公会出版会社、1895 年。

日本聖公會編『日本聖公會祈祷書（改版)』、日本聖公會出版社、1928 年。
  （又は『日本聖公會祈祷書；詩編』、日本聖公會教務院、1938 年）

日本聖公会編『日本聖公会祈祷書』、日本聖公会管区事務所、1991 年。

日本基督教会歴史編纂委員会編『基督教礼拝式』（日本基督教会歴史資料集 5)、
  1978 年。

The Church of England (Ed.), The Book of Common Prayer, 1549.

The Church of England (Ed.), The Book of Common Prayer, 1552.

The Church of England (Ed.), The Book of Common Prayer, 1662.
  (http://justus.anglican.org/resources/bcp/england.htm.)

Die Kirchenkanzlei der UEK (Ed.), Bestattung Agende für die Union der Kirchen in der
  EKD, Bielefeld, 2004.

日本組合基督教會教師會編『日本組合基督教會諸式案内』、日本組合基督教会教
  師会、1929 年。

日本基督教団信仰職制委員会編『日本基督教団文語式文』、日本基督教団出版
  部、1952 年。

日本基督教団信仰職制委員会編『日本基督教団口語式文』、日本基督教団出版
  部、1959 年。

日本基督教団信仰職制委員会編『日本基督教団口語式文』、日本基督教団出版
  局、1988 年。

日本基督教団信仰職制委員会編『新しい式文——試案と解説』、日本基督教団出
  版局、1990 年。

日本基督教団信仰職制委員会編『日本基督教団式文（試用版）——主日礼拝式・
  結婚式・葬儀諸式』、日本基督教団出版局、2006 年。

The Methodist Church (Ed.), The Doctrines and Discipline, Toront, 1894.

The Methodist Church (Ed.), The Doctrines and Discipline, Toront, 1902.

The Methodist Church (Ed.), The Doctrines and Discipline, San Francisco, 1948.

The Methodist Church (Ed.), The Doctrines and Discipline, San Francisco, 1952.

The Methodist Church (Ed.), The Doctrines and Discipline, Nashville, 1956.

The Methodist Church (Ed.), The Doctrines and Discipline, Nashville, 1960.

The Methodist Episcopal Church (Ed.), The Doctrines and Discipline, New York, 1802.

The Methodist Episcopal Church, South (Ed.), The Doctrines and Discipline, New York, 1886.

日本メソヂスト教会編『日本メソヂスト教會教義及條例』、教文館、1908 年。

日本メソヂスト教会編『日本メソヂスト教會禮文』、教文館、1908 年。

日本メソヂスト教会編『日本メソヂスト教會禮文』、教文館、1925 年。

日本メソヂスト教会編『日本メソヂスト教會禮文』、教文館、1938 年。

日本基督教會編『日本基督教會大會議事法草案』(13)「葬式模範」日本基督教會、1899 年。

日本基督教會編『日本基督教會大會議事法草案』(14)「葬式模範」日本基督教會、1900 年。

貴山幸次郎編『日本基督教會信條及諸式』、日本基督教會伝道局事務所、1907 年。

貴山幸次郎編『日本基督教會信條及諸式』、日本基督教會伝道局事務所、1912 年。

日本基督教會編『日本基督教會諸式文』、日本基督教會伝道局事務所、1929 年。

日本基督教會編『日本基督教會諸式文』、日本基督教會伝道局事務所、1934 年。

（又は、日本基督教團教學部編『日本基督教團式文』、日本基督教団出版事業部、1949 年）

The United Church of Canada (Ed.), Celebrate God's Presence, Tronto, 2000.

Wesley, John, John Wesley's Sunday Service of the Methodists in North America, Nashville, 1984.

2. 賛美歌（日本）

讃美歌委員編『讃美歌』、教文館、1903 年。

讃美歌委員會編『讃美歌』、教文館、1931 年。

日本基督教団讃美歌委員会編『讃美歌』、日本基督教団出版部、1954 年。

日本基督教団讃美歌委員会編『讃美歌 21』、日本基督教団出版局、1997 年。

II. 新聞、雑誌（日本）

『護教』、1891 年 7 月 – 1919 年 12 月、警醒社。

『七一雑報』、1875 年 12 月 – 1882 年 6 月、雑報社（83 年から福音社）。

『基督教世界』、1903 年 1 月 – 1942 年 1 月、基督教世界社。

『基督教新報』、1949 年 5 月 – 1965 年 4 月、日本基督教團出版部。

『教団新報』、1965 年 5 月 – 2010 年 3 月、日本基督教団。

東京青年會編『六合雑誌』、1880 年 10 月 – 1921 年 2 月、青年會雑誌局（1883 年
　　6 月より警醒社）。

『新人』、1900 年 7 月 – 1926 年 1 月、新人社。

Ⅲ. 文献

P. アリエス『死と歴史——西欧中世から現代へ』、伊藤晃・成瀬駒男訳、みすず
　　書房、1983 年。

――――『図説死の文化史——ひとは死をどのように生きたか』、福井憲彦訳、日
　　本エディタースクール出版部、1990 年。

Balz, Heinrich, Theologische Modelle der Kommunikation, Gütersloh, 1978.

Bärsch, Jürgen, Gottesdienste zum Totengedächtnis, Kevelaer, 2001.

Bauernfeind, Hans, Inkulturation der Liturgie in unsere Gesellschaft, Würzburg, 1998.

Baumgartner, Jakob, Die vatikanische Gottesdienstreform im Kontext einer poly-
　　zentrischen Weltkirche: der Weg zu einer inkulturierten Liturgie I / II, in Neue
　　Zeitschrift für Missionswissenschaft 46, 1990, 10-30 / 99-113.

Berner, Ulrich, Synkretismus und Inkulturation, in Siller (Hg.), Suchbewegung,
　　Darmstadt, 1991, 130-144.

Bertsch, Ludwig, Der neue Meßritus im Zaire: ein Beispiel kontextueller Liturgie,
　　Freiburg, 1993.

Beyerhaus, Peter, Das Einheimischwerden des Evangeliums und die Gefahr des
　　Synkretismus, in Thomas Schirrmacher (Hg.), Kein anderer Name: Die
　　Einzigartigkeit Jesu Christi und das Gespräch mit nichtchristlichen Religionen,
　　Nürnberg, 1999, 116-135.

Bloch, Ernst, Das Prinzip Hoffnung, Frankfurt, 1985.（エルンスト・ブロッホ『希望
　　の原理』［全 6 巻］、山下肇他訳、白水社、2012–13 年）

Boff, Leonardo, Kirche: Charisma und Macht, Düsseldorf, 1985.（レオナルド・ボフ
　　『教会，カリスマと権力』、石井健吾・伊能哲大訳、エンデルレ書店、1987
　　年）

Bohren, Rudolf, Unsere Kasualpraxis: eine missionarische Gelegenheit?, Theologische

Existenz heute 147, München, 1968.

Bradshaw, Paul F. (Ed.), The New SCM Dictionary of Liturgy and Worship, London, 2002.

Brunner, Peter, Zur Lehre vom Gottesdienst der im Namen Jesu versammelten Gemeinde, in Karl Ferdinand Müller / Walter Blankenburg (Hg.), Leiturgia, Kassel, 1954, 141-160.

Bryant, Clifton D. (Ed.), Handbook Death & Dying, Thousand Oaks, 2003.

Büker, Markus, Befreiende Inkulturation: Paradigma christlicher Praxis, Freiburg, 1999.

Bürki, Bruno, Im Herrn entschlafen, Heidelberg, 1969.

Campbell, Donald P., Puritan belief and musical practices in the sixteenth, seventeenth, and eighteenth centuries, Texas, 1994.

Chung, Hyun Kyung, Komm, heiliger Geist: erneuere die ganze Schöpfung, in Junge Kirche 52, 1991, 130-137.

―――, "Opium oder Keim der Revolution?," Schamanismus: Frauenorientierte Volksreligiosität in Korea, in Concilium 5/24, 1988, 393-398.（鄭ヒュンクン「すべての被造物を新たにする霊」、北原葉子訳、『福音と世界』1991 年 5 月号、新教出版社、6–17 頁）

Chupungco, Anscar J., Inculturation, in Paul Bradshaw (Ed.), The New SCM Dictionary of Liturgy and Worship, London, 2002, 244-251.

Cieslik, Hubert S. J., Begräbnissitten in der alten Japanmission, in Margret Dietrich und Arcadio Schwabe (Hg.), Publikationen über das Christentum in Japan, Frankfurt a. M., 2004, 325-337.

Collins, Randall, Sociological Insight: An Introduction to nonobvious sociology, New York, 1982.（ランドル・コリンズ『脱常識の社会学――社会の読み方入門』、井上俊・磯部卓三訳、岩波書店、1992 年）

Colpe, Carsten, Die Vereinbarkeit historischer und struktureller Bestimmungen des Synkretismus, in Theologie, Ideologie, Religionswissenschaft: Demonstrationen ihrer Unterscheidung, München, 1980, 162-185.

Dehn, Ulrich, Die Lebenden und die Toten: Zur Ahnenverehrung aus religions-geschichtlicher und theologischer Sicht, in Zeitschrift für Mission, Jg. XXIV, 1998, 31-47.

土居健郎『甘えの構造』、弘文堂、1971 年。

D'Sa, Francis X., Religiöse Bildung und interkulturelle Handlungskompetenz, in Thomas

Schreijäck (Hg.), Religion im Dialog der Kulturen: kontextuelle religiöse Bildung und interkulturelle Kompetenz, Münster, 2000, 23-44.

海老名弾正「舟を沖に出せ」、『新人』11 巻 3 号、新人社、1910 年、5–9 頁。

――「基督の僕と友」、『新人』12 巻 9 号、新人社、1911 年、9–14 頁。

――「宗教勃興の徴」、『新人』14 巻 8 号、新人社、1913 年、12–17 頁。

――「吾人が本領の勝利」、『新人』14 巻 12 号、新人社、1913 年、13–20 頁。

――「国民の洗礼」、『基督教世界』1362 号、1909 年、3 頁。

Enomiya-Lassalle, H. M., Zen-Meditation für Christen, München, 1995.（エノミヤ・ラサール『禅とキリスト教――キリスト者のための禅黙想』、柴田健策訳、春秋社、1974 年）

遠藤周作『沈黙』、新潮社、1966 年。

Fechtner, Kristian, Kirche von Fall zu Fall: Kasualpraxis in der Gegenwart - Eine Orientierung, Gütersloh, 2003.

Feldtkeller, Andreas, Der Synkretismus-Begriff im Rahmen einer Theorie von Verhältnisbestimmungen zwischen Religionen, in Evangelische Theologie 52, 1992, 224-245.

Fischer, Norbert, Wie wir unter die Erde kommen: Sterben und Tod zwischen Trauer und Technik, Frankfurt a. M., 1997.

Freud, S., Trauer und Melancholie. Studienausgabe, Bd. III, 1915.

L. フロイス『日本史』、高市慶雄訳、前編、日本評論社、1932 年。

『日本史』（全 12 巻、豊臣秀吉篇 I – 西九州篇 IV）松田毅一・川崎桃太訳、中央公論社、1977–1980 年。

藤井正雄『祖先祭祀の儀礼構造と民族』、弘文堂、1993 年。

藤井正雄監修『葬儀大事典』(3 版)、鎌倉新書、1995 年。

藤井正雄・花山勝友・中野東禅『仏教葬祭大事典』(第 11 版)、雄山閣、1998 年。

藤原藤男『日本精神と基督教』、ともしび社、1939 年。

古橋昌尚「インカルチュレーション、キリスト教の生き方」、『人間学紀要』32 巻、上智大学、2002 年、189–246 頁。

――「インカルチュレーション、教会の『受肉』を問うシンボル」、『清泉女学院大学人間学部研究紀要』4 巻、清泉女学院大学、2007 年、19–31 頁。

――「インカレチュレーションの神学的方法論」、『清泉女学院大学人間学部研究紀要』5 巻、清泉女学院大学、2008 年、55–70 頁。

――「インカルチュレーションとは何か：用語、定義、問い直しをめぐって」、

『清泉女学院大学人間学部研究紀要』6巻、清泉女学院大学、2009年、15–30頁。

Gabriel, Karl, Ritualisierung in säkularer Gesellschaft: Anknüpfungspunkte für Prozesse der Inkulturation, in Stimmen der Zeit, Heft 1, Januar, 1994, 3-13.

源信、石田瑞麿訳注『往生要集（上・下）』、岩波書店、1992年。

Goetz, Hans-Werner, Weltliches Leben in frommer Gesinnung?: Lebensformen und Vorstellungswelten im frühen und hohen Mittelalter, in Gerd Althoff, Hans-Werner Goetz und Ernst Schubert, Menschen im Schatten der Kathedrale, Darmstadt, 1998, 111-228. （ハンス・ヴェルナー・ゲッツ『中世の聖と俗——信仰と日常の交錯する空間』、澤山拓也訳、八坂書房、2004年）

Gorer, Geoffrey, Death, Grief and Mourning in contemporary Britain, London, 1965. （ゴーラー『死と悲しみの社会学』、宇都宮輝夫訳、ヨルダン社、1986年）

Greiner, Dorothea, Segen und Segnen: eine systematisch-theologische Grundlegung, Stuttgart, 1999.

Grethlein, Christian, Grundinformation Kasualien, Göttingen, 2007.

Gross, Peter, Die Multioptionsgesellschaft, Frankfurt a. M., 1994.

Gutmann, Hans-Martin, Mit den Toten leben: eine evangelische Perspektive, Gütersloh, 2002.

濱田辰雄「日本的キリスト教の問題点とその克服（1）」、『聖学院大学総合研究所紀要』25巻、聖学院大学総合研究所、2003年、258–283頁。

原戊吉『日本人の神——基督者は日本の神道を如何に観るか』（福音新報パンフレット）、福音新報社、1935年。

原誠「戦時期のキリスト教思想——日本的基督教を中心に」、『基督教研究』61巻2号、同志社大学、1999年、79–105頁。

原恵・横坂康彦『新版 賛美歌——その歴史と背景』、日本基督教団出版局、2004年。

Haselböck, Lucia, Bach Textlexikon, Kassel, 2004.

Hatchett, Marion, J., Commentary on the American Prayer Book, New York, 1995.

狭間芳樹「 日本及び中国におけるイエズス会の布教方策——ヴァリニャーノの『適応主義』をめぐって」、『アジア・キリスト教・多元性』3号、現代キリスト教思想研究会、2005年、55–70頁。

樋口州男「梅若伝説」、すみだ郷土文化資料館編『隅田川の伝説と歴史』、東京堂出版、2000年、15–28頁。

碑文谷創『死に方を忘れた日本人』、大東出版社、2003 年。

比屋根安定『基督教の日本的展開』、基督教思想叢書刊行會、1938 年。

帆足理一郎「祖先崇拝と神社仏閣の広告的利用」、『六合雑誌』11 巻、青年會雑誌局、1918 年、279–286 頁。

穂積陳重『祖先祭祀ト日本法律』、穂積嚴夫訳、有斐閣、1917 年（穂積陳重 Ancestor-Worship and Japanese Law, 丸善、1912 年）。

Hummel, Reinhart, Zur Auseinandersetzung mit dem Synkretismus, in Thomas Schirrmacher (Hg.), Kein anderer Name, Nürnberg, 1999, 263-272.

池見澄隆「日本仏教思想史の深層」、池見澄隆・斉藤英喜編『日本仏教の射程』、人文書院、2003 年、269–284 頁。

今井三郎『日本人の基督教』、第一公論社、1940 年。

今泉眞幸「基督教葬儀に就いて」、『基督教世界』2714 号、1936 年、1 頁。

井上彰三『心に残るキリスト教のお葬式とは——葬儀の神学序説』（NCC 宗教研究所双書）、新教出版社、2005 年。

石丸晶子編訳『法然の手紙——愛といたわりの言葉』、人文書院、1991 年。

V. ジャンケレヴィッチ『死』、仲澤紀雄訳、みすず書房、1978 年。

Jetter, Werner, Symbol und Ritual: anthropologische Elemente im Gottesdienst, Göttingen, 1986.

Jordahn, Ottfried, Sterbebegleitung und Begräbnis bei Martin Luther, in H. Becker / D. Fugge / J. Pritzka t / K. Süss (Hg.), Liturgie im Angesicht des Todes. Neuzeit I: Reformatorische Traditionen, Tübingen, 2004, 1-22.

Jungmann, Josef A., Liturgie der christlichen Frühzeit, Freiburg, 1967.（J. A. ユングマン『古代キリスト教典礼史』、石井祥裕訳、平凡社、1997 年）

Josuttis, Manfred, Der Vollzug der Beerdigung, Ritual oder Kerygma?, in Ders., Praxis des Evangeliums zwischen Politik und Religion: Grundprobleme der praktischen Theologie, München, 1988, 188-206.

————. Der Gottesdienst als Ritual, in Friedrich Wintzer (Hg.), Praktische Theologie, Neukirchen-Vluyn, 1997, 43-57.

笠原芳光「『日本的キリスト教』批判」、『キリスト教社会問題研究』22 巻、同志社大学人文科学研究所キリスト教社会問題研究会、1974 年、114–139 頁。

加藤常昭「黄色いキリスト——黄色いキリスト者？」、『説教論』、日本基督教団出版局、1993 年、190–209 頁。

川又俊則「キリスト者の先祖祭祀への対応」、『常民文化』18 巻、成城大学常民

文化研究会、1995 年、23–44 頁。

――「教会墓地にみるキリスト教受容の問題――日本基督教団信夫教会の事例を中心に」、『年報社会学論集』11 巻、関東社会学会、1998 年、191–202 頁。

――「キリスト教受容の現代的課題――死者儀礼、特に墓地を中心に」、『宗教研究』326 号、日本宗教学会、2000 年、25–47 頁。

Kirchenamt der EKD (Hg.), Herausforderungen evangelischer Bestattungskultur: Ein Diskussionspapier, Hannover, 2004.

Klieber, Rupert und Stowasser, Martin, Inkulturation: Historische Beispiele und theologische Reflexionen zur Flexibilität und Widerständigkeit des Christlichen, Wien, 2006.

Koyama, Kosuke, A theological reflection on religious pluralism, in The Ecumenical Review 51, 1999, 160-171.

工藤英一『日本社会とプロテスタント伝道――明治期プロテスタント史の社会経済史的考察』、日本基督教団出版部、1959 年。

熊野義孝「日本的キリスト教（1–6）」、『福音と世界』1972 年 1、3、6–9 月号、新教出版社。

黒沢眞里子『アメリカ田園墓地の研究――生と死の景観論』、玉川大学出版部、2000 年。

Küster, Volker, Theologie im Kontext: Zugleich ein Versuch über die Minjung - Theologie, Nettetal, 1995.

Kwak, Misook, Das Todesverständnis der koreanischen Kultur, Frankfurt a. M., 2004.

Lammer, Kerstin, Den Tod begreifen: Neue Wege in der Trauerbegleitung, Neukirchen-Vluyn, 2003.

―. Trauer verstehen Formen, Erklärungen, Hilfen, Neukirchen-Vluyn, 2004.（ケルスティン・ラマー『悲しみに寄り添う――死別と悲哀の心理学』、浅見洋・吉田新訳、新教出版社、2013 年）

Lee, Archie C.C., God's Asian Names: Rendering the Biblical God in Chinese, Society of Biblical Literature (SBL), 2005.

Lee, Hu-Chun, Theologie der Inkulturation in Asien, Heidelberg, 1996.

ロペス・ガイ『キリシタン時代の典礼』、井出勝美訳、キリシタン文化研究シリーズ 24、キリシタン文化研究会、1983 年、3 頁。

Luther, Martin, Eyn Sermon von der bereytung zum sterben, WA 2, 687-697.（マルティン・ルター「死への準備についての説教」、『ルター著作選集』、ルーテル学

院大学／日本ルーテル神学校ルター研究所編、教文館、2005 年、49–73 頁）

Luttio, Mark D., Fallstudie: Lutherische Bestattung in japanischen Kontext, in S. Anita Stauffer (Hg.), Christlicher Gottesdienst: Einheit in kultureller Vielfalt, Hannover, 1996, 100-117.

待井扶美子「キリスト教葬儀の変遷——儀礼書・祈祷書・式文を手がかりに」、『論集』Vol. 26、印度学宗教学会、1999 年、57–75 頁。

Maurer, Michael, Prolegomena zu einer Theorie des Festes, in Ders. (Hg.), Das Fest, Köln, 2004, 19-54.

Meyer, Hans Bernhard, Zur Frage der Inkulturation der Liturgie, in Zeitschrift für Katholische Theologie 105, 1983, 1-31.

道簱泰誠『祖先崇拝と基督教』、求道舎出版部、1929 年。

三並良「祖先崇拝を論ず」、『六合雑誌』365 号、1911 年、252–259 頁。

宮田光雄『国家と宗教——ローマ書十三章解釈史＝影響史の研究』、岩波書店、2010 年。

宮田登『神の民俗誌』、岩波書店、1979 年。

J. モルトマン『希望の神学——キリスト教的終末論の基礎づけと帰結の研究』、高尾利数訳、新教出版社、1968 年。

———『終りの中に、始まりが——希望の終末論』、蓮見幸恵訳、新教出版社、2005 年。

Moran, J. F., The Japanese and the Jesuits: Alessandro Valignano in Sixteenth Century Japan, New York, 1993.

森岡清美『家の変貌と先祖の祭』、日本基督教団出版局、1984 年。

Müller, Karl, Inkulturation, in Müller / Sundermeier (Hg.), Lexikon Missions-theologischer Grundbegriffe, Berlin, 1987, 176-180.

Müller, Karl Ferdinand / Blankenburg, Walter (Hg.), Leiturgia, Kassel, 1954.

Müller-Römheld, W. (Hg.), Im Zeichen des heiligen Geistes: Bericht aus Canberra, Frankfurt a. M., 1991.

Mullins, Mark R., Christianity made in Japan, Honolulu, 1998.（マーク・R. マリンズ『メイド・イン・ジャパンのキリスト教』、高崎恵訳、トランスビュー、2005 年）

Mumm, Reinhard, Das Evangelium und das Leben nach dem Tod, in Gerhard Hildmann (Hg.), Jenseits des Todes: Beiträge zur Frage des Lebens nach dem Tod, Stuttgart, 1970, 9-29.

Nagel, William, Geschichte des christilichen Gottesdienstes, Berlin, 1970.（W. ナーゲル
　　『キリスト教礼拝史』、松山與志雄訳、教文館、1998 年）
永藤武「讃美歌『天つ真清水』と月――永井ゑい子の伝統的抒情世界」、戸田義
　　雄・永藤武編『日本人と讃美歌』、桜楓社、1978 年、133–208 頁。
―――「神の受容とその讃美――別所梅之助の信仰と思想世界」、戸田義雄・永
　　藤武編『日本人と讃美歌』、桜楓社、1978 年、29–101 頁。
中道基夫「日本におけるキリスト教の受容とマス・ローグとしての説教」、『神学
　　研究』Vol. 48、関西学院大学、2001 年、75–96 頁。
NAKAMICHI, Motoo, Gedanken zum Gottesdienst als Ritual im japanischen Kontext, in
　　Benjamin Simon und Henning Wrogemann (Hg.), Konviviale Theologie, Frankfurt,
　　2005, 152-162.
波平恵美子『ケガレ』、東京堂出版、1999 年。
―――『日本人の死のかたち――伝統儀礼から靖国まで』、朝日新聞社、2004 年。
Nida, E. A., Message and Mission: The Communication of the Christian Faith, New York,
　　1960.
日本基督教団讃美歌委員会編『讃美歌 21 略解』、日本基督教団出版局、1998 年。
日本基督教団宣教研究所編『キリスト教式葬儀とその異教地盤』、日本基督教団
　　出版部、1959 年。
日本基督教団信仰職制委員会編『死と葬儀』、日本基督教団出版局、1974 年。
新渡戸稲造『武士道』、矢内原忠雄訳、岩波書店、1938 年。
Odenthal, Andreas, Liturgie als Ritual, Stuttgart, 2002.
大谷美隆『國體と基督教』、基督教出版社、1939 年。
小澤三郎『日本プロテスタント史研究』、東海大学出版会、1964 年。
Pannenberg, Wolfhart, Mythos und Dogma im Weihnachtsfest, in Walter Haug / Rainer
　　Warning (Hg.), Das Fest, München, 1989, 53-63.
Paxton, Frederick S., Christianizing Death: The Creation of a Ritual Process in Early
　　Medieval Europe, Ithaca, 1990.
ジョアン・ロドリゲス『日本教会史　上』、江馬務他訳、岩波書店、1967 年。
櫻井徳太郎『結衆の原点――共同体の崩壊と再生』、弘文堂、1985 年。
佐藤定吉『皇國日本の信仰』、イエスの僕會、1937 年。
Schäfer, Klaus, Das Evangelium und unsere Kultur: Nachgedanken zur Weltmissions-
　　konferenz in Salvador da Bahia für den deutschen Kontext, EMW Information Nr.
　　116, EMW, 1997.

Schreiter, Robert J., Constructing local theologies, New York, 1985.

関根文之助『神ながらの道と基督教』、不二屋書房、1938 年。

関岡一成「海老名弾正と『日本的キリスト教』」、『神戸外大論叢』52（6）、2001年、1-23 頁。

Shepherd, M. H. Jr., The Oxford American Prayer Book Commentary, New York, 1973.

島薗進「死生学試論（一）」、『死生学研究』第 1 号、東京大学大学院人文社会系研究科、2003 年、12-35 頁。

新谷尚紀『死と人生の民俗学』、駿台曜曜社出版、1995 年。

Sievernich, Michael (Hg.), Franz Xaver: Brefe und Dokumente 1535-1552, Regensburg, 2006.

Siller, Hermann P. (Hg.), Suchbewegungen: Synkretismus - kulturelle Identität und kirchliches Bekenntnis, Darmstadt, 1991.

Steffensky, Fulbert, Erinnerung braucht Rituale, in Praktische Theologie 33. Jg., Heft 2, Gütersloh, 1998, 86-93.

杉本つとむ「〈人称〉の発見ととまどい──ヨーロッパの個人主義を翻訳する」、『増訂　日本翻訳語史の研究』（杉本つとむ著作選集第 4 巻）、八坂書房、1998 年、232-242 頁。

隅谷三喜男『日本の社会思想──近代化とキリスト教』、東京大学出版会、1968年。

Sundermeier, Theo, Todesriten als Lebenshilfe: Der Trauerprozeß in Afrika, in Wege zum Menschen 29, Göttingen, 1977, 129-144.

──, Synkretismus und Religionsgeschichte, in Hermann P. Siller (Hg.), Such-bewegungen, Darmstadt, 1991, 95-105.

──, Inkulturation und Synkretismus: Probleme einer Verhältnisbestimmung, in Evangelische Theologie 52, 1992, 192-209.

──, Inkulturation als Entäußerung, in Jan A. B. Jongeneel (Ed.), Pentecost, Mission and Ecumenism: Essays on Intercultural Theology, Frankfurt a. M., 1992, 209-214.

──, Konvivenz und Differenz, Erlangen, 1995.

──, Den Fremden verstehen: eine praktisch Hermeneutik, Göttingen, 1996.

──, Trauerriten als Schwellenriten, in Aleida Assmann und Jan Assmann (Hg.), Schleier und Schwelle, Bd.2, München, 1998, 81-88.

──, Was ist Religion?: Religionswissenschaft im theologischen Kontext, Gütersloh 1999.

———, Christliche Kunst in Japan, Evangelische Theologie, 2 / 2007, Gütersloh, 2007, 150-160.

———, Vernetzte Verschiedenheit: Zum Projekt einer Interkulturellen Theologie, in Claude Ozankom / Chibueze Udeani (Hg.), Theologie im Zeichen der Interkulturalität, Würzburg, 2010, 187-197.

鈴木孝夫『ことばと文化』、岩波書店、1973 年。

ヤン・スィンゲドー「キリスト教と日本の宗教文化の出会い——祖先崇拝に対するカトリックの態度を中心に」、脇本平也・柳川啓一編『現代宗教学 4　権威の構築と破壊』、東京大学出版会、1992 年、59–81 頁。

田淵真弓「求める魂」、『礼拝と音楽』75 号、日本基督教団出版局、1992 年、48–53 頁。

多田素「牧会百話（25）教会の風俗（其 2)」、『福音新報』2001 号、1934 年 6 月 14 日、5 頁。

武田清子『土着と背教——伝統的エトスとプロテスタント』、新教出版社、1967 年。

竹内信『讃美歌の研究』、日本基督教団出版局、1980 年。

手代木俊一『讃美歌・聖歌と日本の近代』、音楽之友社、1999 年。

Thiesbonenkamp, Jürgen, Der Tod ist wie der Mond: niemand hat seinen Rücken gesehen, Neukirchen-Vluyn, 1998.

Thilo, Hans-Joachim, Die therapeutische Funktion des Gottesdienstes, Kassel, 1985, 83.

戸田義雄・永藤武編『日本人と讃美歌』、桜楓社、1978 年。

Tovey, Phillip, Inculturation of Christian Worship: Exploring the Eucharist, Aldershot, 2004.

Tsan, Tsong-Sheng, Ahnenkult und Christentum in Taiwan heute: eine asiatische Fallstudie, in Zeitschrift Mission XXIII-3, Stuttgart, 1997, 184-204.

椿眞泉『日本精神と基督教』、中村信以、東京堂、1934 年。

Tucker, Karen B. Westerfield, American Methodist Worship, New York, 2000.

内ヶ崎作三郎「欧米における祖先記念の風習」、『六合雑誌』373 号、青年會雑誌局、1912 年 2 月号、統一基督教弘道會、102–110 頁。

内村鑑三「日本的基督教に就て」、『内村鑑三全集 28』、岩波書店、1983 年、381 –382 頁。

——「武士道と基督教」、『内村鑑三全集 27』、岩波書店、1983 年、519–525 頁。

植村正久「日本の教会」、『教会と伝道』（植村正久著作集第 6 巻)、新教出版社、

1967 年。

――――「教会と教義」、『教会と伝道』（植村正久著作集第 6 巻）、新教出版社、
1967 年。

梅原猛『日本人の「あの世」観』、中央公論社、1993 年。

魚木忠一『日本基督教の精神的傳統』、基督教思想叢書刊行會、1941 年。

――――『日本基督教の性格』、日本基督教團出版局、1943 年。

Visser 't Hooft, W. A., No other Name: the choice between syncretism and Christian
universalism, London, 1963.（ヴィサー・トーフト『この名のほかに救いはな
い――混合主義かキリスト教普遍主義か』、生原優訳、日本基督教団出版
局、1969 年）

Vogt, Fabian, Der Heilige Zeitgeist, in Christian Schwarz / Michael Herbst (Hg.),
Praxisbuch neue Gottesdienste, Gütersloh, 2010, 14-27.

Watzlawick, Paul / Beavin, Janet, Einige formale Aspekte der Kommunikation, in Paul
Watzlawick / John H. Weakland (Hg.), Interaktion, Bern, 1980, 95-110.

White, James F., Introduction to Christian Worship, Nashville, 1990.（J. F. ホワイト『キ
リスト教の礼拝』、越川弘英訳、日本基督教団出版局、2000 年）

Winkler, Eberhard, Tore zum Leben, Neukirchen-Vluyn, 1995.

F. ザビエル『聖フランシスコ・ザビエル全書簡 3』（東洋文庫 581）、河野純徳
訳、平凡社、1994 年。

柳父章『「ゴッド」は神か上帝か』、岩波書店、2001 年。

幸日出男・関岡一成『キリスト教と日本の諸宗教』、三和書房、1988 年。

由木康『礼拝学概論』、新教出版社、1961 年。

あとがき

　本書『天国での再会——日本におけるキリスト教葬儀式文のインカルチュレーション』は、2011 年にハイデルベルク大学神学部に博士学位論文として受理され、エアランゲン出版社より刊行された拙著 "Ein Wiedersehen im Himmel: Die Inkulturation der christlichen Beerdigungsliturgie in Japan" を日本語に訳したものです。関西学院大学で働き始めた 2000 年から日本語やドイツ語で執筆した論文に、ここ 10 年の間に議論されるようになったインターカルチュレーションという新しい視点を加え、いくつかの章を新たに書き加え、全体を整えて博士論文として提出いたしました。その内容は、ドイツ人が読むことを意識したものであったので、今回、日本語で出版するにあたっては日本人の読者を意識して若干書き改めました。

　この研究の背景には、わたしが 1984 年から 1993 年まで日本の教会で働いた経験と、1993 年から 1999 年までドイツのヴュルテンベルク州教会で宣教協力牧師として働いた経験があります。そこで、宣教学的な問いと、実践神学（特に礼拝学・牧会学）的な問いに出会うことになりました。

　宣教学的な問いとは、まずなんといっても日本のキリスト教と死者儀礼の問題です。教会では様々な機会に葬式のこと、墓のこと、伝統的な死者儀礼とキリスト教との関係について話題になります。そして、このことが日本で宣教する上において大きな障害でもあります。キリスト教の葬儀そのものよりも葬式後の様々な死者を記念する儀式の欠如がキリスト教の死者儀礼への不信感を抱かせるようにも思えます。家の墓や祖先祭祀を守っていかなければならないという理由で、キリスト教に共感を持ちつつも、教会やキリスト教から離れていく人も少なくありません。その一方で、礼拝の出席者が最も多い礼拝の一つが、永眠者記念礼拝ではないでしょうか。

259

天国での再会——日本におけるキリスト教葬儀式文のインカルチュレーション

　この重要な問題に対して、本書で紹介したように様々な議論がなされてきましたが、信徒の方々は伝統的な死者儀礼とそれを否定する教会の姿勢の両極に引き裂かれそうな状況の中で、曖昧な態度でこの問題をやり過ごしておられます。その背景には、日本のキリスト者が自国の文化的土壌の中にありながら、欧米の宣教師やキリスト教、神学に対して大いなる尊敬や憧憬を抱いている、否定的な表現では束縛されているという二面性があるのではないでしょうか。

　この二面性に気づかせ、そこから解放してくれたのが1993年から6年間ドイツで働いた経験です。そこで直面した問題は、ドイツの教会からの「日本の教会の礼拝を見せてください」「日本の賛美歌を歌ってください」「日本人が聖書をどう読むか教えてください」というリクエストに応えることができないことでした。

　ナイジェリア人の同僚は太鼓をたたきながら独特なリズムとメロディーで賛美歌を歌っていました。しかし、欧米の賛美歌や礼拝を積極的に取り入れ、それを忠実に日本語で歌う、行うことを大切にしてきた日本のキリスト教には、そのような独自なものがありません。ないとは言えませんが、その日本的なものが日本の教会の中で馴染んでいるわけではありません。あるドイツの幼稚園で、日本のクリスマスの歌を歌ってほしいと言われて、思いついて歌ったのが「お星が光るぴかぴか」でしたが、そのメロディーはドイツ民謡だったのです。

　日本の神学部ではドイツの聖書釈義を学び、ATDやNTDやEKKというドイツの注解書を買い求めました。ドイツの教会で聖書研究を担当する際に、ドイツ人の同僚に注解書を借りに行ったところ、「ドイツの注解書を用いた聖書研究なら、ドイツ人の牧師の方がよっぽどうまくできるでしょう。それなら、別に日本人のあなたに給料を払ってドイツに来てもらう必要がない。日本人が聖書をどう読むか語ってほしい」と言われました。

　このような経験を通して、日本のキリスト教っていったい何なんだろう、これがわたしたちのキリスト教ですと言えるキリスト教って何かということが問われました。これが、本書で取り上げた「インカルチュレ

ーション」という宣教学的なテーマとの出会いです。

　この課題と共に、ドイツで再び関心を持ち始めたのが死者儀礼の問題でした。アフリカやアジアの諸国からドイツの教会に来て働いていた同僚たちと話をしたときに、ヨーロッパの宣教師たちが否定した自国の死者儀礼と教会との関係が大きな宣教の課題だと口をそろえて語っていました。彼らと話し合ったときに、いわゆる「キリスト教葬儀」というものはいったい何なのか、そんなものはあるのか、わたしたちが大切にしてきたのはヨーロッパの文化の中で培われてきた「ヨーロッパ・キリスト教葬儀」に過ぎないのではないかということに気がついたわけです。しかもそのヨーロッパで、ヨーロッパのキリスト教のものまねではない「日本のキリスト教」が要求されているというギャップにも出会いました。そして、何よりも大きな気づきであったのが、日本の教会がまるで「本家」のように従ってきたドイツの教会の葬儀は、日本で行っている葬儀や諸式とは全く違っていたということでした。正確に言うならば、ドイツの教会の葬儀が違うというよりも、日本のキリスト教葬儀が全く違うものに変化しているわけです。

　さらに、牧会学と葬儀との関係に気づかされたのは、同じ学生寮で生活していたあるドイツ人の女子学生との会話でした。彼女が、わたしのところに来て「日本ではどうやって故人を思い出し、記念するのですか」と聞いてきました。その質問の事情を聞くと、彼女は3年間に連続して3人の親しい人を亡くしたということでした。特にプロテスタント教会の中では故人を記念する儀礼や誰かと故人について語るという時を持たないので、彼女は突然その人たちのことを思い出すと、1週間もその思い出にとらえられ、悲しみに閉じ込められてしまうそうです。どうしたら、そういう苦しみから逃れられるだろうか、日本人はどうしているのかというのが彼女の質問の意図でした。彼女の問いは、別にドイツ人特有なものではありません。日本人の信徒の方からも同じような質問を受けてきましたが、日本ではいつもその答えを欧米の教会や神学に求めようとしてきました。しかし、ドイツ人の彼女は日本にその解決を求めてきたわけです。かといって、日本の教会によい解決策や実践がある

わけではありません。

　本書で紹介したラマーが指摘するように、ドイツの教会の葬儀も現代の様々な状況には適応していません。もはや、日本にとってドイツの教会は「先生」ではなく、むしろ同じような問題を抱え、共に考えていかなければならない「パートナー」です。ドイツの教会や神学がもはや役に立たないというわけではありません。「パートナー」として新しい関係を築いていくことが求められているということです。そのためには現代の日本という土壌の中で日本人がしっかりと神学的にアプローチをし、葬儀についての神学を確立した上で、エキュメニカルなパートナーと対話しなければならないという思いに駆られました。

　ドイツでは多くの教会の中で"Trauer Café"（悲嘆カフェ）というプログラムが始められ、各地に広まっています。週に1回程度、家族を亡くした人たちが教会に集い、共にお茶やケーキをいただきながら、牧師やカウンセラー、ボランティアの人たちと亡くなった人のこと、今の自分の悲しみを語り合うというプログラムです。これは日本の教会に対するパートナーからのチャレンジではないでしょうか。

　博士論文のテーマとして与えられたのが「日本における礼拝のインカルチュレーション」という宣教学的なテーマでした。日本のほとんどの礼拝、聖餐式、洗礼式や賛美歌がドイツの教会のものとそれほど変わらない中で、日本のキリスト教葬儀だけは顕著な違いを持っています。上記のような経験と問題意識に基づき、キリスト教葬儀という糸口でインカルチュレーションという宣教学的なテーマを探っていこうとしたのが、本研究の意図でした。ですから、本書はキリスト教葬儀という実践的な課題だけではなく、宣教学の研究書であるという視点を持ちつつ読んでいただけると幸いです。

　本書において日本のキリスト教葬儀に関してすべての問題が解決したわけではありません。むしろ、ここから宣教的な視点、そして牧会的な視点を持って、この重要なテーマに各教会・牧師が取り組んでくださり、様々な死の現実、人々の悲しみの現実に寄り添っていただく中で、日本のキリスト教葬儀が成熟していくことを願っています。特に、様々な死

あ と が き

の状況に対応し、悲しむ人々の言葉が織り込まれた多様な葬儀式文が教
会の現場で生み出されていくことを願っています。

　本書の出版にあたり、たくさんの方々に感謝しなければなりません。
まず最初にこの研究に Doktorvater（博士論文指導教官）として 10 年も付
き添ってくださり、わたしのテーマに関係する論文や様々な示唆をドイ
ツから日本にまで送ってくださったテオ・ズンダーマイアー教授に感謝
いたします。また、親友のミヒャエル・コッホ牧師、日本で宣教師を務
められていたパウル・シュナイス牧師、ハイデルベルク大学神学部の学
生で日本語が堪能なクリスティアーネ・バンゼさん、関西学院大学神学
部の同僚のダビット・ヴィダー教授は、わたしの考えに耳を傾け、理解
し、拙いドイツ語を丁寧にまた根気強く修正してくださったことには心
から感謝しています。
　本書のテーマに関する考察を深めていき、この議論を日本の教会の現
場に適応するものにしていくためには、日本の教会の牧師や信徒の方々
との対話は欠かすことのできないものでした。わたしを牧師として受け
入れ、そして育ててくださった神戸栄光教会と福井の城之橋教会ではか
けがえのない経験をさせていただきました。わたしが神学の研究や教育
に携わる上において基礎となる経験をこの教会において得ることができ
ました。その教会のお一人一人から若い牧師に投げかけてくださった信
仰的・神学的な問いは、すぐにお答えすることのできないものばかりで
した。その一つ一つにお答えしていくつもりで本書を書かせていただき
ました。そして、わたしの研究テーマを知って、多くの教会が葬儀につ
いての学習会などに招いてくださり、抱えていらっしゃる問題、ご意見
やご感想を聞かせてくださったことで、研究の方向性や課題が与えられ
ました。
　わたしをドイツに招き、日本の教会における経験を、少し離れて客観
的に見る機会を与えてくださり、欧米中心主義的なキリスト教からの解
放を示唆してくださったドイツの宣教団体である EMS とヴュルテンベ
ルク州教会にも感謝しています。また、ドイツでの働きの場であった世

界宣教チーム DiMOE のメンバーとその家族にも心から感謝しています。彼らや彼女らの親身なサポートがなければドイツでの生活も研究も進めることができませんでした。そして何よりも彼らや彼女たち自身が外国でエキュメニカルなパートナーとして働いた経験があったため、ヨーロッパのキリスト教のものまねではないその土地のキリスト教の形成に積極的な理解を示してくれていました。このドイツでの経験がなければこの研究はおそらくなされなかったと思います。

関西学院大学神学部の実践神学担当の神田健次教授をはじめ同僚の先生方がわたしの研究に興味深く耳を傾けてくださり、ご意見をくださったことに感謝しています。関西学院大学からは1年間の留学を含め、研究助成を通じて本研究をサポートしていただきました。また、本書の出版も、関西学院大学研究叢書として出版助成を得て実現できましたことを感謝いたします。

そして何よりも、日本からドイツに移り住み、全く違う文化や生活習慣の中で生活を共にし、様々な困難を共に乗り越えて、この研究をサポートしてくれた妻の京子、こどもの愛子と祐太に感謝しています。ドイツの教会での働きを終え、1年間わたしひとりドイツに残り集中して研究する時を与えられたことは何にもまして大きな生涯の贈り物でした。犠牲も大きかったことと思います。特に、こどもたちにとっては言語や文化の違う外国での生活の苦労、そこから日本に帰ってからの生活ではまた別の苦労があったことと思います。収入のない不安定な時期の一家を支えてくれた両親にも感謝します。

最後になりましたが、本書の出版にあたり、原稿の整理、校正を手伝ってくださった関西学院大学神学部大学院神学研究科博士課程後期課程の家山華子さんに感謝いたします。また、本書の編集・出版を引き受けてくださり、丁寧に原稿をチェックし、出版まで導いてくださった日本キリスト教団出版局の飯光さんをはじめスタッフの方々に感謝申し上げます。

2015 年 2 月 24 日　　　中 道 基 夫

なかみちもとお
中道基夫

1960 年、兵庫県生まれ。関西学院大学神学部、同大学院博士課程前期
修了。神戸栄光教会副牧師、福井・城之橋教会牧師・城之橋幼稚園園長、
ドイツ・ヴュルテンベルク州教会世界宣教チーム DiMOE 宣教協力牧師、
ハイデルベルク大学神学部留学（2011 年神学博士学位取得）を経て、
現在、関西学院大学神学部教授（実践神学担当）。

著書：『暴力を考える──キリスト教の視点から』『愛を考える』（以上
　　　共著、関西学院大学出版会）、『イエスの誕生』（責任編集・共著、
　　　キリスト新聞社）、『現代ドイツ教会事情』（キリスト新聞社）、『聖
　　　餐の豊かさを求めて』（共著、新教出版社）、関西学院大学神学部
　　　ブックレット 1『信徒と教職』、関西学院大学神学部ブックレット
　　　2『癒しの神学』、関西学院大学神学部ブックレット 3『子どもと教
　　　会』、関西学院大学神学部ブックレット 5『自死と教会』（以上共著、
　　　キリスト新聞社）、"Ein Wiedersehen im Himmel: Die Inkulturation der
　　　christlichen Beerdigungsliturgie in Japan"（Erlanger Verlag）.
訳書：『世界の礼拝──シンフォニア・エキュメニカ 式文集』、ウルリ
　　　ヒ・ルツ『マタイのイエス──山上の説教から受難物語へ』（以上
　　　共訳、日本基督教団出版局）、アンセルム・グリューン『50 の天使
　　　── 1 年の歩みのために』『魂にふれる 50 の天使』『クリスマスの
　　　瞑想──新しい始まりを祝う』『聖書入門』（以上共訳、キリスト
　　　新聞社）、ソン・ビョンク『168 の十字架──そのシンボルと瞑
　　　想』（監修、キリスト新聞社）

関西学院大学研究叢書　第 166 編

天国での再会──日本におけるキリスト教葬儀儀式文の インカルチュレーション

2015年 3 月20日　初版発行　　　ⓒ 中道基夫　2015

著者───中道基夫
発行───日本キリスト教団出版局

　　　　169-0051　東京都新宿区西早稲田 2 丁目 3 の 18
　　　　電話・営業 03（3204）0422，編集 03（3204）0424
　　　　http://bp-uccj.jp

印刷・製本─三松堂印刷

ISBN978-4-8184-0917-0 C1016　日キ販
Printed in Japan

キリスト教の礼拝
J. F. ホワイト 著／越川弘英 訳

● A5判／466頁／6500円

キリスト教の生命の源泉である礼拝を、どのように守るか。時間的・空間的構造、み言葉の礼拝、ユーカリスト、葬儀、結婚など礼拝学の基本を歴史的、神学的、牧会的に考察する。礼拝学研究を代表する名著。

歌いつつ聖徒らと共に　キリスト者の死と教会の葬儀
トーマス G. ロング 著／吉村和雄 訳

● A5判／330頁／4500円

教会の葬儀は激変しつつある。キリスト教葬儀を源流からたどりながらその意味を探り、キリスト者にとっての死の理解と備え、今日どのように葬儀を執り行うべきか、よい葬儀説教とは何か、具体的に論述する。

キリストの教会はこのように葬り、このように語る
加藤常昭 著

● 四六判／272頁／2500円

キリストの教会の葬儀のわざには人の思いに勝る慰めが起こる。聖書が語るいのちの約束。慰めの共同体が行う魂への配慮、葬りの形。実際に行われた11の前夜の祈り・葬式を通してその全貌が鮮やかに浮かび上がる。

御手に頼りて　葬儀説教　　　　　　　　〈オンデマンド版〉
E. トゥルナイゼン 著／宍戸 達 訳

● A5判／230頁／3400円

R. ボーレンによって編まれた葬儀説教22編を収録。全編を通して繰り返し「神は生きておられる、わたしたちは神の御手の内にある」と語りかける本説教は、希望と深い慰めを与えてくれる必読の書である。

日本基督教団式文 (試用版)　主日礼拝式・結婚式・葬儀諸式
日本基督教団信仰職制委員会 編

● B6判／168頁／1700円

特に会衆の礼拝参加を念頭に置いて構成された式文。各式文に指針や解説を付し、手引書としての役割も果たす。「赦しの言葉」「とりなしの祈り」などの「祈祷文」例も豊富に収録。

（価格は税別です。重版の際に定価が変わることがあります。）